トレント公会議

トレント公会議

―その歴史への手引き―

A. プロスペリ 著
大 西 克 典 訳

知泉書館

Il concilio di Trento: una introduzione storica

by

Adriano Prosperi

アドリアーノ・プロスペリ教授について

福谷　茂

著 者 近 影

　プロスペリ教授が日本に紹介されるのはおそらく本書が初めてではないだろうか。イタリア本国ではプロスペリ教授はすでに現存するもっとも著名な歴史学者のひとりであり、トレッカーニそのほかの百科事典にも名前が項目として載せられている。教授の業績が日本では知られないのはおそらく彼の業績が対象としているのが対抗宗教改革期のイタリア史という日本の学界では関心が薄い時期であるせいに尽きるのではないかと思う。実は日本だけではなく、プロスペリ教授の主著群は英仏への翻訳さえまだ行われておらず、ようやく独訳があらわれたという状況である。ある意味でこれらの国々の学界にとってもまた教授の仕事には摂取しにくい、あるいは興味がわきにくい事情が伴っているのだろう。それどころか、筆者がこの時期への関心を口にしたときにピサ大学哲学科のロレンツォ・カラビ教授は「マンマミーア！」と叫んだくらいで、イタリア人にとってもこの時期は彼らの国史上自慢できる時代、興味をそそられる時期とは受け取られていない。

そのような先入見を打破するのがプロスペリ教授の業績である。これは同国人にとってそうであるのと同じくらいに、私たち非ヨーロッパ人にとっての意味が大きいと思う。少し誇張するならば私たちのヨーロッパ像と近世社会に関する見方を転換することを要求するのがプロスペリ教授の業績なのである。

哲学史の研究者であって史学の専門家ではない私が本書の解説を執筆するのは面妖なことかもしれない。しかし少し大げさになるが私としてはピサでプロスペリ教授を発見したという思いがあり、それ以後なんとかしてこの人のことをわが国に紹介し共有したいという気持ちがやむことはなかった。残念ながら私には高度な歴史書を翻訳する能力はない。ただ地団駄を踏むのみであった。今回プロスペリ教授の全業績からするとごくささやかな形においてではあるが、大西克典氏のご努力と知泉書館小山光夫氏のご理解によってこの訳業が日の目を見ることはまことにうれしいことである。アドリアーノ・プロスペリの史学上の位置についてはプロスペリのもとで学位を取られた訳者大西氏の手になる解説が十分に触れられるはずなので、ここではまったく個人的な、そして一介の歴史書好きともいうべき者の立場から書くことにしたい。

歴史書好きが読む理由は実は時代や地域に対する興味によってではない。どのような時代が対象でありどの地域が取り扱われていたとしても、それは歴史好きにとっては本質的には関係ない二次的なことである。ではなぜそうなのだろうか。歴史書ファンが求めているのはそこに歴史が立ち現れているかどうか、このことのみである。「史筆」というものはたしかにあると思う。それを知ったものには忘れられない歴史の味わい、歴史の醍醐味という言葉を使いたくなる体験をさせてくれる人たちはたしかにいる。それがどの時代どの地域であるかというようなことには関係がない。彼らは私たちが生き生きとした過去そのものに立ち会っているかのように別世界に連れて行ってくれる人たちであり、それはゆるぎないヴィジョンとして過去を蘇らせしかも私たちにほとんどダ

著者と筆者

イレクトに伝えるペン、つまり文章力に基づいている。歴史と文章力とは切り離せない。歴史が悪い文章で書かれることなど考えられないと彼らは言う。ピーター・ゲイ（『歴史の文体』）やヘイドン・ホワイト（『メタ・ヒストリー』）がそれぞれの視座から夙に指摘しているように、対象と対象を描き出す文章そのものの力とが呼応して生み出すシンフォニーこそが歴史だと考える伝統は「歴史記述のヨーロッパ的伝統」（リチャード・サザーン）にはまだ健在だ。そういう人たちをもとめて私たち歴史書ファンはゲイやホワイトが論じた過去の巨匠たちだけではなくより現代に近い、あるいはまさに現代活躍中の歴史家たちの著作をも訪ねるのである。探せばフランスにドイツにイギリスにスペインにベルギーに、そしてロシア（クリュチェフスキー）やルーマニア（ニコラエ・ヨルガ）、中国（呂思勉）にもそういう人たちはかつて存在し現に活動しているからである。

しかしイタリアはこの点ではやはり空白なのではないだろうか。もちろんイタリア史を研究した外国人歴史家はブルクハルトやグレゴローヴィウスからデニス・マック・スミスまで数多くいる。彼らは日本でも有名だ。しかしイタリア人史家というとき誰の名を思い出すだろうか。もちろんいるのである。しかし私たちには知られていない。イタリア史の全体をカヴァーする著作を書いたインドロ・モンタネッリはわが国でも有名だが、むしろ『近世日本国民史』の徳富蘇峰に比すべきジャーナリストである。グリエルモ・フェレーロやロドルフォ・ランチャーニのように古代ローマについて見てきたように語ることができるのはたしかにイタリア人学者の特権であろうが、これはしかしイタリア人の独占物というわけではない。競争相手は英独仏に多くいるのである。啓蒙家ならマイクル・グラントやピエール・グリマルに任せておけばいい。まことに興味深い grande consenso 論を唱えたファシズム研究の巨匠レンツォ・デ・フェリーチェの膨大な細部を伴ったあの大著は簡単にはアクセスできないし、史筆を愉しみたいという私たちの目的のためには、やや〈修正主義〉という論争的な面にウェイトがかかりすぎているような気がする。カルロ・ギンツブルクはすでに日本にも紹介されているではないか、と言われるかもしれない。ギンツブルクはプロスペリの同級生である。プロスペリはギンツブルクの「偉大な語り手」としての技量をたたえていた。彼は作家ナターリヤ・ギンツブルクの子息である。プロスペリとギンツブルクには共著もある。しかし読者としてはまさにその語りの方が優越しているところにかえって興ざめするものがあるのだ。

ところでファシズム史以上にイタリアならではの研究テーマとして異端史研究がある。カトリック教会のおひざもとで教会の内部からやむことなく現れた、そしてその都度きびしく禁圧されてきた聖職者や民衆たちの運動の研究は単なる宗教史ではなく、イタリア史とイタリア社会そのものの一面を照らし出す力と役割を持つものであるからだ。異端はなにも古代・中世だけの事象ではない。とくに宗教改革と対抗宗教改革とが時代区分の意味を持つイタリアにおいては異端はむしろ近世社会に固有の事象であるとさえいえる。ブルーノやガリレオも異端の廉で裁かれたのである。だからこの分野の研究は巨匠を輩出してきた。ジョアッキーノ・ヴォルペやデーリオ・カンティモーリはその代表者である。これらのひとびとは明確な政治的立場を持っていたという意味でもイタリア的だ。ヴォルペは友人ジョンヴァンニ・ジェンティーレが起草した「ファシスト知識人宣言」に署名した人物である。デーリオ・カンティモーリはその数々の業績によって異端史研究という分野と一体化した大学者であるとともに『資本論』のイタリア語訳者でもあるのである。歴史学者が『資本論』の翻訳者であることなどはイタリアならではないだろうか。少なくとも英仏日では考えられないことである。しかしそれもべつだんおかしくはないことなのではないか、という反省に私たちを誘うのもイタリアを参照することがもたらすメリットであろう。異端史研究はこのように二重の意味で純イタリア的な研究分野なのである。政治的コミットメントと学問との緊密な連関において、二〇世紀イタリアの文化のあり方を体現した人物たちが異端史研究の代表者であったのである。ジェンティーレもヴォルペもカンティモーリもスクオーラ・ノルマーレ・スペリオーレ（高等師範学校）の卒業生であり、カンティモーリがプロスペリの師である。訳者大西克典氏は日本人歴史研究者として最初にノルマーレに留学されプロスペリに師事された方である。

筆者がピサで在外研修期間を過ごすチャンスを得たのは一九九八年から九九年にかけての一年間、つまり二〇世紀の最後の一年間だった。現代イタリア哲学の研究およびイタリアのカント研究についての調査という研究目的とは別に、もう一度学部生に戻って学び直したいという強い気持ちにかられてたくさんの授業に出席した。特に日本の大学では接することができない分野を学びたいという思いが強く、哲学以外に史学関係の授業に好んで出席した。そこでもっとも印象に残った授業は何かというと、当時はまだラ・サピエンツァ大学におられたプロスペリ教授の「対抗宗教改革史」と、いまはミラノ聖心大学に移っておられる中世学科のチェーザレ・アルザーティ教授の「教会史」だった。十字軍の九〇〇年記念の年にそれを取り上げたアルザーティ教授のまことに啓発的な授業でなにを学んだかはいつか別の機会を得て記すことにしたいが、結局それまでの自分の勉強に欠けていたものを補いたいと考えていた私にとって、このラスト・チャンスで待ち受けていたのは〈カトリック教会〉だった、ということになるのだろうか。

じつはそれまでプロスペリ教授のことはまったく知らなかった。レーモ・ボデイ、カント研究のシルヴェストロ・マルクッチ、同じくカント研究のジュリアーノ・バラーレ、ルネサンス哲学史研究のミケーレ・チリベルト各先生をはじめとする哲学科の先生方は、もちろん日本にいるときから令名を知っておりむしろその故にピサにいったわけだが、「ピアッツァ・トスカネッリ3a」の同じ建物の三階にあった史学科（哲学科は二階だった）のことはまったく知らなかったのである。

プロスペリの主著の一つに『リブロ・グランデの異端――ジョルジョ・シクーロと彼のセクトの歴史』（二〇〇〇年）がある。小さな活字でびっしりと組んだ四八〇ページの本だ。これを例としてプロスペリの世界の魅力を語ってみよう。本書も異端史研究というジャンルのものだ。シクーロというのはシチリア人という意味で、本名はリオーリ。『リブロ・グランデ』は彼の抹殺された主著である。

徹底的に抹殺されたシクーロを復元するためにプロスペリはまず当時のシチリアとベネディクト会修道院の状況を描き出すことからスタートする。ゆっくりとしたペースの叙述はなかなかすすまない。くりかえしを通じていわば上塗りを重ね、念を押し確かめてゆくような濃厚な叙述が彼の身上だ。ゆたかな含意を持った動詞と形容詞とを選び抜き積み上げることで構成される文章。決して難解ではないがまた読み飛ばしを許さない、いわば重心の低いナレーションだ。しかし重苦しくはなることはない。授業に出た経験のある者ならこのへんは静かだがソノーラス、アダージョだがよどみのない語り口がどこか音楽を聴いているような印象を与えるプロスペリのテノールを思い出すところである。

ボローニャで処刑されたある人物をめぐる二つの相反する記述から『リブログランデの異端――ジョルジョ・シクーロと彼のセクトの歴史』はスタートする。謎を解明するという姿勢が鮮明に印象付けられるスタートだ。そのままでは解決のしようのない謎と秘密をさぐるため、プロスペリはその人物の出身地であるシチリアの状況を探るという王道を歩み始める。対抗宗教改革というと宗教裁判所がシンボルだが、それはシチリアにもあった。ただし大陸や半島部とは違ってシチリアの宗教裁判所の主な案件は異端ではなく、もとの信仰を維持しながらも表面的にキリスト教徒となっているものの告発だった。一六世紀にはイタリア本土が戦乱に沈み込んでいたのに反してシチリアはアラゴン王家のもとに平和が保たれていたのである。私たちはこのあたりでワクワクするものを感じ始める。古代以来実にさまざまな民族が流れ込み多くの支配王朝の変遷を経たシチリアである。そこは地中海沿岸のあらゆる文明と宗教があるいは層をなしつつ、あるいはおなじ平面に矛盾をはらみつつも共生する現場である。みじかなところでいえば、現代イタリア文学の古典でありヴィスコンティの映画でも有名なジュゼッペ・トマージ・ディ・ランペドゥーサの『山猫』の背景はまさにこれにほかならない。この書を読む者にはこのような幸せがあたえられるのである。

丸谷才一氏はマンゾーニの『いいなづけ』について「イタリア社会が眼前にそそり立つ」と評されたが、プロスペリの『リブロ・グランデの異端』にもマンゾーニの描いた一七世紀よりは一〇〇年前のイタリア社会がそそり立っていることを感ずる。

授業中のプロスペリ教授はものしずかでイタリア人としては抑制のきいた控えめな印象を与える人物である。しかし胸襟を開いたときにはイタリア史とイタリア社会について、そして学界について貴重な知識をおしげなく披露してくださる方だった。帰国してささやかな自著を大西氏を通じて差し上げたとき、『私のピサの日々の思い出しながら』といういいかたをしたが、教授がこの表現を受け入れてくださったことはなにより嬉しいことだった。

教授は退職後も次々とお仕事を公にしている。私の「プロスペリ読み」の喜びも終わることがない。願わくば、本書を通じてプロスペリ教授が日本の学界と読書界に知られることを祈るばかりである。

（京都大学大学院文学研究科教授・西洋近世哲学史専攻）

目次

トレント公会議

——その歴史への手引き——

序　トレント——その地理と選択の歴史

あらゆる研究対象と同じく、地理の視点と時系列の視点は歴史家がトレント公会議の枠組みを定めるために使うべき二つの視点である。伝統的に我々がトレント公会議と呼ぶ教会人の会議は、教皇特使の注意深い管理の下に行動する司教、大修道院長、修道会の長、同じく教皇特使の注意深い統治の下にある役人たち、さらに彼らの義務に関する神学と法学の専門家集団、そして大使と全権大使の取り巻きたちによって、最初にトレント（一五四五—四七年）、次いでボローニャ（一五四七年）、そして再度トレント（一五五一—五二年と一五六一—六三年）で開催された。

トレントという地名には、最も説明が困難であると同時に一見最も単純に見える問題が含まれている。なぜ公会議はトレントにおいて開催されたのかという問題である。この都市の名前はキリスト教世界の公会議の千年におよぶ背景の上に一風変わったアルプスの風景を導き入れている。

地名には何かしらの示唆を与えイメージを喚起する力が備わっており、一連の公会議の地名もこの原則と無縁ではない。ニケーア、コンスタンティノープル、エフェソ、カルケドンなど金モザイクに記されるような名前で印づけられた遠い起源の後、東西キリスト教の断絶により、ローマの大聖堂の馴染み深く同時に荘厳でもある名前を冠した長い中世の伝統が続く。「地上のもののうちで最も尊いラテラーノ」[1]とダンテも述べているように、第一、第二、第三、第四ラテラーノ公会議によりローマ司教と結びついたローマ復活の夢がここであいまいに確立したようである。

　次いでこの流れは中断し、ヨーロッパの都市の間を不安定にさ迷いはじめるが、それは俗権と教権との、教皇と公会議との、あるいは教皇権と帝国そして各君主国との間での安定したバランスを求めてのことである。それぞれの名前は等しく政治的、歴史的性格を帯びている。フランスでのわずかな公会議は、テンプル騎士団の判決に関する不透明な問題に彩られており、この問題とともに幕を閉じている。これはリヨンとヴィエンヌ（ドフィネ）での公会議のことである。

　次にコンスタンツとバーゼルの帝国都市で公会議が開催される。コンスタンツの穏やかな湖は常にフスの火刑を思い起こさせるだろう。スイスの両都市は教皇と対立教皇の混乱が終わる舞台であり、定期的な公会議の開催を通じた会議による教会統治という思想が現れた場所でもある。ところでバーゼルで開かれた公会議はローマにおいて幕を閉じるが、それはフェッラーラ、フィレンツェといったイタリア都市を長い間動いた末のことである。公会議がローマに戻ってくる間、教皇権は教会組織の中心にその地位を取り戻し、西方キリスト教徒と東方キリスト教徒との合同の夢をも実現するかに見える。

　こうして新たな公会議、第五ラテラーノ公会議がラテラーノで開催されることになるが、それはピサ―ミラノの「ガリカン的」公会議というフランスの脅威を弱めるためである。常に政治家のように振る舞い、霊的なものも世俗のものもあらゆる武器をためらいなく用いたユリウス二世のこの政治的な策動は、教皇国家の支配領域を広げるためであると同時に、ヴェネツィアの政治的・領土的拡張を常に阻むためでもあった。

　一方で、第五ラテラーノ公会議は教会改革を公会議の場で訴える絶好の機会でもあった。「人の改革であり、人の所業のための「聖なるもの」の改変ではない」とアウグスティヌス会の長エジーディオ・ダ・ヴィテルボは明言した。たしかに改革するべき人々には事欠かない。傷ついた良心がとりわけ異議を申し立てたのは、イタリアでは国家権力として政治的駆け引きに明け暮れ、次第に姿を現しつつあるヨーロッパ諸国の王家とも節操のない同盟を繰り返す教皇権とその歩みに対してであった。

ただ、しばらくして、全く予想だにしなかったことだが、まさにこの「聖なるもの」が問題となり、ヨーロッパのキリスト教の一体性を引き裂くことになるのだ。そしてこれが起きたのは、ローマでも、イタリアでもない。若く輝かしいルネサンス教皇レオ一〇世の時代には、ローマの街路が勝ち誇った景観で埋め尽くされ、芸術家と詩人たちが彼の宮廷に馳せ参じる一方、教皇権はラテラーノ宮の中で公会議主義の傾向に対する決定的な勝利を表面上は謳歌していたのである。西方教会は、教会財産に手を伸ばし自国の司教を服従させつつある国家権力に対抗するにふさわしい原理を教皇権の中についに見出したかのようである。だが次の公会議はローマでは開催されず、教皇も出席していない。

トレントの名が公会議の長いリストの中に入るためには、ラテラーノ公会議の時点では予想もつかなかった新しい事態と前代未聞の混乱が起きねばならなかった。このラテラーノ公会議で教皇権は形式面でも公会議主義的傾向に対する優位を表明している。なぜなら、ラテラーノ公会議の決議は会議自身によって承認されたわけではなく、教皇の大勅書の文言によって承認されているからである。しかし、第五ラテラーノ公会議が閉会しようとしている時、ザクセンのとあるアウグスティヌス会の修道院において無名の修道士が説教の中でまさに後に嵐を引き起こすことになる声を上げようとしていたのだ。そしてこのプロテスタント改革、農民戦争、イタリア戦争、ローマ劫掠と呼ばれるこの嵐を通じてはじめて、一連の公会議が新たに開かれるのだが、今回はイタリアという地理的な限定が伴い、この中にトレントの名前も含まれることになる。

トレント公会議では、とりわけ政治的な事案が目立つが、これはキリスト教会の公会議の歴史においては常にそうなのである。コンスタンティヌスがニケーア公会議を主催して以来、教会の決定は政治の世界においても最高の重要性を持っていた。皇帝権力の長い鎮静によってはじめて、中世後期の公会議は自分自身に関することを決定するために集められた聖職者が、聖職者社会の内部の事案を扱うという性格を与えられることになる。しかし、教皇権の危機、西ローマ帝国の終焉、各君主国の新しい政治的重み、カール五世とハプスブルク家の帝国の野心といったものが、公会議が再度キリスト教徒の最高の会議となるような条件を生み出していくのである。

実際のところここで問題になってくるのは、実現することなく終わるものの地平線上に長い間姿を見せているある可能性なのである。理論上は全キリスト教会の公会議であるこの会議は、二重の意味で分裂したキリスト教徒の一派の会議に留まる。というのも、東方のキリスト教徒とアウグスブルクの信仰告白のキリスト教徒たち（つまりルター派）はほんのわずかに顔を覗かせるに過ぎない。また、出席した司教たちを調べてみれば、ローマ教皇の側に留まった国の司教たちの中にさえ欠席が目立つことが分かるだろう。そしてひとたび会議が終わるや、ヨーロッパのキリスト教徒のほんの一部はその成果を認識し、その決定を受け入れて実行に移す。別の大きな一派は代表を送らず、会議の有効性を否定した。至高の一体性の名において、超国家的かつ多民族的な帝国の庇護の下、ヨーロッパのキリスト教の中に生じた亀裂を修復するためにトレントで開催された公会議は、かくしてもはや定まってしまった分裂の枠組みの中で幕を閉じることになる。

そして、トレント公会議の決議という旗印の下で、宗教の激しい対立によって特徴づけられたヨーロッパ史の一時代が幕を開ける。この結果こそは、当初から非常に切実な脅威と考えられたため、これを回避するために公会議の開催に訴えたはずのものだった。すなわち、ヨーロッパのキリスト教が神学の垣根によって分断され、その中でそれ以降は神学上の見解についての長く、そして消耗しきってしまうような闘争が展開されねばならなかったのである。

この闘争は最初にトレント公会議の成果の評価それ自体とその資料収集という問題にぶつかる。公会議の意義を知るためにその歴史を書くならば、その著作は穏健なものとはならないだろう。トレント公会議の歴史を書く者は、まずもって史料の理解に際して介在する障害、つまり教皇権がその上に課した機密性と排他的な解釈権という障害を乗り越えなくてはならなかった。したがって単純な歴史的な評価の対立ではなく、まずもって大きく二つに割れた信仰やイデオロギーの選択の対立の中で、書き手は自身の立ち位置を表明しなくてはならなかったのである。この時期以降キリスト教世界は、ローマへの服従か抵抗かという二つの大きな道が自らの前にあるのを目にすることになる。

トレント公会議は、従って最も長く、そして紆余曲折を経た公会議であった。長く、複雑で多くの成果をもたらしたため、この公会議は長らくカトリック世界全体として可能であった最後の公会議と見なされてきた。数世紀にわたり、その決議の解釈と適用、その教義への厳格な忠誠はローマに従属する教会、つまりカトリックの生活を支配し続けることになる。まるで再び開催されることはおろか、口にすることさえ憚られるかのように、制度としての公会議は数世紀にわたる歴史の地平線の向こう側に姿を消し、漸く近年になって歴史上の大きな転換の後に、カトリック教会は公会議の開催に戻ってきたのだ。

新しい公会議は当然ながら再びローマで、ラテラーノ宮からほど近いヴァティカーノ宮において開かれる。第一ヴァティカン公会議（一八六九―七〇年）は教皇の不謬性の教義の表明に支配されているが、トレント公会議に始まる歩みの教義上の一つの到達点のように見える。第二ヴァティカン公会議（一九六二―六五年）では、世界とキリスト教の存在感の根本的な変化の中で、その召集からずっと「トレント主義」の終わりが語られることになる。はるか遠くの地平線上にいる者から見れば、第二ヴァティカン公会議の同時代人たちはトレント公会議に支配された時代の特徴をバックグラウンドとして尊重していたことが分かるだろう。少し前の時代までの日常生活の光景の中では見慣れた特徴は、今や急速に失われつつある世界の史料となりつつある。「トレント主義」の時代とともにこの時代を体現した多くの宗教的、法的、社会的な特徴が少しずつ消え去っていったのである。

秘蹟の問題は、プロテスタントの聖職拒否と神の恩寵を法的に管理された仕方で与えるよう結成された聖職者グループとの間での対立の素地となったが、この秘蹟に関しては幼児洗礼、告解、聖体拝領、婚姻そして叙階というトレントのモデルがまさしく「理念型」を生み出した。そしてこの「理念型」は以後数世紀にわたってカトリック社会の生活を支配するのである。特にトレント式の婚姻のような制度を想起してほしい、これは理念的にはトレント公会議がデザインし、後の時代に制度化・実践された社会関係に関する規律の成果なのである。こうした規律は特に聖職者と彼らの外見に関するものであり、同時に教養、気遣いそしてその服装から、他の全ての人々、すなわち俗人とは異なることが一目見て分かるようにすることと引き換えに、彼らが享受する名誉にもつながっていた。

トレント公会議後の聖職者を特徴づけたのは、「魂の救済」の義務である。司教や教区司祭には「聖職録」と「聖務」、つまり教会収入と救済すべき「魂」の間に留まる義務を再度定め直す必要があると考えられた。公会議によって推進されたモデルの成果の一つは、文化的そして倫理的観点から見れば隔離された厳格な教育の場である神学校の制度の考案である。この秩序と節度の理想の反映こそが、何よりもまず求められた秩序ある教会の姿なのである。この教会を構成する人々は、服装と身のこなしによって他と区別され、俗人が素朴に受け入れて崇拝するべきとされた宗教の理想を体現する定めにある。

トレント公会議による改革の決議の中で以上のようにデザインされたキリスト教社会の境界を越えて、教会法にもとづき下された最終的な破門宣告は、あらゆる手段を用いて忌避し、訴追すべきである敵の存在を映し出している。つまりは異端、自らの誤った主張を奉ずるために共通の教説に従わない人間の反抗的で傲慢な精神である。呪詛と祝福が世界を善と悪とに分ける。同じ公会議の名から喚起されるアルプスの風景はカトリック・アイデンティティの地理的境界を実在化させると同時に、ラテン世界とゲルマン世界との反目を引き起こす。一〇〇年ごとのトレント公会議の称賛は、一七世紀以来ずっとルター派のドイツ世界で行われたヴィッテンベルクの論文への一〇〇年ごとの称賛に対するいわばカトリック側からの反応だったのだ。ところで、ここまで述べてきたようなことは全て、今ではははっきりと見分けられなくなるほどに霞んでしまった。基本構造はとても簡素だが、内部では複雑に絡み合ったシステムは、現代世界の現実からは遠ざかって行ったのだ。このため、現実の把握と理解という問題は残るにせよ、今日トレント公会議に取り組む歴史家の仕事は、かつてと比べれば容易であり、切迫した現実とそこで育まれた諸価値からは比較的自由なのである。

第一章　公会議をめぐる論争

ルターは彼以前に既に他の多くの者が行った行為を再度行い（直近の例はジローラモ・サヴォナローラだった）、公会議の召集によって教皇による破門に対抗しようとした。彼は「ドイツの地での自由なキリスト教徒の公会議」を要求したが、この表現の中ではそれぞれの言葉が重みを持ち、ザクセンの修道士ルターを特徴づける神学上の急進主義と政治的現実主義の混交を見せてくれる。つまるところ教皇からの自由である。そして、当然のことだが、場所がドイツに指定されているのは、生まれつつあるドイツ文化の誇りを刺激する一つの選択である。一五二〇年の夏に作成されたルターのこのアピールは、「ドイツの国家のキリスト教徒貴族に」向けられている。それ以前の他のアピールとは異なり、神学的そして政治的な点でも、宛名人の特定という点でも、ここで我々は非常に明確なプログラムを目の前にしている。つまり、君主たちは改革のイニシアティブをとるように促されているのである。もし教皇が公会議の開催を遅らせていたとしたら、公会議の開催はこれらの政治権力によってなされていただろう。したがって、ルターにとっての公会議とは教会における最大の権威であり、贖宥に関する彼の教義の正当性について審判を委ねる唯一の権威だったのだ。最初のアピールで用いられた表現のおかげで、ルターは一五一八年のアウグスブルクにおいて教皇特使、枢機卿ガエータ（カイエタヌス）・トンマーゾ・デ・ヴィーオによる裁判を免れたのだが、この表現は、コンスタンツとバーゼルで主張されたように教皇に対する公会議の優越を再び蘇らせた。しかし、この段階ではこの表現は、単なる司法上の言い逃れであり、教皇によってなされた決議の有効性を停止しようとする度に使われる口上の一つに過ぎなかった。

だが、一五二〇年に編纂されたアピールは全くの別物である。ここでは教皇に対する公会議の優位という教義は、とりわけルターの側での教会観念についての神学上の推敲と折り合いをつけ始めている。ルターは今や聖職者と俗人との制度上の差異を消し去ろうとし、神の啓示の唯一の源としての聖書の上にキリスト教徒のアイデンティティを打ち立てようとしていた。ここから、公会議は教会人ではなくキリスト教徒によって構成されるべきであるという結論が引き出される。なぜならルターにとっては、洗礼を受け、信仰を持つ限りにおいてすべてのキリスト教徒は聖職者だからである。この主張によって、キリスト教徒の中でより重い責任のある地位にある者たち、つまりは領邦国家の君主たちがその後のキリスト教の会議に影響を及ぼしていくことになる。彼らは既にいくつかの公会議では司教の傍らにいたのだが、今や異なる権威を負うことが期待されるようになったのだ。

ところで、各提案はとりわけドイツの世論を念頭に置き、キリスト教徒の状況の矯正を問題にしている。この矯正（あるいは、普通は改革と呼ばれるもの）は教皇国家の規模の縮小と、いわゆる「コンスタンティヌス帝の寄進」の偽造に関するロレンツォ・ヴァッラの発見の結果を受け入れることを意味するはずだった。他の提案は、枢機卿団の削減（一二人以下）、聖省、修道会、教皇の租税、巡礼、ミサ奉納金と破門の削減、教区司祭の婚礼、教会財産に対する司教の監督権、司教に対する遺留分と年金の廃止である。この広範なプログラムは、諸負担、とりわけドイツの聖職録の利益を収奪している疑いのあるローマの宮廷人たちの貪欲さに反対して、「ドイツ国民」の代表が公会議に提出してきた「陳情」の大部分を上手く再現している。ルターはドイツからローマの役所に流れ込む富を数十万ドゥカートと計算し、この文章を通してドイツ人に自分たち自身でこの件を判断するよう促している。つまり聖職録の譲渡の書状を携えて現れたローマの宮廷人たちを水の中に叩き込むようにはっきりと促しているのである。この文章は圧倒的な成功をみる。初版の四〇〇〇部は一五二〇年八月一八日から二三日までの五日間で売り切れてしまう。

カール五世に話を移すと、それまでの君主には類を見ない複数の位を手にした若き君主は、公会議という着想を現実のものにするという要求を持ち込んでくる。彼のこの行為は、キリスト教徒の君主の負う義務に関する彼の個人的な深い信念のためでもあるが、また宗教的規律化を通じて彼の帝国の統一とドイツの支配地での実質的な支配権を貫徹させるためでもあった。カールは、ハプスブルク家を盟主としてきた姻戚関係によりスペイン王となったが、さらにヨーロッパの他の権力も絡み、ドイツの有力選帝侯間の利害も絡んだ複雑なゲームを自らに有利に進めるべく、皇帝にも選出される。皇帝選挙の争いは当然ながら教皇権を巻き込み、結果としてザクセン選帝侯の臣民たるルターに、配慮と故意の遅延に満ちたローマの裁判を保証することになる。

しかし、カール五世が一旦皇帝に選出されるや目にしたのは、ルターの改革が火を付けたドイツ社会の動揺という問題である。この問題は、キリスト教徒の君主の権力の使命であり不可欠な基盤でもある宗教的統一を取り戻すことに関係すると同時に、同盟に乗り気ではない教皇権に対してハプスブルク家との安定した同盟関係を受け入れるように強いることにも関係していた。ただ、アドリアーノ・ディ・ユトレヒト、このカールのかつての家庭教師でもあった先代教皇ハドリアヌス六世（在位一五二二―二三年）が教会の責任の重さと改革の必要性を痛感していたのに比べれば、新教皇ジュリアーノ・デ・メディチ（教皇クレメンス七世、在位一五二三―三四年）は、自身のフィレンツェの出自とメディチ家の利害のためフランスとの関係を強化し、「イタリアの自由」という教皇の伝統的な政策を遂行するよう宿命づけられていた。（ここでいう「イタリアの自由」とはアルプス以北の権力の影響からのイタリア諸国家の解放という意味である。)

カール五世は教皇と同盟を締結したことにより軍事的・政治的な最大の勝利を収めたが、その途端に不意を衝かれる。ヴェネツィアとフランスはコニャック同盟(一五二六年)を結んで猛然と反抗したのである。ヴェネツィアの人々は教会全体の利益ではなく、教皇がイタリアでの現実政治路線を選択したことで裏切られたと考え、書記アルフォンソ・デ・ヴァルデスの助言に従った。アルフォンソ・デ・ヴァルデスはロッテルダムのエラスムスの改革思想と大書記メルクリオ・アルボリオ・ダ・ガッティナーラの思想の後継者であり、ダンテ・アリギエーリの『帝政論』の熱心な読者であり、教皇の政治的野望を挫くという皇帝の義務を信じていた。彼は、会議の開催を訴え、正式に枢機卿団に怒りに満ちた書簡を送った。この書簡の中で、彼は司牧の義務にもとづき教皇に対して「ふさわしい安全な場所で」公会議を開催する期限を定めるように求めている。だが教皇は見て見ぬふりをする。もっとも、有力枢機卿ポンペオ・コロンナの反乱により治安の悪化したローマでは、相変わらず広がる批判を黙らせるべく聖職者の道徳改善の措置が始まってはいた。

しかし、決定的だったのは、軍隊の動向であった。続く軍事行動でコニャック同盟側は決定的な敗北を喫したのである。悲惨な時期が続いた後、新たに凄惨なローマ劫略(一五二七年五月)が起こる。キリスト教徒の皇帝のドイツ人兵士たちは枢機卿の館、教会と教皇の邸を略奪し、修道院に侵入し、数年来悔悛を求める預言者たちが、聖職者の罪に対して警告してきたような神の怒りを西方教会の中心地に知らしめたのである。ラファエッロのフレスコ画の上に、ドイツ人傭兵たちは反キリスト教の教皇に向けた侮辱とルターへの賛辞を刻みこんだ。しかし、「鎖につながれていたこの時にこそ、教皇はかつてないほど強力だった」(1)という言葉は、正鵠を射ている。というのも一五二七年八月、野心的なイギリス人枢機卿ウォルセイの主導により、フランス王とイギリス王は公会議の開催を阻止することで一致したからである。教皇は解放され、逆に皇帝は同盟と援助を求めつつ教皇との合意を模索せざるを得ない状況に陥る。

かくして激しい包囲戦の後スペイン軍はフィレンツェを再びメディチ家の教皇に渡すことになるのである。同盟はボローニャで締結され、同時にカールの皇帝戴冠式がサン・ペトローニオ聖堂において今や皇帝派と完全に連帯した教皇によって荘厳に執り行われた。とはいえ、皇帝は公会議の開催を諦めきってはおらず、ドイツの状況に鑑みれば公会議開催が切迫した問題であると感じてはいた。こうして、イタリア戦争はハプスブルク家の勝利とヨーロッパの二つの灯火のより強固な結びつきとともに幕を閉じたのである。

まるで二つの権力によって統治される一つのヨーロッパという中世的理想への回帰を告げているかのようにも見えるが、当時の状況がそれを許すことはない。なぜなら各国の発展によって、時代は別の方向へと導かれ、また大陸の統一は、政治的にも宗教的にも妨げられてしまうからである。このことは、イギリス王ヘンリー八世とアラゴンのカテリーナの結婚解消という一見すると瑣末な問題においてすぐに明らかになる。ヘンリー八世の要求（求婚）が新しい結婚として実を結ばなかった原因は、カール五世の断固とした反対にもあった。そこから生じた皇帝の行動が原因で、イギリス王はイングランド教会の首長として教皇にとって代わり、ローマから全く独立したナショナルな教会を創出する。

同様のうねりは、ドイツにおいても動き出しつつあった。激しい農民戦争、さらにはキリスト教を社会の規律へと転化しようとするあらゆる試みを防ごうとする血みどろの抑圧の渦中で、領邦君主と大貴族たちはルターの中に理想的な同盟者の姿を見出すのである。フランケンハウゼンの戦いでの武装農民の大量虐殺（一五二五年）の後には、再洗礼派の「新エルサレム」たるウェストファリアの攻囲戦とミュンスターの捕縛が続く。中央ヨーロッパは戦火に包まれ、スイスとラインラント諸都市では、キリスト教アイデンティティと信仰の形式を再解釈しようとする動きが相次いで起った。こうした思想上の大きな運動を突き動かしたのは、ローマ法や教皇権が後の時代に付加したものを消し去り、福音書の教えに従ったキリスト教の原初の「形式」に立ち返る必要性だった。とはいえ、そこにはまた権力や経済的利害の諸要素も介在する。これらの諸要素は、騎士の反乱と農民戦争の悲惨な試みの後に改革を支持する領邦君主たちの決然とした圧力と相まって、教会組織の総合的な再編成を促していく。聖職者の財産には以前から貪欲な視線が注がれていたからこそなおのこと、この時開かれた領域は、いっそう広大に映ったのである。特にドイツ大貴族の野望は大きい。内面の絶対の自由としてのキリスト教徒の自由に関するルターの教義は、彼らにとっては領民を無制限に支配下に置く道を開いてくれるものだった（カール・マルクスの有名な定義を借りれば、領民にとっては「強制による隷属から信仰による隷属へ」と移行していく道でもあったのだ。）

思想闘争の時期の後、確固たる制度が整えられていく時期が幕を開ける。カトリックの司教たちは、自身の司教区に留まり、教会を訪れ、聖職者の育成を監督するように一層促される。この分野では、ルターがカトリック司教たちに先行した。「今日まで檄文や説教によって儀礼に関する不信心な考えを人心から一掃すべく私は働いてきました、ただいくつかの問題から、信仰の中に新しいものを持ち込むことは控えていました」、ルターは一五二三年司教ニコラス・ハウスマンに宛ててこのように書いている。だが、今や神への信仰に関して正しい規律を導入し、聖体や奉献といったカトリックのミサを廃止し、いかなる歌や典礼の形式を用いるべきかを定め、聖体拝領や告解の形式を定め、牧師が服装によって他と区別されるべきか、もしそうならどのように区別されるべきか、また牧師が自分の民をどう監督すべきなのかを定めるべき時であった(2)。一五二七年彼はザクセンの教会訪問のための指示を起草したが、ここでは選帝侯の名において政治権力に教会を統治する役割を認めている。たしかに、ハプスブルク、フランス、ポルトガルそしてイタリア諸国はローマ教会に忠実だったため、教皇権にはある程度の安全が保障されていた。一方で、ドイツはローマからは遠く、その事情がほとんど考慮されなかった。チューリヒのツウィングリとルターとの間に生じたような改革派陣営内部での分裂の光景は、この嵐が何の成果も残さないまま過ぎ去るかもしれないという期待を抱かせてくれる。改革の主唱者たちがフランソワ一世邸でのミサに反対する宣言を見せた時、王は非常に厳しい反応をみせ、即決裁判による死刑判決を下した。この時フランス人の若きルター派ジャン・カルヴァンは亡命を余儀なくされる。司教を追放し、信仰形式の改革を行っていた司教座都市ジュネーブに受け入れられたカルヴァンは、改革の根本的な原理の解説をまとめあげる。『キリスト教綱要』（一五三六年）。明晰な知性と確固とした人文主義に恵まれて、カルヴァンは魔術的な要素や儀式的性格を取り払った宗教で読者を魅了した。この宗教の中では罪人である人間はその罪ゆえに自らの救済の望みを、人間には読み解けない神の命令に委ねざるを得ないのである。対立が解消に向かう見込みもないまま、時がたつにつれて、さらに果断な第二世代の改革者が生まれる兆候も見られる。

そしてイタリアの境界もこうした新しい思想の浸透ともはや無縁ではない。カルヴァンを客としてもてなしたのは、まさにこのイタリア、フェッラーラのエステ家の宮廷のレナータ伯婦人だったのである。イースターの儀式で彼女の従者のひとりが、聖体拝領はキリストの犠牲の反復ではなく単なる記憶の儀式に過ぎないとして、これを拒否した時、新思想に関するスキャンダルが勃発することになる。こうして以前とは異なる教会の新しい形式が組織され始める。改革派の諸国では聖職者の独身制を廃止し、修道士たちは俗世に帰っていく。ルター自身も元修道女カタリーナ・フォン・ボーラと結婚することでその例を示す。こうして後からは容易に変えられない既成事実が生まれていくのである。むしろ、一五四一年に教皇特使ガスパーレ・コンタリーニがレーゲンスブルクの対話にドイツに赴いた時、在地の聖職者が司祭に対する独身の強制をローマが廃止することを待ち詫びていること、そしてこの件に限らず状況を再度コントロール下に置くのは困難であろうことを彼は理解したのだ。一旦聖書に帰れというモットーが与えられると、聖書の解釈は毎日の生活を革命的に変えていく。信仰と秘蹟についてあらゆることが議論され、場所に応じて修正され異なる形式が採用される。テューリッヒではウルリヒ・ツウィングリが、公の会議において再洗礼派と幼児洗礼が適切で維持すべきものであるかどうか議論を繰り広げる。告解は秘蹟の一つとは見なされなくなるが、聖餐の準備という観点から残された。カトリック諸国での信仰の営みが生み出した腐敗の情景と、新しいキリスト教徒の真摯さと峻厳さとが対比され、新しい教会は多くの人々の同意と驚嘆を勝ち取る。「聖書の上に」作られた教会という記述に惹かれて自身の国を離れ改革派のコミュニティに赴く者もいた。

したがって、ある者の目には、公会議がキリスト教徒間に生じた解釈の相違に統一をもたらすことのできる装置と映り、別の者は、大勢は既に決しており、今や法令を十分に機能させることで「異端」に対抗するべきであると考えたのである。後者の路線で最も決然と行動した人物は、ナポリの権威ある高位聖職者ジャン・ピエトロ・カラーファであった。彼は教皇大使としてヴェネツィアに派遣され、この大都市を駆け巡る意見のあまりの自由さにショックを受け、一五三二年のある記録の中で改革の思想を教皇に提案している。つまり聖職者のよき慣習を取り戻すこと、そしてルター派に対する「霊的な戦争」を上申したのである。

皇帝の側からすると、キリスト教徒の統一は進出してくるトルコの軍隊に対抗するために不可欠のものであった。トルコの軍隊はモハーチの戦い（一五二六年）の後ハンガリー平原に侵攻しており、今やウィーンに迫る勢いだった。とはいえ、統一はますますドイツ世界から遠ざかっていくかのようである。シュパイアーの帝国議会（一五二六年）でカールが発したルター非難の公布は、ウォルムスでは批判され、各身分の代表は今後公会議が開催されるまで各自の良心に従って行動したいという旨を宣言した。事実上、ルター派諸都市・諸邦における改革のイニシアティブが進んでいく。シュパイアーの続く帝国議会（一五二九年）では、カール五世の軍事的成功がカトリック側を鼓舞したにもかかわらず、宗教上の革新に関して皇帝が発した禁令に対して、ルター派は正式な抗議文の形をとってこれに抗議し、六人の領邦君主と諸都市の代表ヤーコプ・シュトルムが署名した後、この抗議文は四月二〇日に提出されている。彼らの言明の書はフィリップ・メランヒトンが起草し、続くアウグスブルク帝国議会（一五三〇年）に提出されているが、これはルター派が認めた神学上の諸点を列挙した「信仰告白」の形式をとっている。ここに存在する亀裂を修繕できるものがあるとすれば、それは公会議のみだった。

こうして公会議開催の要請はドイツでの皇帝の政策の中に確固たる位置を占めるに至ったのである。同時に亀裂が事実上修復しがたいものになっていく原因もここにある。つまり教義上の問題は各々逆方向に動いていく政治権力と結びついたのである。もしキリスト教徒各自が祭司であるとする新しい考え方と、聖職者の支配下に置かれた教会という考え方を調停するという幻想をまだ幾人かは抱いていたとしても、領邦国家と帝国との間に生じた亀裂の上に成り立ちうる幻想などほとんど不可能であった。こうした状況の中では、来るべき公会議は不可避のものとなっていったが、それと同時に諸権力の間にある問題を、予め解決しておく必要も出てきたのである。

第二章　教皇権の勝利

一五四五年一二月一三日トレントにおいて公会議の開催を告げる荘厳なセレモニーが執り行われた。このセレモニーは歴史的に確固となった力関係と価値を表現するとともに、この場合トレント公会議と一四〇〇年代の公会議との間に介在した変化を雄弁に映し出してもいる。トレント司教座付属の聖歌隊のコーラスの中で開催されたこの会議は、ほとんど聖職者たちによって構成されている。四人の枢機卿、四人の大司教、二一人の司教、彼らはその白い司教冠を被って祭壇の右側の予め定められた場所に折目正しく整列している。彼らの傍にいるのは、アウグスティヌス会の長たち、カルメル会修道士、マリアの僕修道会士、さらに二名のフランチェスコ会修道士である。外交官はオーストリアのフェルディナントが派遣した二名からなり、高位聖職者の前の椅子に腰かけている。祭壇の左側には四二名の神学者（ほぼ全員が聖職者である）と八名の法学者が座っている(1)。従ってこの会議は、ほぼ排他的に教会人によって構成されたキリスト教を体現しており、国家の代表という点では、スペイン人のわずかな一団がいるものの、会議は全体としてイタリア人によって構成されている。ドイツ、フランス、イギリスの司教団はそれぞれに一名の代表がいるだけだった。

これとは異なり、前世紀の改革の公会議に集ったキリスト教社会の代表者は彩り豊かで相互に深くつながっていた。教会人だけではなく、キリスト教ヨーロッパにおいて権威ある全ての権力、グループが見出せる。皇帝権、彼の下の諸国、外交代表に限らず、大学の代表も見出せる。トレント公会議は、ルター派の要請によってローマから離れた帝国都市で開催されたにも関わらず、完全にイタリアのそして教皇の公会議であった。司教や神学者の大部分がイタリア人によって構成されていたというだけではなく、出席した四人の枢機卿のうち三人までが教皇特使として参加しているのである（チェルヴィーニ、ポール、デル・モンテ）。この光景を前にすれば多くの疑問が自然と湧き出てくる。一五二〇年以後ドイツで喧伝された「ドイツの地での自由なキリスト教の公会議」というプロテスタントの要求から、いったいどのような経緯を辿って教皇特使が統べるほとんどイタリア人聖職者だけで構成された会議に行き着いたのか？さらに一五世紀の改革的な公会議とトレント公会議との間にいったい何が起きたのか？　キリスト教社会はおろか教皇自身に対してさえ十分な権力を備えており、俗人と諸政治権力の存在が際立っていた大人数の公会議から、少数かつそのほとんどが聖職者から構成される公会議、そして教皇にははっきりと従属する一方で、政治権力からはほとんど等閑視された公会議への移行はなぜ可能になったのか？

二番目の問いへの答えが最初の問いに答えるための助けになるだろう。公会議に対する教皇権の勝利は君主たちとの直接の合意によって得られたものである。領域国家というヨーロッパに生まれた新たな政治的現実は、教皇権との双務的な関係に十分な利益を見出した。教皇権は、彼らの支持を受ける代わりに各地の教会に対する司法上経済上の権利の一部を譲り渡す用意があった。一連の政教条約と恩典を通じて教皇権は、中世の帝国の危機から生まれた諸国家の唯一の対話者を自認した。最初にエウゲニウス四世、次いでニコラウス五世が、サヴォイア公、ミラノ公、フランス王、アラゴンのアルフォンソ一世、ポルトガル王といった君主たちとの間でこの種の多くの書類に署名している。この同一路線を彼らの後継者たちも踏襲する。この観点から見て枢要な日付は、一五一六年にレオ一〇世がフランス王との間で締結した政教条約の日である。というのもフランスという最も強力なキリスト教国が辿った、公会議主義に強く固執する段階から、教皇権との間に最も完全かつ独占的な関係を取り結ぶに至る過程の終着点がここに見出せるからである。

バーゼル公会議の終結に際して、ブールジュの「国事詔書」によって、フランスはこの公会議の決定の大部分に対して国法としての効力を認めている。教皇権にとってはこのエピソードは重く、気がかりなものであった。というのもフランスをモデルとして、他の諸国も同じように行動したからである。続く教皇権の復活は公会議の思想的影響を削りはしたものの、まだ一五一一年にはフランス王ルイ一二世は、教皇ユリウス二世の側の突然の政策転換と軍事同盟の転換に対抗する際に、反教皇的な公会議の開催を煽り立てることこそ最善の手段であると考えていた。フランスの脅威から身を守るために教皇自身が公会議（第五ラテラーノ公会議）を開催することを余儀なくされるほど、この時点ではまだ公会議の思想は重要な位置を占めていたのである。ユリウス二世の後継者であるレオ一〇世は期限付きで教皇が完全に支配する公会議の計画を支持したが、これはフランスの支持の下ピサで開催されたもう一つの聖職者会議を実質的に骨抜きにするためであった。

とはいえ一五一六年に教皇権とフランス王国との間で結ばれた政教条約によって、フランス王国はローマを脅し、圧力をかけるための装置としての公会議に対してはあらゆる興味も失った。政教条約でなされた教皇側の一連の譲歩によって、フランス教会の国家的な性格は引き立てられ、聖職者の王権への従属も認められた。公会議主義はこうして完全に敗北したといえる。この目的の達成を可能にした前史とは、イタリアの政治的文脈の中に教皇権が根を下ろしていたこと、そして教皇国家の強化である。中世の教皇権が全ての教会に対する霊的権力の完璧な確立を追い求め、帝国と同じ武器でもって争っていたとするならば、公会議の危機の後にその座を継いだ教皇たちは、ある程度の政治的安全を確保しつつも、ヨーロッパの諸君主に求めた支持の対価を何らかの形で支払うという二重の問題を解決しなくてはならなかった。教皇権が聖職録について獲得していた権威は、この最後の目的に役に立った。教皇は教会法学者の学説によれば以前から「全聖職録の主」とされており、自身でも全キリスト教世界のあらゆる場所の空位聖職録に対して、候補者たちを選定する権限を欲していた。それはクーリア（教皇宮廷）の飽くことなき活動によって内実を得た権力ではあるが、領域君主の目には、一層危険に映ってしまった。なぜなら、彼らは自身の支持者に恩恵を与えつつ、自らに忠誠を誓う教会のコントロール機構を作ることを望んでいたからである。形成期の領域国家のもう一つの問題であるとともに、教皇権がその解決に寄与することのできた問題は、財政問題である。各地の教会の収入の全ては伝統的に教皇のクーリアに流れ込んでいたが、（そしてこの問題を巡っては、以前から抗議や不平を述べた著作が著されていた）、これはさながら君主たちの気を引くために、故意に行われていたかのようにさえ見えてしまう。君主たちは、財政機構と収入を欠く一方で、報いるべき多くの被保護者と同盟者を抱えていたのだ。ヨーロッパ諸国は、公会議主義への執着を放棄するための交換条件をここに見出すのである。しかし、これらは、教皇のクーリアへの一連の収入項目がなくなること、そしてその行動範囲の実質的な減少とを意味していた。

財政的な諸問題については様々な方法で対策が講じられる。教皇の財政はその性質を変える(2)。各国の聖職者からの税収がほとんどなくなるほどに枯渇したにせよ、――とはいえこれはドイツ諸邦では起こらず、同地ではこの問題もまたルターの抗議に拍車をかけることになる――別の財源が活性化していた。不足していく資金は教皇国家の内部に求められねばならず、他の君主国のそれと等しい国家モデルに従って国家機構が改革されていく。（教皇国家にとって有利に働いた唯一の相違点とは、ローマの君主が持つ聖俗両面の完全な権力である。）豊かな財源が開かれ、特に教会の官僚・司法機構が並外れて強化されていく。教皇庁会計院と内赦院は、交互にお互いを補い合いながら介入の機会と自らの権限の及ぶ事項を増やしていく。（これについて、給与と年金の減少を前にして、婚礼のための特赦の絶え間ない増加が記録されている、要はいくらかを払うことによって、禁じられていたはずの条件の結婚についても内赦院から許可が与えられたのである。）官職は全くの売り物になってしまった。少なくとも形式的には内赦院長の位は唯一の例外であったが、莫大な富を積み上げることを教皇の出納官に対して同意すれば、いかなる役職も得ることができた。

当時拡大し始めていたローマ教会の中枢機構のもう一つのセクションは、教皇書記局である。外交活動を担っていたこの部局は（教皇権と領域国家双方向の関係の中で、常に必要とされた政治的な媒介の結果として）、各宮廷に留まっている外交代表のネットワークと、進行中の全ての事案に関する通信網を維持するのに必要な書記団の両者を強化していく。中央官僚機構が売官制のシステムとともに動き出した時、莫大な資金が生まれることになる。というのも、これらの官職保有者は通常の歳入に加えて、利益を生み出す何らかの聖職録を手にする機会もあてにできたからである。聖職録に関連する権力の中心の近くにいるということは、確かに特権を得るための条件の一つだった。ますます緊密になっていく外交代表のネットワークに関しても同様のことが言える。徐々に根を張っていくこのネットワークのおかげで、ローマはこの時代の国際関係を俯瞰するための最も重要な見張り台となったに違いない。このネットワークは教皇権が政治的に強化されるための基礎となる。というのも教皇特使の水脈を通じて、条約、協定、政治軍事同盟が行き交うだけでなく、（枢機卿位の授与からより瑣末で散発的な聖職録の授与に至るまで）教会関係の事案も行き来したからである。教皇庁会計院の聖職者や小勅書の起草者のように、教皇特使自身も何らかの豊かな聖職録から（ないしはより些少な聖職録の集積から）自身の収入を引き出していた。

しかし、聖職録に関するこうした傾向が、その無制限の利用権を以前から主張していた教皇庁にとっては自然発生的で生来のものであるとすれば、各国家の教会からの抵抗と君主たちに認めた特権の増加はその重い障害となっていく。数世紀来キリスト教徒の諸国民、とりわけドイツのそれが教皇庁に対して掲げてきた訴えの中では、クーリアの高位聖職者が聖職録を得ていることに対する抗議が繰り返されている。高位聖職者たちはそのために聖職録が支払われているはずの聖務日課を行わずに、ただ収入を取り立てて、それをローマで使うことに終始していた。既に見たようにルターは、ローマに対してドイツの世論を駆り立て、その支持を得るために、ここから上手く論点を引き出すことに成功した。とはいえ、実際のところは、特許や政教条約という政策によって、クーリアが自由にできる聖職録はイタリア地域に限定され、同地域に集中していた。教皇もますますイタリア出身者が占めるようになり、クーリアもイタリア化していった。こうしてはじめて、クーリアの官僚機構の利害と、自分自身とその被保護者の聖職録に関する問題を清算しようと望んでいたイタリア諸国の君主や貴族家系の利害とが調停可能になった。枢機卿団自身も教会の頂点における一種の国際的代表という自負を持ち、ヨーロッパ諸国もこの枢機卿団を通じて教皇の選出時には影響力を行使していたが、ここもイタリア人が多くを占めていた。

教皇権のイタリア化はとりわけ、既に言われているように、新たな国家機構が構築されたことを示している。この国家機構から、伝統的な財源からは引き出せなくなりつつあった財力ばかりか、教皇の君主国には常に必要とされた政治権力も引き出された。教会国家はそれに必要な基礎を提供し、またこの基礎から、自身の家系のために世襲の国家をイタリアの地に建設しようとする教皇たちの試みも出発している（大ネポティズモ）。教皇を君主とする君主国が政治的な企てを実行していくための能力も封建領主に対する闘いの中で鍛え上げられるのである。さらに教皇の宮廷はその壮麗な生活様式によって同時代の人々の驚嘆と興味を引き付け、他のヨーロッパの宮廷に対するヘゲモニーを確立したが、これはルネサンス君主としての教皇がそれを意識的に追い求めた結果であった。

こうした一連の変容の結果として、教皇権は公会議の思想に優越することができたのだが、この変容の結果は教会生活の全てのレベルにおいて感じ取れる。ヒエラルキーの頂点には、ユリウス二世のごとき教皇がおり、祭服の代わりに武器を身につけている。ヒエラルキーの末端では聖職者と俗人とのあらゆる区別がなくなっていくが、それは下級品級とともに教区教会や司教位を得た聖職録の名目上の所有者が無分別に増加したためである。

教会生活のこうした側面を憂慮する伝統に忠実な層からは、何度も不平やアピール、嘆願書が届く。これらは、一国の教会を越えた信徒の共同体の長という教皇の義務を教皇自身に思い起こさせようとしている。とある深刻な宗教的危機の後にカマルドリ会修道士となった二人のヴェネツィア貴族トンマーゾ・ジュスティニアーニとヴィンチェンツォ・クエリーニが編纂した覚書の中では、教皇レオ一〇世は、大西洋の向こうの地理的発見によって放縦に堕していく世界を宗教の面で導く責務があると語っている。彼の血縁者にして後継者でもあるクレメンス七世はローマ劫略のすぐ後に「イタリアの一君主」としては今後振る舞うべきではないという同様のアピールを耳にする。（彼にこのアピールを向けたもう一人はヴェネツィア貴族で、後に枢機卿になるガスパーレ・コンタリーニだった）(3)。アピールや不平不満は教会内で最も高名であり、威厳と権威を兼ね備えた位である教皇に向けられていた。だが、一度は公会議主義に勝利をもたらした重大な危機を脱した教皇権が再び獲得した威厳と名声は、今やその除去が求められている世俗的で政治的な要素をただ利用するのみだったのである。しかしながら、バーゼル公会議の決議サクロサンクタによって認められていた教皇に対する公会議の優越という理論が、教皇の権威の力強い復活によって打倒されていたにせよ、定期的で頻繁な公会議の開催という手段に委ねるという教会改革の要求は深く根をはっていた。（それはちょうど同じくバーゼルで承認されたフレクエンス決議が予告していたことであった。)

この点について、教皇はちょうど神学論の面でも、現実政治の面でも公会議の理論に決然と対抗した。コンスタンティノープルの陥落後(一四五三年)、ピウス二世はキリスト教諸勢力の会合をマントヴァで開催したが、この会合が公会議の性格を帯びることのないように細心の注意を払っている。直後に一四六〇年一月一八日の大勅書エクゼクラビリスによって、破門の警告とともに教皇に対して公会議を開催するよう求めるいかなるアピールをも禁止した。だが、これによってもこの類のアピールがたびたび繰り返されるのを防ぐことはできなかった。ジローラモ・サヴォナローラ、彼の後にはマルティン・ルターがこれを訴えたのである。教皇の非難によって、同様のアピールに対しては、破壊的な役目と反抗的な価値とが与えられた。

だが、もう一つのタイプの要求をなくすことはさらに困難だった。それは公会議の権威を教皇の権威に対抗させるのではなく、教皇の主導する公会議の開催を教皇に訴えるにとどめるタイプである。コンクラーヴェで全枢機卿が署名する選挙誓約の中でほぼ常に繰り返されているのは、公会議という手段を用いてクーリアと教会の改革に着手するように次の教皇に対して求める取り決めであり、ここではしばしば明確に定められた期限内に、あるいはともかくも早急に公会議を開催すべきであるとしている。このタイプの要求は深く根を張り、広く普及した願いであったことが見て取れる。このため、第五ラテラーノ公会議が開かれた際、ついに予告された改革の時が来たのだという思いはとても強かった。クエリーニとジュスティニアーニが『覚書』の中で表明した公会議の幅広いプログラムは、幾度も先延ばしにされてきた教会改革の時がついに到来したのだという確信から生まれている。ヴェネツィアの歴史にとってもイタリアの歴史にとっても困難な時期にあって、観想の生活に退いたこの二人のヴェネツィア貴族がレオ一〇世に提出したテクストは、ルターが公に動き出す前の期待の広がりを教えてくれる重要な文章である。二人のカマルドリ会修道士にとって、改革とは、刷新された世界全体を支配するキリスト教体制の始まりを意味していた。ここでいう世界全体とは、自ら回心するか消え去るかの二者択一を迫られるべきヨーロッパのユダヤ人から、温和で人当たりも良く、福音書の教えを受け入れる素地があるように見える新世界と極東の人々に至るまでを指す。教会世界においては、厳しい規律の再編成という課題が残されている。修道会の解体と統合、ローマの教皇庁と教皇の宮廷をキリスト教の規律のもとに再び置くことができれば、福音の刷新された教えの一段階が開かれるはずである。これは野心的かつ広範囲にわたるプログラムであり、その中では、後に実現される非常に重要な成果が先取りされていることが分かる。

このプログラムを実現するためには、ルターの改革という激しい動揺が必要となる。第五ラテラーノ公会議の実際の結果を前にした時の失望は、教皇の直接の指導の下で教会人の会議を開催するというローマ方式に内在していた可能性に対する不信感を育むことになる。そのために、ルターは聴衆を得ることができたのだが、これは彼がそのアピールの中で、政治的権威が開催・運営し、教皇の影響から離れて、聖職者の位階の頂点だけでなく、全てのキリスト教徒の代表となる改革公会議のイメージとその記憶を喚起したがゆえにである。「皆が公会議を要求し、叫びそしてそのドイツでの開催を望んでいる」と打ちのめされた教皇特使ジローラモ・アレアンドロは一五二一年のウォルムス議会から書き送っている(4)。しかしコンスタンツとバーゼルの公会議に対して（教皇権が持っていた）恐ろしいイメージのため、ローマはこの要求に対して結局のところ頑なに抵抗した。（ローマの抵抗は外交というゲームの一手である譲歩と認可の後ろに隠れてしまっているが）皇帝はその軍事的勝利によって、普遍的な帝国と教会を保護する皇帝権という古い観念を呼び起こし、さらにドイツの領邦君主の要求にせき立てられつつ、これらの抵抗を取り除くことに成功する。

他方で、キリスト教君主のエラスムス風の理想に親しみ、深い宗教的精神をもつカール五世をして、教会の統一に生じた断絶を修復しうる公会議という目的に向かわせた決意は、一人の人間の個人的信念を越えた一つの根を持っていた。つまり、帝国のヨーロッパ的アイデンティティ自身も公会議を求めたのである。教会と帝国という中世ヨーロッパのキリスト教世界の二つの大きな現実について言えば、教会は今や多くの国家単位の教会に決定的に分裂しつつあった。ローマの教皇権はこの全体の流れから逃れて、その「カトリック的」、つまりは普遍的な性格を再び確かなものとしているように見えるが、実際には、イタリア半島の内部で領域国家としての性格と構造を決定的に確立することによってそれをなしているに過ぎなかったのだ。だが、ハプスブルクの帝国は、大陸の相異なる政治・文化の現実を吸収し、平和裏に共存させうるより上位の実体として、全ヨーロッパに政治的・文化的（つまりは宗教的）まとまりを与えることによって存続し得ていた。このため公会議は絶対に必要不可欠に思え、ほぼ同様の理由から、公会議の思想は、トレントで開催された公会議の終結後も長く多くの人々に期待と願望を抱かせ続ける。文化的にはアイデンティティを共有しつつ、現実には国家ごとに分裂し対立しているという解消しがたい根本的な矛盾とともにではあるものの、公会議の思想の長い命脈の中には、ヨーロッパという概念そのものが反映されているのが見て取れる。

このヨーロッパという概念を前にして、領域君主と国家側からの反発に加わったのは、教皇権からの抵抗である。この抵抗は、メディチ家あるいはファルネーゼ家の閥族主義の生み出した偶発的な状況や公会議の思想へ回帰することへの恐怖には単純に還元できない深い動機を持った抵抗である。その理由は、イタリア半島のコンテクストに教皇国家が根ざしていることにある。「イタリアの自由」という政策は、半島において一つの権力が優越することを妨げること（ここからフランスとスペインの間の政治的均衡の中で教皇権は絶え間なく揺れ続ける）、あるいは少なくとも他のイタリア諸国に対して教会が独自に影響を及ぼせる領域を確保することを目的にしていた。「蛮族を追い出せ！」というユリウス二世の戦場での叫びと、フェリペ二世に対するパウルス四世の無謀な軍事的冒険との間で、政治的方向性は連続していたのだ。このため、カール五世の公会議開催という政策についても、表面上は同意と協力を装いつつ、教皇権は、同一権力の下での統一ヨーロッパという皇帝の理想に対し密かに抵抗しようとしていた。つまるところ、公会議の開催そのものが、弱く分裂したイタリアの最後の砦と目されていた教皇権の弱体化であると多くの者の目には映ったのだ。このため、人々はカール五世の権力が拡大していくのを不安な眼差しで眺め、公会議開催のアピールについては重要性を持たない単なる政治的な脅しに過ぎないとすぐに解釈したのである。一五二六年一二月に不安な気持ちが和らいだローマのクーリアのさる高位の人物はこう書いている。「人々は、ここまでその開催希望を口にしてきた公会議について口にしたがらなくなるでしょう。というのも件の公会議を前に進めてしまえば、神への奉仕に資するというよりも、我らの主（教皇）に対する混乱を生み出してしまうだろうということを分かっているからなのです。」(5)

もっと宗教的な側面について述べるならば、ローマは、改革派と対話する余地がほとんどなかったという事実を考慮に入れる必要がある。これについては、その意見が示しているように、カトリック世界で最も権威ある人物たちの間で以下のような認識が広まっていた。すなわち、信仰の問題についてプロテスタントと議論する余地はないということ、そして数世紀にわたって伝承されてきた法と教義という財産を彼らに対抗するに足るものにしなくてはならないということである。

ローマ劫略の後、公会議の開催を通じて実現される皇帝の政策を教皇が公式に受け入れなくてはならなくなった時、ローマはその目的の実現を阻止するためにあらゆる外交的な策略に打って出た。クレメンス七世、私生児であり、おそらくは聖職売買を行っていたこの教皇にとっては、それを恐れるに足る十分な理由があった。「この教皇は心の奥底では、公会議を恐れ嫌悪していた」[6]イェディンはこう書いている。そして彼が公会議を恐れていることは周知の事実であった。ドミニコ会の偉大な神学者フランシスコ・デ・ビトリアは、この教皇の恐れが宗教にとっての不運の原因であるとサラマンカの教壇上から述べている。公式には公会議を望んでいると宣言しておきながら、本当のところはそれを妨害するという二枚舌を基調にした政策を進めるための手段には事欠かない。公会議の開催について、教皇は実現が非常に困難な基本条件を提示した。すなわちキリスト教諸国の平和である。そして、この目標が具体化しないという保証は、フランソワ一世の敵意だけで十分だった。

パウルス三世（アレッサンドロ・ファルネーゼ）の選出によって初めて、事態は変化し始める。この新教皇は、選出されるや否や公会議の開催を望む旨を宣言した。だが、彼の言葉を信じることは困難であった。事態は本当に変化しているのだと対話者たちに納得させる必要があった。教皇の使者はフランス王に対して以下のように述べる必要があった。「以前に行われていたように交渉するのではありません、今は以前とは別の時代なのです。」[7]とはいえ、ガスパーレ・コンタリーニという大いに名声を博した人物を枢機卿に指名したことによって、教皇の意図の具体的な証が示される。任命の知らせは、彼がヴェネツィア貴族の政府の通常業務に忙殺されていた時に届いたものの、広がりつつある期待に弾みをつけた。彼の周囲にも他の傑出した人物が集まり、教会の頂点の刷新を印象づけた。もう一つの兆候は、高位聖職者による会議が開催され、そこに教会改革に関する提言の草案が委託されたことである。その覚書、あるいは「教会修復に関する助言」（一五三七年）においては、教会に重大な悪習をもたらしたトロイの木馬が存在したこと、そしてそれが聖職録に関して教皇が絶対的な権力を持つとした原理であったことを認めている。したがって、聖職録に関する慣習を改革しなくてはならず、教会職と聖職録とを、また収入と秘蹟の授与とを再び結びつける必要があった。改革のアイディアはプロテスタントの改革の原理と変わることのないものだった。そして、この改革案がルターのプロパガンダに論点を提供するおそれがあるという理由で、クーリアの人々はすぐにこれに反対したのである。（実際にルターは皮肉のこもったコメントのついたドイツ語版「助言」を印刷し、その結果ローマではこの書類は大切に保管され、出版や流通は禁じられた。）

公会議の開催については、ルター派の要求の受け入れから教皇が提案するまでに長い時間がかかっている。ローマでは、イタリアの都市で召集される聖職者だけで構成される会議が想定されており、場所としては、教皇の使者は、マントヴァ、トリノ、ピアチェンツァ、ボローニャというイタリア都市を提案していた。マントヴァは伝統的にカール五世の側に属する都市であり、トリノはフランスの司教たちがアクセスしやすいと思われていた。ポー川流域の都市は、皇帝（ピアチェンツァ）あるいは教皇（ボローニャ）の直接の管理を意味していた。いずれにせよ「ドイツの地でのキリスト教徒の自由な公会議」を認めるという選択肢は当初から除外されていたのである。教皇が公会議開催について取ることのできた選択肢を条件づけていたのは、ルター派の提案をはっきりと拒絶するということだったのである。

ヨーロッパのキリスト教を統べる場としての普遍公会議の再活性化を阻むもう一つの真の障害も現れる。それは、領域国家であり、特にナショナルな君主国である。カール五世が、公会議開催という目的の達成に並々ならぬ興味をもった唯一の君主だとすれば、他の全ての君主にはそれを阻止すべき理由があった。だから、フランソワ一世はシュマルカルデン同盟のドイツ・プロテスタントの諸侯と同盟を結び、ヘンリー八世は首長令を発し、ジョン・フィッシャーとトマス・モアを処刑させた。ドイツ諸侯も、ドイツの地でのキリスト教徒の自由な公会議という彼らの要求を尊重せず、ドイツ国民の公会議の開催を脅かすこの計画には対立していた。いずれにせよ一五三六年六月二日には公会議開催の大勅書の公布に至る。公会議は一年後、正確には一五三七年五月二三日にマントヴァで開かれるとされた。

だが、ことはそう上手く運びはしない。マントヴァ公が介在したいくつかの困難を理由として、土壇場になって開催は延期された。だが、失敗の本当の理由は、教皇と皇帝の同盟を暗示するこの計画に対してフランソワ一世が敵意を抱いていたことにある。公会議開催の大勅書は決してフランスの高位聖職者に届くことはなかった。君主たちの同意が開催の実現にとってどれほど決定的なものであるかを人々が目の当たりにしたのは、この瞬間である。そしてここに至って、ドイツからの参加者にとってより都合のよい場所としてトレントの名前が挙げられた。この間にもヴェネツィア共和国からの申し出により、ヴィチェンツァでの開催という可能性もあった。実際この都市への召集もあり、準備もされたが、何回もの延期の後に、無期限の中止が決定した。

公会議は五回にわたって召集され、延期された。これについてできるコメントは、皮肉と嘲笑だけである。ここから、ローマの側で許容できたものは何だったのかということが、はっきりと分かる。彼らが認められるのは以下のようなプランである。会議はほぼイタリア人司教たちで占められ、ローマの近くで開催される。ルターの教義を非難する代わりに、教会におけるモラル化に関する何らかの措置を認めるが、教皇の権威やローマを頂点とする構造そのものには決して触れないというものである。

だが、ルターだけでなくイタリアの高位聖職者や文化人もフィリップ・メランヒトンに対しては敬意を抱いている。彼は穏健な人物で、洗練された人文主義者であり、ルターの暴力的な言葉遣いや頑なな姿勢とは無縁の人物だった。学者間の議論と民衆の単なる宗教生活を分けることにより、特に対立している点、義認の条項に関しては合意に達しうると信じている者もいた。カール五世はドイツの地を安定させるべく「宗教対話」という手段も試みた。教義の相違に関しての実現可能な解決策を探るべくカトリックとプロテスタントの神学者の代表が集まる。この中でも最も重要な対話は、一五四一年のレーゲンスブルクで行われている。カトリック側の代表は、平和的な合意の道を最も強く支持したガスパーレ・コンタリーニ枢機卿、もう一方の代表はイタリアでも読まれ、尊敬されていた神学者、マルティン・ブーツァーである。（偽の著者のものとされながらも、イタリアでも彼の著作は流通していた。）二重義認という教義のおかげでほぼ合意に達していると思われていた。この二重義認の教義とは、信仰による神の恩寵たる義認の優位と日々の行いを通じた人々の義認という教義に折り合いをつけようとしたものだった。しかし、幻想はすぐにかき消された。教義（秘蹟、特に叙階、聖体拝領、告解）の面でも、彼らの背後に控えた人々の強硬姿勢の面でも、この善意にあふれる対話者たちの前に他の多くの障害が立ち現れた。ルターはヴィッテンベルクから、クーリアはローマから、この対話の続行を許可せず、対話者たちは何の結論もないままに帰路に着いたのである。会議は公会議の開催について一八か月という期限を定めて幕を閉じた。「レーゲンスブルクの書」と呼ばれるものの中で、この対話の代表者は皇帝に彼らの提案を提出している。コンタリーニは、「ルター派」であると非難され、ローマから遠ざけられ、枢機卿総督としてボローニャに送られている。そしてここで過ごした最後の日々に、教皇の抑圧的な政策が展開していく様を目にするのだ。この時点から以後、ローマの側は公会議を、改革派の教義を糾弾するための装置、教会組織における教皇の管理を強化するための装置、そして各国の司教がローマへの従属から離れる傾向に抗するための装置であると以前にもまして捉えるようになった。（レーゲンスブルクでコンタリーニは、ドイツの司教たちが公会議主義の色合いの強いフレクエンスの決議を引き合いに出しながら、国民的な公会議を要請していたのを耳にしていた。）皇帝は公会議を開催しなければ、改革の追従者に対して公式に寛容令を出すと脅していた。また、（教会の頭たるローマとそれに従う手足の中で）最も目につく汚れ（貪欲な税制、不作法、貪欲、不道徳、司教の任地不在）を消し去るための「カトリック改革」の問題も存在する。この改革の方向性を推進する必要はあったが、特に注意深い観察者が感じていたのは、少なくともルター派の「口をふさぐ」ためには改革の必要性があるということだった。

一五四二年五月二二日パウルス三世は枢機卿会議においてトレントにおける公会議の開催の大勅書を読み上げた。場所は法的に帝国の内部にあり、また地理的には、ドイツ人、スペイン人、フランス人、イタリア人のアクセスのよい境域であるという理由で選定された。好機が到来したと思われたが、ヨーロッパの政治情勢はフランスと神聖ローマ帝国との戦いにより非常に騒然とした状況にあり、その結果、イタリア諸国も大きな動揺の渦中にあった。七月一〇日フランソワ一世は、オスマン帝国と同盟を結び、カール五世に対して宣戦を布告した。開催の大勅書はこの時もフランスの司教たちに届かなかった。イタリアでは、しばらくの間フランス軍の南下を待ち受けていた。というのもピエロ・ストロッツィ率いるフィレンツェ人亡命者がトスカーナで反コジモ一世の軍を準備していたからである。戦争を予期させる緊張は、ローマでもよく認識されており、カール五世は、怒りに満ちた手紙の中で、よき意志を無駄に誇示するためだけに公会議の開催に着手したとして教皇を非難している。皇帝との同盟を宣言するように勧められたものの、教皇は頑なに中立を守った。公会議の準備は疑念と批判の渦巻く刺々しい雰囲気の中で何とか進められた。ローマから教皇特使として派遣された枢機卿が一五四二年一一月にトレントに着いた時、そこで目にしたのは（トレント司教を含めて）わずかに二人の司教だけであった。驚いたことに、カール五世の信頼の厚いグランヴェルの領主ニコラス・ド・ペルノがこの都市に姿を見せている。皇帝が彼を派遣したのは、この召集がどれほどうわべだけのものであるかをその目で検証させるためであった。教皇は単に公会議を開催するふりをしただけだというスキャンダルが暴露され、厳しい批判が始まる。一五四三年パルマ近郊のブッセートでカール五世がパウルス三世と会談したが、事態を改善するには至らず、狡猾な教皇に対するこの皇帝の不信感をぬぐい去ることはできなかった。教皇はフランスと神聖ローマ帝国との間での政治的中立を維持しようとし、公会議についてはそれを中止するか、あるいはトレントではなくもっと安全でもっとローマに近い場所に開催地を移すことを提案した。一連の推移の後ろで代わり映えのしない音楽が奏でられていた。

この提案からは、ローマでは人々は改革派の世界に対する勝負は完全に終わったと思っていること、そしてドイツの喪失を今や甘んじて受け入れたことが分かる。公会議を開催するという皇帝の夢は、ローマ教会を支配する高位聖職者の大部分の考えとはかけ離れてしまっていた。少数派はこの夢を懐き続けるが、その中には、エラスムスの思想に浸り、宗教的経験の面においては罪深き人間の義認についての全く恩寵的な性格を確信し、ゆえに人の行いに何の重要性も与えていない枢機卿と高位聖職者のグループも含まれる。彼らに対する寛容な姿勢も終わりを告げようとしていた。一五四二年の七月のリケット・アブ・イニティオー大勅書により、「ユダヤ人」に対して前世紀にスペインで設けられた異端審問をモデルとして、ルター派の「異端」狩りに特化し、より効率的に行うための最終法廷をローマに創設するという計画が具体性を帯びてきた。教皇の主催する枢機卿委員会（異端審問聖省）に委ねられ、この委員会はすぐに行動を開始する。イタリアの説教師の中で当時最も有名で人気を博したカプチン会修道士ベルナルディーノ・オキーノをローマに召還したのである。彼はミケランジェロやレジナルド・ポールに称賛されていたが、秘密裏に改革派の思想に転向していたのである。オキーノは助言を求めてコンタリーニを探しに赴き、コンタリーニが非常に困難な状況下にあることを知った。そしてオキーノの旅が始まる。しかし、これはローマへの旅ではない。彼は、ジュネーヴへ赴き、修道服を脱ぎ捨て、あらゆる虚偽を捨て去ること、そして以後虚偽を排したキリスト教を説く旨を宣言した。

　ヨーロッパ全体の情勢について言えば、カール五世が巧妙な外交術と軍事的成功に助けられて公会議の問題を再度提起し始めていた。シュパイアーの帝国議会において、反フランスのドイツ諸侯の支持を取り付け、代わりにルター派に対する寛容政策を彼らに約束した。こうして軍事的にフランソワ一世と対峙することが可能になった。クレピの和議（一五四四年）により弱体化したフランスは、ドイツの同盟者から切り離され、ムスリムの支援もわずかである。（むしろ一五四三年にバルバロッサ海賊団をトゥーロンに受け入れたことによりキリスト教徒の間で信頼を失ってしまった。）したがって公会議開催を目指す皇帝の計画に対するフランスの政策も柔軟にならざるを得ない。クレピの和議の秘密条項の中には、公会議ないしはその他の手段によるキリスト教徒の集まりと改革についての合意がある。彼の意図が真剣であることと彼個人の責任を示すため、フランソワ一世は公会議の準備のために一二人の神学者と対談した。パウルス三世は困難な状況に立ち向かわざるを得ず、公会議の開催に踏み出さねばならなかった。他方で、公会議と教会改革に骨を折らねばならないはずのこの教皇自身が、この世紀を通じてキリスト教の良心が標的としてきた世俗的で腐敗し同族主義に犯された教皇権の象徴でもあった。パウルス三世はあらゆる策略を用いて彼の家系のための政策を追求し、若い司教を暴行したことを誇るような兵士だった実の息子ピエルルイージのために君主の未来を用意しようとした。教皇の政治的相談役は枢機卿の甥アレッサンドロだったが、彼は芸術の偉大な保護者であり収集家ではあったものの、改革の問題には全く無頓着だった。ハプスブルク家、あるいはフランス王家との関係の中で、ファルネーゼ家は婚姻による同盟を通じて、君主家系となるために前進する。

　今や、クレピの和議によって公会議に対するあらゆる反対意見は消え去った。新しい開催の大勅書（ラエターレレ・イェルサレム、一五四四年一一月一九日）は、一五四五年三月一五日のトレントでの公会議を通告した。パウルス三世とカール五世の取り決めでは、あらゆる保証を教皇に与えていた。これは、トレントを制御不能の司教たちによる会議の場とはせず、皇帝の政治的代表者と特に大きな権限を持つ者の名義人たる教皇特使が参加者をよく吟味し、常に彼らがコントロールできるような会議とするための保証だった。

一五四五年の開会の式典に至ることができたのは、ひとえにカール五世の政治的かつ軍事的な強力なイニシアティブのおかげであり、彼はシュマルカルデン同盟に集ったプロテスタント君主を打倒すること、そして公会議の決定を彼らが受け入れるように導いていくことを自らの使命と考えていた。

サルピが以下のように述べているものには、こうして辿り着いたのである。「教会人の集まりであり、二二年にわたって異なる目的と様々な手段で推進と阻止がなされた後、次の一八年間には相変わらず様々な目的のために開催と散会が繰り返され、それを推進した者の意図とも、何とかしてそれを阻もうとした者の懸念とも、全く異なる形式と内容を得たのである。これは、様々な意見を人の思慮深さに委ねるのではなく、神に委ねるべきであるというはっきりとした記録である。(8)」

第三章　公会議における最初の問題　規律の改革か、教義の討議か？

「この公会議は、分裂を始めた教会を再統一するために敬虔な人々が望み求めたものだが、こうしてシスマを決定的にし、党派を定めてしまい、和解不能な不和を生み出した。教会の秩序を改革するための諸原則を指針としていたのに、この公会議は、キリストの御名を感じる者や司教の権威を取り戻すことを願った司教たちがこれまでなしたことのないような大きな歪みの原因となった。一方、その司教の権威の大部分はローマ教皇に移され、公会議によって司教たちは全面的にその権威を失って、教皇にさらに隷属することになる。ローマの側では、多方面での発展によって今やほとんど制限のない放縦へと至った自らの膨大な権力を、小君主たちが抑制するための有効な方法として公会議を恐れ、これを忌避していた。だが、公会議はローマの支配下に残った地域にかつてないほどに大きくかつ根深く、ローマの権力を定め、確固としたものにした。(1)」

サルピのこの有名な評価は歴史の予測不能性に関する省察の一ページである。この言葉は公会議開催という結果に辿り着くために動いてきた諸権力の両立し難い性格を我々に教えてくれる。古くからの対立は続いており、他の対立も開会のセレモニー以降明白になる。聖職者や妻を伴ったトレント貴族といった貴顕が多くを占める人々を前にした、公会議に集ったわずかばかりの司教と大司教たち（前述のように司教二一名と大司教四名）という構図からは、この集まりにはキリスト教世界の代表という性格が希薄であることが分かる。ローマに忠実な地域の「無数の腐敗をほぼ克服した」司教団はほとんど姿を現さない(2)。

司教たちが参加するかどうかは、国家権力が決めていたが、イタリアの小国では、ローマ教皇の影響が強かった。トレントでなされるべき作業を左右したいくつかのプログラムや意志は、たとえキリスト教民衆の期待を考慮せねばならないにせよ、それと一致するものではなかった。わずか四人の高位聖職者からなるフランスの使節は、君主が個人的に選出している。こうすることでフランソワ一世は彼からすれば公会議がもっぱらドイツの問題を扱うものであることを強調したのだ。その後の彼の態度の硬化によって、使節の召還と、ドイツ教会が代表を送っていないことに対する抗議という複雑な駆け引きが巻き起こり、最終的には二名の高位聖職者のみをトレントに残すことになる。一方で、イギリス教会の不在は明白である。ヘンリー八世と個人的に敵対する一方で、彼の親類でもあったレジナルド・ポールを教皇がトレントの教皇特使に任命したという事実は、さながら宣戦布告のようである。だが、何にもまして特筆すべき事実は、スペインの司教たちが当初ほとんど参加していないことである。スペイン人の司教は総勢五名であり、真の意味での教会組織の代表というよりは、オブザーバーとしての使節団という性格が強い。

とはいえ、アルプスの小都市で行われた小さな会議はそれ自身が一つの権力となり、考慮に値する実効性を持った鮮やかな現実となるためには、討議の始まりを告げるこの荘厳な宣言は十分なものだった。そしてここから、議論と投票の規則という問題に直面し、プログラムを定める際になさねばならなかった選択の重要性は生じたのだ。

このプログラムが詳細に定められた際の方法をみれば、教皇たちを束縛し、全ヨーロッパに規則を与えていた諸権力の入り乱れた公会議の時代からは、今やどれほどに遠く隔たってしまったのかが一目瞭然である。

議事進行の規則とプログラムは様々な提案や発言とともに最初の会議からずっと議論されていたが、アウグスティヌス会の長ジローラモ・セリパンドはこれらの提案や発言に対して「小心と無知、それどころか信じがたい愚かさである」と烙印を押した。公会議の規則は一五四五年一二月二九日の総会において初めて定められた。投票の権利は規則として定められねばならなかった。出席した司教には投票権の行使が認められたが、それを代理人に委任することは認められなかった。この問題はとりわけドイツの司教たちにとって枢要であった。彼らは個人的に会議に出席することは困難だったが、その声はたとえ代理人を介してであっても公会議の方向性に大きな重要性を持ちえたからである。この決定に抗議するため、マインツ大司教の代理人は激しくドアを叩きつけて出て行ってしまった。これを受けて教皇はドイツの司教たちのために許容しうる例外規定を設けたが、その運用については教皇特使たちの一存に任せた。しかしこれらの措置によって議論は終わり、何人かの代理人に参考票を投じる権利を認めつつ、この問題に幕が引かれた。

五托鉢修道会の長も投票権を持ったが、この方法で教皇との歴史的な強い結びつきを確認する。ベネディクト会の三人の修道院長は三人で一票を投じる権利を持った。これは頭割での投票である。実際のところ「国家」ごとに票を投じる方式は排除されている。ある意味ではこの先例は存在してはいたのだが、この方式を避けざるを得なかった理由は明白である。それは、司教たちの大部分がイタリア人で構成されており、彼らは多かれ少なかれローマによって管理されていたからである。「国家」ごとの投票を採用した場合、彼らの数の上での優位はかき消され、会議はローマのクーリアに対するより厳しい批判の声に開かれた戦場となっただろう。イタリア人聖職者の会議、したがってトレントの公会議は、ヨーロッパ「キリスト教国」が多様かつ雑然と参加していた前世紀の公会議とは全く似ても似つかないものだったのだ。

問題は、しかし、一つだけ残っている。それは「何をするのか？」ということである。問題提起や提案には事欠かず、人々が公会議を望み、トレントでの開催に実際にこぎつけたその動機もはっきりしている。ルターの出現以前から、クーリアの改革、修道聖職者の特権に対する司教の権威の強化、聖職者の生活習慣の改善、キリスト教君主同士の和平、イスラム教徒に対する十字軍、他にも多くの理由から公会議は望まれていた。

ルターのアピールの後、ニュルンベルクの帝国議会（一五二三年）以来、宗教論争に終止符を打つであろう教会改革を視野にいれながら、公会議の要求を提示したのはドイツ諸侯である。（次いで皇帝はそれを再開した。）マントヴァでの公会議開催の大勅書によってパウルス三世は彼の前任者が延期した期限に何とか公会議の開催を間に合わせんとする意志を一五三六年に示したが、この大勅書の示した来たるべき会議の諸目的とは、教義上の誤り（異端）の同定と排除、キリスト教徒の習慣と生活の改革、ヨーロッパ君主間の平和の回復、不信心者に対する十字軍である。

実のところ、何が来たるべき会議の中心となる目的なのか全くはっきりしていなかったのである。平和と十字軍は、このような場合に常に想起されはするが、公会議の聖職者たちにはこれらに関する権限がないので、これら二つの目的を除いてしまえば、他の二つはある意味において二者択一の様相を呈する。そしてトレント公会議が開かれる以前から、どちらを優先すべきかという問題は長い問議論もされてきたのである。ルター派の視点をここでは考慮に入れないとすれば、一方にはクーリアの人々と教皇に忠実な党派の視点があり、もう一方には皇帝に忠実な党派の視点がある。前者は強い抵抗の末に公会議を受け入れはしたが、公会議は無用でありまた有害であると確信していた。いずれにせよ、教皇に忠実な党派は、聖職者の生活を改善するために教会法の古くからの法に再度効力を持たせるに留めるべきであると考えていた。プロテスタント改革派については，以前に教会によって糾弾された異端の群れ以外の何ものでもなく，彼らに対しては今や厳しい異端審問制度をもって臨むべきであると考えていた。ルター破門の大勅書は，彼らをドイツの修道士によって刷新された古き異端と決めつけ，それゆえに彼らと議論すべきものごとは何もなく，古き良き規範の復活と「霊的闘い」にただ邁進するべきであるとしている。論争の的になっている教義について真剣に議論をするための場も，教会制度の深い部分での改革の程度について議論する場も，この種の会議にはあるべきではない。ただ「刷新者」に対抗して伝統的価値を一致団結して再確認するための場があるに過ぎないと考えていた。

別の方向性は，逆に宗教的な和解の可能性を信じ，そのためにカール五世の宗教政策を支持した高位聖職者のグループが示したものである。彼らは，宗教的危機の深刻さを説くとともに，行政や警察の施策の類ではそれを解消できないことも説いていた。「戦争という手段を用いて」宗教を問題にすべきではない。一五四〇年ドイツにおいて教皇特使ジョヴァンニ・モローネが表明したこの確信は，キリスト教共同体を引き裂く危機の深刻さを直接に体験したことと，ドイツというヨーロッパの心臓部を失いたくないという意志から生まれた発言だった。だが，こう考えた者はそう多くはなかった。若く野心的な枢機卿アレッサンドロ・ファルネーゼは当時プロテスタント諸国を通る途中，書店で偶然生じた神学論争において自らの教養をひけらかしはしたが，宗教生活の伝統的な形式が陥っていた不安にはたいして頓着していなかった。ローマのクーリアの要人たちからすれば，彼らの家系の政治的な未来そして財産の未来こそが何にもまして重要であり，この未来のために，いともキリスト教的なるローマの官僚・司法組織の維持が不可欠だったのである。

今や公会議は開かれ，したがって当時差し迫った教義と規律に関する諸問題に一致して取り組む必要があった。

ガスパーレ・コンタリーニ枢機卿が一五四一年にレーゲンスブルクで行った「宗教対話」という政策の失敗によって、――コンタリーニは「二重義認」という神学上の大胆な表現を不審と孤立の中で用いたのだが――この失敗によって和解の可能性は遠のいてしまった。だがこの枢機卿のドイツへの旅は、ドイツ人聖職者たちが待ち望んだある義務からの解放が、ローマからもたらされるかもしれないという希望を彼らの間に芽生えさせるには十分だった。それは、聖職者は独身を保たねばならないという義務の撤回である。ドイツや改革に進んだ諸国に広がっていたもう一つの要求は、俗人へ聖杯を委ねるべきであるという要求だった。危機への具体的な対応が差し迫っていることは特にドイツにおいてよく認識されていた。同地では、ケルン司教ヘルマン・フォン・ウィードが独自に改革に着手し、ローマとの間に危機が巻き起こったが、この危機はこの司教区に大きな重要性を与えることになった。そしてまさしくこの緊急性のため、カール五世は公会議開催のための動きをさらに進める一方で、しばらくの間宗教対話の道を進み続けたのである。

だが、レーゲンスブルクの宗教対話の失敗（一五四六年）とルターの死によって、トレント公会議は息を吹きかえした。規律の改革と信仰の教義に関する諸問題に取り組まねばならないのは、今やここトレントにおいてなのである。モローネのような人々の視点から見れば、公会議の討議はこのタイプの問題に限定されるべきであった。というのも聖職者の習慣やローマ宮廷に関する厳格な改革は、クーリアの放縦を許し難いと思っていた人々に彼らを活気づけるサインを送ることになってしまうに違いないからである。要するにルターの改革に何らかのアンチテーゼを対置させる必要があり、そのアンチテーゼは効果的であるばかりか人々がルターに賛同した理由そのものを消してしまうのに使えるものでなくてはならなかった。コンタリーニ枢機卿はこのことを一五四一年のレーゲンスブルクからの手紙の中で非常に明快に語っている。ルターの思想が人々の間で収めた成功は、低地地方、フランス、そしてイタリアまでも将来ルター派に征服されてしまうのではないかと彼が危惧するほど重大に見えたのである。（そしてコンタリーニはルター派の同調者がここイタリアの地にもいることをよく知っていた。）この危険を回避するため、彼に言わせれば、できるだけ早く「よき改革」を行う必要があり、この目的のために公会議を開催する必要がある。コンタリーニは次のように結論づけている「さもなくば、私はこの地（つまりドイツ全土）が失われ、残りのキリスト教世界も苦悩の中に喘ぐ様を目にすることになるだろう(3)」と。

そしてドイツでは、高位聖職者ヨハン・グロッパーがそうであったように、「敬虔でカトリック的な改革」の必要性を主張している者がいる。ここに記されているのは、後に歴史叙述の中で使われるが、それ以前から論争のための文献の中で広く使われていたカトリック改革という概念の最初の表明である。ローマで公会議が容認されるのと同時に、クーリアの最も保守的な人々が望んだ解決策は実現不能であることが暗に認められていた。つまり彼らの望んでいた解決策とは、カノン法の古い規範を再度有効にし、「異端」に対する防塁を築くだけでは十分でなく、積極的なイニシアティブと公会議の荘重さの全てをもって、宗教上の不和の解消とキリスト教民衆の改革に進むというものだった。これらの目的はトレントでの公会議の第二の開催を告げる大勅書ラエターレ・イェルサレム（一五四四年）の中で実際列挙されているが、それを実行に移すための方法については全く明確にされていない。

同時に取り組むべきなのか、それとも二つのうちの一つを優先させるべきなのか？　そして後者の場合、どれが最も緊急の課題なのか？　この問題は公会議の最初の議論と開始直後の公会議の全体を支配した。これは公会議の教父たちの自由な決定に任された問題ではない。公会議の決定的な局面の全てにおいてそうであったように、ヨーロッパ政治勢力とその派閥の要求がここに重苦しくも見て取れるのだ。皇帝派は教義に関する審議についてはできるだけ長い間先延ばしにしようと決めていた。なぜなら、カール五世は教皇との合意の下に、シュマルカルデン同盟を叩くことを密かに決めており、この戦争によって教義上の分裂が解消されるのを期待していたからである。この理由から、皇帝は彼の聴罪司祭ペドロ・デ・ソートを通じて教皇特使ファビオ・ミニャネッリに対して、少なくとも当初は、ルター派と論争の的になっている神学上の事案については公会議で取り扱うことを許可しないように求めている。カール五世の計画によれば公会議とは、最初にプロテスタント君主の軍事的敗退を、次いでトレント公会議における改革の提案を想定した総合的な戦略の中でのただの装置に過ぎなかった。

だが、この路線ではハプスブルクの政治戦略に服従することになってしまい、教会の権威が霞んでしまうのではないかと危惧した者の中から、この戦略への反対の声が上がった。人々の模範としての教会組織の役割を取り戻し、適切な方法で教義の明確化と定式化の要求に答えるべきであるという主張は、多くの者の中に息づいていた。教皇特使のマルチェッロ・チェルヴィーニ枢機卿のような人々は、宗教的統一の危機はもはや修復不能であると考えており、正統の限界とはどのようなものであるかを明確に指し示す仕事こそ最も緊急のものであると考えていた。もう一人の教皇特使ポール枢機卿は、「革新者たち」との関係については全く違った確信に突き動かされていたけれども、正統な教義がいかなるものなのかをまずはっきりさせ、その後になって始めてよき改革を始めることができると確信していた。(4) この立場は高位聖職者の少人数のグループにも共有されていた。(おそらくこの中にはベネディクトゥス会修道院長イシドーロ・キアーリも含まれていただろう。)彼らはマドルッツォ枢機卿に対してカトリックとプロテスタント間の教義論争問題をともに吟味するためにメランヒトンにトレント来訪を促すように依頼した。この問題は初期の会合において取り扱われた。一五四六年一月一八日の全体会議において、皇帝派の代弁者マドルッツォ枢機卿は、最初に道徳と規律の回復の問題にのみ取り組むように提案した。逆に、教皇に忠実な一派は教義の問題から始めるか、あるいは少なくとも同時に二つの問題を取り扱うように提案した。続く一月二二日の会合では、マドルッツォが自分の提案にこだわったので、教皇特使であり公会議の議長でもあったデル・モンテ枢機卿は実行への働きかけとともに、次のように明言した。もし魂の救済の義務を負い、多くの聖職録の名義人となっている高位聖職者たちが、聖職録を即座かつ公式に放棄すれば、改革はすぐにでも開始可能であると。これはトレントとブレッサノーネの二つの司教位の名義人であるマドルッツォ枢機卿への個人的な攻撃であったが、この議論を巻き起こしたスタートの後に、二タイプの問題に同時に取り組むことを決めて、妥協した解決に至った。この解決の長所を教皇に納得させることは容易ではなかった。改革と聖職者の放縦さを取り除くという問題に取り組むことで、トレント公会議の教父たちがクーリアを直接攻撃することになり、クーリアの中央の聖省の機構に干渉するのではないかとローマでも非常に危惧されていた。ルターの説教以後に頭を悩ませた神学の曖昧さの全てが純化されるにせよ、改革の問題は強い緊張を煽りかねなかった。一月二二日の会合でもそれはよく見られる。フランス国民議会の一七八九年八月四日のかの有名な夜の雰囲気をいくらか先取りした緊張と称賛の雰囲気の中で、聖職録の公式かつ厳粛な放棄という原則に至りかねなかったのである。

キリスト教徒の生活と教会の改革のための決定的な期限としての公会議という思想の周りで、ヨーロッパ社会の中で一世紀以上も前から高まっていた期待は、トレント公会議の目立たない展開の中にさえその実現の糧を見出したのである。それを証明するのは、当時お互いに全く異なる人々がトレントに向けて旅立ったという事実である。例えば、コペル司教ピエール・パオロ・ヴェルジェーリオ（彼は、輝かしい聖職者としての職歴の後、ルター派の陣営に加わるために旅立ったのだった）そして無名のシチリア人神秘主義者ジョルジョ・リオーリ、別名ジョルジョ・シークロ、彼は元ベネディクト会修道士であり、自らをキリストが再受肉した者と信じていた。今や公会議は帝国の一都市で皇帝の権威のもとで開かれており、抗し難い軍事力を背景にしたこのキリスト教皇帝の権威は、彼の改革の意志をローマのクーリアの怠惰で腐敗した世界に強いることだろうと彼らは考えていた。

長く待ち望んだこの公会議という名の奇跡を前に、最初の会合に列席した者の胸は、喜びと高まる期待でいっぱいだった。ピエール・パオロ・ヴェルジェーリオは一五四六年一月二六日にフェッラーラ公に向けてこう書き送っている「この公会議は赤ん坊のようなものです。赤ん坊はまだ足を動かすことも、話すこともできません。この子供を育てる者は、話し方を教え、生活の送り方を教えながら、少しずつやっていく必要があるのです」、とはいえ「四肢が強くなっていき、言葉を自由に使えるようになっていくこと(5)」も望み得るのだとも彼は書き残している。公会議の高位聖職者と教皇特使との間でのやり取りの中に、ヴェルジェーリオはローマのクーリアの支配を終わらせることになるはずの長く待ち望んだ改革の可能性を見出していた。だが、それは急ぐべきではなく、根気のいるものなのだ。「何度も、全ての高位聖職者はある意見を表明し、特使たちは別の意見を表明しています。目下のところ忍耐が肝要でしょう。私の言うところの赤ん坊を、違った風に扱う者はその命を極端に縮めてしまうでしょう。」

しかしヴェルジェーリオは、この赤ん坊が本当に成長するのを見届けることのできるほど長い間待つことはできなかった。ジョルジョ・シークロも公会議に集った人々を前に自身の啓示を行う許可を得られなかった。彼らの期待は裏切られたのだ。すなわち、公会議はその存在自体によって希望や錯綜した様々な期待を惹起したが、公会議はそこから何も引き出すことはなかったのである。さらにここに加わったのは、クーリアの慣習とはほとんど馴染まないドラスティックな立場に公会議を導こうとする制御不能な力である。幾人かは、公会議が「全教会の代表者」であると表明するべきであるという提案を出しており、その中には信頼の厚いイタリア人お目付け役の一人であるトスカーナの司教マルテッリさえも含まれていた。

これはローマでは非常に恐れられた表現である、なぜなら文字通りコンスタンツとバーゼルのテクストの中から復活したこの表現は、公会議の思想の命運を握ってきた法的な議論を呼び起こすからである。それは、教会は、高等法院や帝国議会や三部会のような会議によって管理される高潔な組織に本当になり得るのだというものである。会議全体をあるいは各メンバーを従属状態に置き、コントロールできる状況を作り出すだけでは十分でないことははっきりしていた。つまりトレントでの会議をローマに結び付けている臍の緒だけでは不十分だったのだ。ローマでは枢機卿団が三人の教皇特使の枢機卿との定期的なやり取りを通じて公会議の討議を主導していた。（ローマからの通信鞄に入って、聖霊が旅をしていると皮肉交じりに言われたものである。）各枢機卿を御するために、経済的な援助が用いられた。公会議の教父としての彼らの権力と威厳が増しているという感覚に釣り合うように、彼らへの経済的な援助が認められ、増額されていく。しかしこれら全てをもってしても、この会議が望ましくない成果をもたらすのではないかという不安を払拭するには十分ではなかった。一五四六年の二月に、公会議に従属していないということを示すために、パウルス三世は、改革の問題に最も敏感な高位聖職者の大きな失望を伴いながらも、聖職録に関する非常に批判的な「希望」に同意することを決意した。これは教皇の権威の濫用をもってその権威自体を守ろうとしていると批判もされた。

いずれにせよ、イタリア地域の司教たちに対してローマの聖座はその権力を巧みに使うことで、これらの司教たちを高い確率でクーリアの側に引き留めておくことができた。何かしらの危機を司教たちが垣間見た時、ローマの側は上手く狙いすまして介入することによって、もともとその傾向のあった司教たちをして、改革という名の介入を徹底的にもたらす恐れのある「悪しき霊」に急いで対抗するように仕向けたのである。よりドラスティックな提案、つまり教義上の問題のみを扱うように命じるという提案も検討されたが、実を結ぶことはなかった。教皇特使、特にチェルヴィーニの断固とした反対によって、妥協的な解決策はクーリアに呑み込まれてしまった。その解決策とは、教義と改革を同時に取り扱うべきであり、もしそうでなければ、ただ単にルター派の思想を糾弾するための公会議を望んだに過ぎないというプロテスタント側から教皇へ向けられた批判を裏書きしてしまうことになるというものだった。いずれにせよ、ここは公会議の命運にとっては困難な段階だった。ローマ側からの反対によって教皇特使は、教義と改革を組み合わせて論じることを認めた一月二二日に提案された決議に対しては、いかなる正式な承認を下すことも無期限に延期せざるを得なくなってしまった。

公会議を政治的に利用することと、そこで働きその成果を不安とともに待ち望んでいる人々の経験、この両者の対照は、この最初の数か月の展開からはっきりと見て取れる。教皇と皇帝は、その理由は異なるにせよ、公会議が開かれることを唯一重視していた。今や公会議は、可能な限りいかなる重要な選択も行うことなく単に存在し続けるべきであったのだ。皇帝にとっては、解決に向かう転換は別の場所、つまりプロテスタント諸侯との軍事的衝突の中で達成されるべきであった。教皇にとっては、会議のいかなる自発的な行動も、教皇の権威を削ぐ危険性を意味するか、あるいはいともキリスト教的なる中央官僚機構の機能に対して改革的に介入してくる危険性を表わしていた。この問題がいかに枢要なものだったのかは以下の事実から分かるだろう。それは、公会議の事業が義認の教義（教義上の問題）と司教の任地在留問題（改革の問題）という二つの根本的な問題にひとたび行き着くや、ドイツの政治・軍事情勢の変化とも相まって、皇帝の望んだ筋道と教皇の欲したそれとの間の対立は再び鮮明になったということである。

シュマルカルデン同盟との戦争の勃発は教皇特使にとっては、会議をトレントからもっとローマに近く教皇がコントロールしやすい別の街に移すためのよい動機と映った。この計画を議論しているさなか（一五四六年七月―八月）、カール五世は激しくこの問題に介入し、公会議を移動させないことと教義に関する問題は可能な限り後回しにすることを求めた。彼の目的は、ドイツ世界での信用を失わないことにあった。同地では、政治的抵抗については武力によって打倒されるべきであり、宗教的な抵抗に対しては、皇帝の庇護の下で全教会の真の改革がトレントで行われていることを示すことで打倒されるはずだった。このため、公会議に派遣された大使ファン・デ・メンドーサのための一五四六年一〇月二八日付の指示の中で、カール五世は教義上の主要な相違を扱うことを延期するように求めるよう指示しており、トレントから他の都市に開催地を移すことを話題にしないように命じている。しかし、彼の要求が受け入れられることはなかった。義認、啓示の源、秘蹟といった根本教義、カトリックとプロテスタントの対立の本当に核心的な諸点に公会議は取り組むのである。

加えてシュマルカルデン同盟に対する皇帝の軍事的勝利により、ドイツのプロテスタントに対しても公会議の決議を受け入れるように強制できる可能性が出始めたまさにその時、教皇特使は公会議のボローニャへの移動を決議させたのである（一五四一年三月一〇日）。高名な医師ジローラモ・フラカストロが教皇特使に与えた権威あるお墨付きには、当時の人々も後の時代の人々も、誰も騙されなかっただろう。つまり「点状出血の病」によって公会議のトレントでの作業の続行が妨げられたのではなく、別の種類のある病がその原因だった。政治上の理由から、教皇はカール五世の並外れた権力がこれ以上強化されるのを阻止しようとしたのである。これらが、手続きの長引いた不安定な数か月の後に、公会議に関するローマ側の計画を勝利に導いた諸原因である。ローマ側の描く公会議とは、完全に教皇に従属し、ドイツ・プロテスタントに対する教義上の壁を打ち立てるべく運命づけられた公会議である。皇帝にはアウグスブルク仮信条協定（一五四八年）によって妥協案を取ることで、ドイツの地での教義問題を直接管理する道しか残されていなかった。この妥協案の中では広く行きわたった要求（聖職者の結婚、聖杯の俗人への授与）を認める一方で、教義の分野では全く譲歩しなかった。公会議について言えば、カール五世の激しい抗議によって、ボローニャへの移転は暫定的で効果のない、ほとんど一挿話に過ぎないものに留まる。しかし、信仰上の問題で対立するグループの間で具体的な和解に至る道を閉じてしまったという意味において、公会議の討議の中にこの時に刻みつけられた転換は決定的なものだったのだ。

第四章　公会議という地震計を通して見るヨーロッパ政治

トレント公会議の苦難に満ちた歴史は、教義の不確かさと宗教論争の証であるだけでなく、公会議そのものとは縁遠いある大きな問題が未解決のまま残っていたことを示している。それはヨーロッパとイタリアにおける政治問題である。公会議の歴史全体が示しているのは、そうした問題が予期された通りに解決することによって初めて、公会議の秩序だった展開が彼らに保証され得たのだということである。トレント公会議の展開は、その全期間を通じて、帝国とフランスの間の、あるいはカール五世のヘゲモニーを握ろうとする計画と、フランス王国側の強い対抗心、そしてドイツ領邦国家の間での抗争の結果に左右された。教皇権は、もはや一五世紀の改革的な公会議の時代とは違って、抗争の的とはならない。というのもトレント公会議の決して軽くはない負担を背負うことに同意できるほど、教皇権は自身の国家機構と確かな財力をあてにできたからである。

だがこれは、問題を単純化するにはほど遠く、むしろそれを複雑にした。教皇権は、その政治的な利益を考慮に入れつつ、ある時には片方に肩入れし、またある時にはもう片方に味方した。結果として、終始曖昧で複雑だった政治・軍事的な対立に応じて、公会議は開催、移転、中断の後に、再開された。念頭に置いておかなくてはならないのは、教皇の閥族主義も決して無視できないほど複雑に絡み合っていたということである。公会議の初期段階は、ドイツでの宗教的平和に関する皇帝の計画に規定されていただけではなく、ファルネーゼ家のパウルス三世が自身の家系のために国家を創設しようとする試みにも同様に規定されていた。教会国家に譲渡するカメリーノとネーピのファルネーゼ家の封土の代償という装いの下、パルマ・ピアチェンツァ公国を教皇の息子ピエルルイージ・ファルネーゼに譲渡したこと（一五四五年八月二六日）、そして「キノコが生えるように一夜にして」生まれた新国家の創出（これは、エルコーレ・ゴンザーガ枢機卿の怒りと狼狽に満ちた証言である）、これらは教皇―帝国―フランスの三角関係に新しい問題を開き、当時強固であったカール五世との同盟とともに、このゲームに参加する用意のあったパウルス三世の公平無私な態度というものが、一体どれほどのものであったのかを物語ってくれる。ピエルルイージ・ファルネーゼがピアチェンツァで暗殺されたことが、一五四七年九月一一日ローマでも人々の知るところとなった。刺客に武器を持たせた者が誰なのかは疑いがない。これは教皇側の行った同盟破棄に対する皇帝側の返答である。ドイツにおけるカール五世の成功がハプスブルクの「普遍帝国」の亡霊を呼び覚ますや否や教皇はフランスに接近していたのだ。

ところで、教皇の感情と家系の野望に加えられたこの一撃は、公会議の運命にとっても決定的だった。カール五世がピアチェンツァを返還するまいと心に決めているということがはっきりした時、パウルス三世はボローニャに移動した公会議の教父たちをトレントに戻す案を検討することをはっきりと拒否した。これは公会議の最初期の決定的な危機だった。というのもこの問題は、教会におけるシスマの原因になったかもしれなかったからである、なぜならカール五世は改革という課題を直接担うこともできたからである。この危機の原因については明白である。つまり、教皇の拒絶は、「ピアチェンツァでの暗殺とファルネーゼ家の政策に起きた困難が原因となった皇帝に対する個人的な恨み」(1)に突き動かされていたのだ。クーリアの口さがない人々は、カール五世がピアチェンツァを返還していたなら、教皇は公会議をトレントでさえなく、アウグスブルクにまで移す用意があっただろうと言ったものである。だが、これは事実とは考えにくい。なぜなら強い閥族主義と並ぶ、教皇の政策のもう一つの動機は、ハプスブルク家の皇帝の力が度を越えて強化されることに対する敵意だったからである。ドイツの政治的・宗教的分裂は皇帝のわき腹にしっかりと突き刺さった刺だったので、教皇権はそれを取り除くいかなる手助けも行わなかった。さらに、義認に関する条項の神学上の防塁がトレントにおいて決定された事実は、既にルター派のドイツとの論争は終わっており、異端を打倒する以外にないと思わせる。つまるところ、公会議はひとたび重要な点に関するローマの教義を決定するや、あらゆる政治的な重要性を失い、またいつ閉会してもかまわなかったのだ。

その間にも、ヘンリー八世とフランソワ一世の死によって、ヨーロッパの枠組みは再び動き出す。教皇権は、ルター派のドイツは喪失したと考えるべきであるという前提から出発し、自らの政策を追い求める。公会議をトレントへ戻すことを拒否したことは、何よりもこの視点から見た影響を考慮に入れた行動であるが、そこにフランスとの政治同盟の試み、ボローニャの公会議の清算、ドイツでの仮信条協定への水面下での妨害が加わる。公会議を召集した教皇の死（一五四九年一一月一〇日）により、公会議は散会し、再開の目処は全く立たなくなってしまう。教皇の煮え切らない協力と、誰も対抗できないほどの圧倒的な軍事的成功とを背景にして、皇帝は信仰に関する問題を独力で管理していく。一見、宗教面においてヨーロッパは実質的に統一されていくかのように見える。しかしながら、もう一つの大きな問題、内部改革の問題、つまり道徳、規律、教会制度などの問題は、まったく未解決であり、キリスト教の内部において不平や抗議、革新の夢を惹起していく。この点についても、教皇権は伝統的な手段に回帰し、ローマで高位聖職者による委員会を召集し、改革の諸措置を研究・達成させるという課題を与えた。公会議の声は、政治の表舞台に立つ中心人物たちには歓迎されず、沈黙を余儀なくされた。

トレントでの第二の公会議開催に至る推移の中にも、政治的な理由の色濃さははっきりと見てとれる。新教皇ユリウス三世は、パルマとピアチェンツァの問題に関しては出身家系絡みの利害を持たなかったので、公会議の復活以外の方法を検討しなかった。公会議は一五五一年五月一日にトレントで再開され、皇帝の軍事的成功のため、全面的に皇帝に委ねられた。皇帝の意志はまるでいかなる障害もないかのようであった。このトレントでの二期目の公会議の開会に立ち会った哀れな代表は、たった一五人の高位聖職者で、全員が帝国領の出身であったが、これはある断絶の目に見える証拠だった。この断絶とは、アンリ二世とドイツのプロテスタントとの同盟がそれから間もなくドラマティックに惹起することになった断絶である。

こうして最大の成功の後には、それから少し間をおいて、皇帝権のヘゲモニーの最も重大な挫折が続いた。したがって、勝利の凱歌のこだまする帝国の中にあって完全な統一教会を打ち立てようとする政治的な計画は実現不可能になった。その否定的な結果を、政治・軍事同盟よりも一足先に見せてくれたのは、公会議の部屋の惨めな実態だったのである。敵意の爆発によって、一五五二年春に、即座に公会議は中断される。(四月二八日) これは、たとえ予期しないものだったにせよ、ユリウス三世にとっては決して不愉快な前進だったというわけでもない。彼は実際のところ本質的には皇帝との協調路線を図っていた(彼は元は親フランス的だったが、皇帝に対してアンリ二世の罷免を提案するに至っていた)。だが、トレントのスペイン人司教による活発な改革路線に失望し、さらにキリスト教社会の政治的亀裂がこれほど劇的に再開したことにも二重に失望していたのだ。この時期以後、改革計画はローマのクーリアの狭い場所の中に再び舞い戻った。そして、宗教的統一の危機は修復し難く、また多くの者が考えていた以上により根深くなったように思われた。公会議の進行にこの時まで従事してきた者の証言を借りるとすれば、トレント公会議の最初の時期に不屈の教皇特使であったマルチェッロ・チェルヴィーニが教皇に選出されたすぐあとの一五五五年五月九日にノジローラモ・セリパンドが書いたものを引用しよう。

「私は、特に彼（チェルヴィーニ）が教皇になることを神に祈った覚えはない、長年にわたって教会、公会議、改革という聖なる言葉がその渦中にある多くの不名誉と嘲笑を取り去ってくれる者をとただ願ったのだ。」

しかし、公会議が遠ざかり忘れ去られたまさにその時、ヨーロッパの新しい政治・宗教情勢がその復活を強いる。今回はユグノとの関係に対する問題に立ち向かうためのフランス独自の公会議という脅しとともに、フランスがゲームを再開する。ピウス四世は個人的には彼の治世における宗教対立にほとんど関心を払っていなかったが、トレント公会議を再開するより他に、同様の脅しに対抗するよい材料を見つけられなかった。ただ、これを何度も中断された道のりの再開ととるべきなのか？　それともゼロからの出発ととる方がよいのだろうか？　こうした手続き上の問題の周りで激しい論争が巻き起こるが、このこと一つを取ってみても、当時のヨーロッパ情勢がいかに多様で細分化していたのかが分かるだろう。継続を歓迎したのはスペインのフェリペ二世である。同じ理由から皇帝フェルディナントはトレント公会議のそれ以前の成果を全く無視するように要求しなくてはならない。一方にとっては、国内の宗教上の相違に対する容赦ない闘いの成果を有効にすることであり、他方にとってはトレントの会議の有効性を全く認めないプロテスタント勢力との和解の問題を再度提起するものだったのだ。

このため召集の大勅書（一五六〇年一一月二六日）と議事の実質的な開始（一五六二年一月一八日）の間に多くの時が流れた。ここには公会議に対するヨーロッパの大勢力の利害関心とそれぞれに相反する期待が見て取れる。つまり、ここで時間を浪費したのは、一つには、公会議の最終段階にはそれまで以上に利害と期待が殺到したからであり、またもう一つには、スペインやフランスの司教といったローマの意向に従わない司教の存在があったものの、今回も教皇は自身の意志を貫くことができたからでもある。だが、それまで行ってきた議事運営の習慣に固執したため、結果として、それまで有効とされており、またこれによってローマが直接に初期の公会議をコントロールしてきた議事運営のメカニズムに関する議論が始まってしまう。最初の論争の的になったのは、ローマでの決定に公会議の内部機構が左右されているということを、形式上も明確に示している教皇特使・枢機卿の「発議権」であった。

公会議が頓挫する可能性を秘めたもう一つの重大な問題は、魂の救済の任とともに聖職録を保持する者が任地に居住する義務は「神の法」と見なされるべきかどうかという問題である。（つまり教皇の免除によっても覆しえないものなのかどうか？）この点については、聖職者のモラルと規律についての抜本的な改革への期待が、特にスペインとフランスの司教たちの間にはあり、ローマのクーリアの財政上と権力上の必要性と対立し始める。両ケースとも、枢機卿ジョヴァンニ・モローネが優れた手腕を再び見せた外交交渉によって何とか対立は避けられた。皇帝との直接の合意によって、彼は公会議における反クーリア的な反対を弱体化させるとともに、最もやっかいなこれらの問題に関する議論に素早く終止符を打つことを可能にした。

しかし、その活動が最も精力的になった瞬間、公会議は教会におけるローマの至上性に対するその潜在的な攻撃性を露わにしたことには間違いがない。したがって、ローマに対する批判や過度に革新的な決議の場となることを避けるために、できるだけ速やかに公会議での議論に終止符を打つ必要があることは明白だった。またこの場合、カトリックの諸君主によって外からもたらされる各種の支援を公会議の神父たちから奪い取ることも問題となった。「君主たちの改革」(2)の計画を公会議において議論するという脅しはこの目的に役立った。「君主たちの改革」とは、すなわち教会制度の自由な機能を諸君主が介入し妨げていることに対抗する措置であり、この計画は君主たちに圧力を与える装置として、活発な外交の場で他の議題に加えられるのである。

その最後の段階に至って、公会議は、議事進行の最も内密の部分でさえ、それまでにないほど大きく支配され、決定される。この議事進行を支配し決定したものこそ、ヨーロッパの主要な宮廷の外交ゲーム、そしてモローネ枢機卿やピウス四世の甥にして若き枢機卿であったカルロ・ボッロメーオのような人物の政治手腕なのである。こうして「君主たちの改革」はクーリアの改革と同様の運命を辿ることになる。一五世紀の公会議主義の時代からずっと、教皇権は諸君主とのつながり、つまり権力間のつながりを無傷のまま留保しておく術を心得ていた。その結果、公会議に終止符を打つことは難しいことではなかった。めまぐるしくほとんど半狂乱のような一連の会議と決議とともに、公会議は簡潔な結論へと向かうのだが、これは決して副次的ではない多くの問題を残したままだった。禁書目録の見直し、ミサ典礼書と聖務日課書の改革などいくつかの問題は、はっきりと教皇に委任されたのである。その他の問題については、それらを処理した際の総括の方法のために、解釈が必要であることは明白だった。しかしこれこそがローマで望まれたものだった。というのも公会議の閉会によって、公会議の決議の解釈と実行の段階が到来し、この段階で教皇権とクーリアはその行動に関する大きな自由を手にするからである。

第五章　教義に関する諸問題

しかしながら、公会議の成果の実行と解釈の問題を見る前に問うべきなのは、トレント公会議の議論の水準はどのようなものだったのか、多くの総会の中で移り変わっていった高位聖職者たちの監督のもとで、キリスト教の諸問題に出された解答とはどのようなものだったのかということだろう。まずは教義に関する諸問題について検討しよう。この問題は公会議がその検討に心血を注いだ問題である。もっと正確に言えば、教義の問題は問題の結び目が特に複雑に絡まり合った部分であるとともに、教会と宗教生活全体の革新への期待と、克服不可能と思われた神学的・教会的な境界線の屹立との間の隔たりが最も強かった部分である。公会議が開かれた時、ドイツだけではなく他のヨーロッパ諸国においても対立はもはや根深いものとなっていた。新しい教会組織が生まれ、新しい「信仰告白」を味方にして、政治的権威の保証と監視の中でキリスト教徒として生きるための新しい形式が整えられつつあった。

イタリア諸国やローマではその認識はまだ希薄だったものの、この地においてもルターの影が不安を煽り、改革への欲求を広めていくのだが、この改革への欲求は何度も延期された公会議において基準点を見つけるのに苦労することになる。「高位聖職者には改革が必要とされているが、一方でルターのセクトは非常に数を増やしており、全ての事項をはっきりさせるために公会議を開催したわけではないと人々は見ています」とオッタヴィアーノ・ロッティがエルコーレ・ゴンザーガに一五三八年に書いているように、今や人々は聖書の読解の中に「救いに必要なもの」を直接求めていた。(1) こうして、公会議が実際に開かれた時、既に少なからずの人々はそれぞれの胸の内にあった問題を明確に認識しており、改革の大きな対立の中で取るべき立場を決めていた。

しかしながら、神の御言葉の解釈に関して誰が正統の中にあり、誰が誤りの中にあるのかについてトレント公会議の教父たちが行おうとする決定を前に、様々な期待がすぐに鮮明になってくるのは避けようがなかった。改革の思想を獲得した国々から公会議を見ている側と、カトリックの側に二分されているのは当然だが、そのどちらか一方の戦線の内部で活動する者たちの間でも、態度の大きな違いが見て取れる。ルターの挑発的な文章は強い論調で書かれており、パウルス三世の召集を注意を逸らせるための策略と捉え、教会を破滅に導く「反キリストの子」の姿を教皇権の中に見出した者が広めた「パスクイッリ」も激しい調子で書かれている。一方で、カトリックの側からの反応もそれに劣らず激しいものがある。(「パスクイッリ」とは「パスクイナーテ」という風刺詩の一種で風刺—論争パンフレットのことである。) カトリック側に広まっていた憎しみが表出するのは、一五四六年三月初めルターの死の報がトレントにもたらされた時である。すなわち、ルターが前言を翻すことを恐れた彼の追従者によって毒殺されたのだとか、悪魔に支配された男にふさわしく「最後まで酒を飲みふざけながら」死んだとか人々は言った。ドイツからはオットー・トルシェッスが教皇特使に対して、トレントにルターを送らせて、「これらの救いのない異端者たちの義務であり、彼には全くふさわしい火刑に処す」ことを望んでいたがゆえに、彼の死は不都合なことであると書き送っている。(2)

もう少し穏健な傾向も存在した。例えば、福音の精神を捨て去る危険に陥ると考えたがゆえに、神学上の激しい闘争を受け付けない者もいた。彼らによれば、教義に関する議論がキリスト教の徳の実践に爪痕を残すべきではない。したがって、解決不可能な対立は中断した方がよく、専門の神学者たちの議論に限定されるべきであり、文字の読めない「素朴」な民衆は、神学の迷宮に迷い込む必要のないようにキリスト教の徳を実践することを務めとすべきであるというのである。ベネディクト会のイシドーロ・クッキ・ダ・キアーリが主導するこのグループの意見に従えば、普通の信者はいくらかの基本的な原則を知り、共有するだけで十分なのである。これらは、ロッテルダムのエラスムスのキリスト教人文主義に大きく影響された聖職者の動向の中で熟成された見解である。さらに、迷信じみた信仰とその実践に対抗するために、信仰の義認と聖書へ回帰すべきであるというルターや改革者たちが提起した根本的な要請のいくつかに敏感だった者もいる。公会議の議論の中では、カーヴァ・デイ・ティッレーニ司教トンマーゾ・サンフェリーチェとキオッジャ司教ジャコモ・ナッキアンティの名前がとりわけ浮かび上がってくる。

だが、彼らはごくごく少数である。クーリアに従う司教たちの圧倒的な優越とローマの注意深い監視（教皇特使である枢機卿からの情報だけでなく、異端の危険性を常に注視している熱心で野心ある公会議のメンバーからも情報がもたらされていた）のため、そして異端審問という代償によって、彼らはすぐに沈黙を余儀なくされてしまう。

対立の解決やプロテスタントとの友好的な会談という希望は公会議の周囲を漂ってはいたが、司教たちがそれに多くの関心を払うことはない。それよりも彼らの頭の中にあったのは、教会の裁治における司教の権威と、教会内で具現化してきた（教皇権や托鉢修道会といった）中央集権的な権力の別の諸形態との間の関係である。教義上の問題に取り組む際に、宗教的和解に対する残されたわずかな期待は次第に打倒され、「異端」の判決を撤回不能な形で認可しようとする意志は確かなものとなる。作業の手順は以下のように規定される、問題は個別委員会において討議され、次いで通常毎週金曜日に開催される総会で議論されるとされた。問題は前もって神学の専門家からなる集会で議論されるが、彼らは投票権を持たないにせよ、その教養とその言動によって、概して法律の素養はあるものの、神学についてはは表面的な教養しか持ちあわせていない司教たちの方向性を決定づける。神学者たちのほとんどは托鉢修道会のメンバーであり、結果として公会議で教義を練り上げる際にその学派の言葉遣いを持ち込むことになる。

トレントでは書籍の問題もあった。というのもこの都市では、論争の的になっている問題を神学的に深めたいという要求に応える備えがなかったのだ。ルター破門の大勅書とそれに続く異端審問の介入によって、改革者が書いたものを直接読むのは困難であった。実際、幾人かはルターやメランヒトン、ブーツァー、カルヴァンのテクストを読んではいたが、プロテスタントとの論争の的となっている諸点については、ドブネック（コッホレウス）、エックやその他幾人かのように、教義上の論争やいさかいを生業とする論争家の神学者が書いた本に集められた情報と曲解を彼らはテクストとして用いた。

最初の議題は、聖書と伝承の関係についての問題である。この問題は根本的である。救いに必要な教義は全て聖書に含まれているのか、それとも記載されていない伝承という異なる場所からも取り出してくる必要があるのかという問題だからである。二月二六日、「総会」でいくつかの点が定められ、規定の概要を定めるべく委員が選出された。後に公会議の議事進行の全期間にわたって持続することになる進行方法に則って、教義の問題と並行して、これに関連して改革すべき「濫用」の問題も扱われ始める。

適切ではない慣習に関する問題は、聖書の問題にも関わり、ある根本的な問題へ対峙するように促す。すなわち、その土地の言葉（「俗語」）で聖書を読むことは認められるべきか、どの翻訳が有効とされるべきかという問題である。したがってエラスムスやルターに対する立場を明確にする必要も生じる。というのも、一方には、聖書のオリジナル・テクストの確定に捧げられた人文主義による文献学の業績があり、他方では聖書をドイツの人々の言葉に翻訳することにルターが注いだ熱意があったからである。神学者たちは次のように主張していた。数世紀にわたり教会と学校で用いられてきたラテン語の翻訳のみを真正のものと定める必要がある。「さもなければ、ルター派に敗北する要因となり、将来にわたって異端を生み出す扉を開き、キリスト教の平穏を絶え間なく乱すことになるだろう（3）」と。

議論の口火は切られた。大方の意見は、俗語で聖書を直接読むことはルターの「異端」を民衆の間に広める結果になるので、あらゆる翻訳を禁じるよう求めていた。しかし、他の高位聖職者たちは、まだキリスト教人文主義の思想に親近感をもち、俗語で聖書を読むことは聖書の理解を促すはずだと考えていた。対立は鮮明であり、教皇特使たちはこの議題を避け、問題を保留にしておくことを望んだ。だが、一五六一年に公会議が再びこの議題に取り組んだ時、全く異なる雰囲気がこの問題に関する議論の再開を覆っていた。ローマの異端審問は聖書の読解を禁じ、それに疑惑の目を向ける体制をその時にはもう敷いていたので、公会議はこの禁制を限定的なものとして緩めるよう試みることしかできなかったのである。

ともあれ、一五四六年の議論では、司教たちの多くが気にかけていた問題とも向き合った。それは、説教師に対する規則の制定と、司教に出版の検閲を任せるよう第五ラテラーノ公会議で定められた規則が機能していないことを受けて、出版を管理する体制をいかに確立するのかという問題である。こうして司教たちがいかなる権限も持たなかった無学な説教師の放縦に対する不満、民衆に正しい教義を教えるに際して司教と司祭の責任がほとんどないことに対する不満、そして芸術家や文学者が瀆聖に至るほどに勝手気ままに聖書を用いていることに対する不満が噴出する。同時に聖職者の無知に対する強い批判の声や、説教のあり方を見直す必要性を説く声も聞こえてくる。

司教たちは修道士たちを自身の権威に服属させる必要があると主張した、フィエーゾレ司教ブラッチォ・マルテッリの言に従うならば、なぜならそうでもしなければ、狼を何の抵抗もなく羊小屋に侵入させるにまかせることになるからなのである。当然ながら、托鉢修道会の代表はこれに反対した。他方で、司教が自身の司教区に居住し続けないなら、説教に関するより大きな権限を司教に与えることは無意味であるということも明白だった。多くの問題が表れ、議論の趣きもはっきりしてきた。とはいえ、一五四六年の公会議は、まだ実験的な段階であった。四月八日全員出席の厳かな第四総会によって、待ち望まれたように公会議の最初の決議が承認された。五五名の司教とスペイン大使の他、関心を寄せる多くの人々、特にこのイヴェントのためにはるばるヴェネツィアからやってきた貴族たちの列席の下に、荘厳な儀式が執り行われた。聖霊の祈りの歌と説教に続き、二つの決議が読み上げられた。その中で、キリストの説いた真の教義は教会の持つ書物と口伝の伝承の中に含まれることが言明される。決議では、次いで聖書に含まれる巻の正式な一覧が示される。

第二の決議では、ウルガタ聖書を聖書の真正のテクストと定め、その意味を解釈する権限は教会が持つとされ、それゆえに聖書そのものだけでなく、それに対するいかなる解釈・説明に関する本も出版が禁じられ、管理されることも定められた。末尾の厳しい罰則規定は、聖書の言葉や一節を瀆聖的で、不敬で、迷信じみたやり方で用いる者、あまつさえ悪魔的な用い方（例えば魔術の中でそれを使う場合など）をしている者たちへの脅しである。これは最初の試練であった。プロテスタントの側はこの決議に厳しい判断を下した。彼らにとっては、口伝えの伝承を啓示の源の中に加えるということは全く歓迎されるものではなかったが、それはローマの側にしてみても同様であった。教皇の名で公会議の成果を受け入れた委員会は、ウルガタ訳聖書に関する決議を否定的に評価した。なぜならこの翻訳はかなりの誤りを含んでおり、多くの点でヘブライ語とギリシア語の原典から逸脱しているということは以前から知られていたからである。

それゆえに公会議がこれを真正のものと宣言したことは重大な問題に思われた。ウルガタ訳の教義上の信頼性、つまり教義の点からは正しいとされるべきだということと、そのテクストの文献学的な真正さとは区別すべきであると、教皇特使は主張したものの無駄に終わった。ラテン語、ヘブライ語、ギリシア語の聖書の文献学的に正しいヴァージョンに関する長い議論は、以前から行われていたが、今やこの決議によって、教会が教義上認めるテクストはウルガタ訳であると明言され、最も古いテクストを頼りにすることやウルガタ訳の誤りを訂正することはたとえ妨げられなかったにせよ、結局のところそうした試みを抑制することになったのである。

岩礁の中を進む船のように、公会議はプログラムもないまま即座に前進していく。毎回教皇特使は公会議について教皇会議と議論しなくてはならず、公会議の状況について報告しなくてはならなかった。議論の的となっている教義に取り組むようにローマは圧力をかけるのだが、公会議の権威と教皇の権威に関する問題など避けるべき多くの危険な暗礁も同時に存在していた。さらに改革に関しては、司教の任地在住の問題が既に議論されていた。この問題に取り組むことは、ローマのクーリアで職務に就く際に出されていた任地在住義務を免除するという恩恵や、この義務を果たさないための「障害事由」を与える際の教皇の権力が問題になることを意味していた。

教皇は、むしろプロテスタントとの間で問題とされているものの中から、教義に関する題材を選び、それを扱うべきであるとする指示をローマから教皇特使に届けさせている。正統教義と異端を分かつはっきりしたラインを描くことがローマでは望まれていたのである。この決定的な選択は、カール五世の意志とは反対の方向性をもたらした。カール五世は、ドイツ世界を満足させられる改革を内部で遂行するだけの能力が教会にあることを証明したかったのだ。しかし公会議は、教皇特使の確かな手腕で統率され、ほとんどがイタリア人で経済的にも教皇からの援助に依存している船員たちが操る船のようなものだったのだ。

こうして、議論は宗教的対立における問題の中でもとりわけ主要なものに向けて進む。それは義認の教義についてである。第一に、原罪とその本質、及び人がその原罪から解放される方法に関する議論に取り組む。改革派への対抗上重要な教義であるがゆえに、幾人かはプロテスタントを糾弾する前に、彼らの意見を聞くべきだという提案をしていた。このためにはプロテスタントを正式に召喚する必要があったが、それがなされることはなかった。

原罪の問題について言えば、カトリック世界の内にもいくつかの問題点について不一致があった。例えば、聖母はアダムの罪を引き継ぐことなく受胎したのかどうかが議論されていた。この点については、フランチェスコ会士とドミニコ会士の間で激しい不和があり、決定が引き延ばされた。だが、色欲に関する教義の問題は議論される。この点については、反ペラギウス主義者アウグスティヌスの忠実な追従者であるルターによれば、受洗者の中にも原罪の根は残っており、これによってよきキリスト教徒は同時に罪人でもあるとされた。

トレントの会議でも、ルターの神学に対する同意は存在していた。しかし、最終的に採択された教義によれば、色欲は原罪に由来し、原罪に堕するよう仕向けるものとして受洗者の中にも残っているが、それ自身としては原罪ではないとされた。洗礼においてキリストの功徳が幼児に伝えられるという原則も確立した。これは再洗礼派への対抗である。彼らは洗礼の有効性は受洗者の信仰のための内的同意に左右されると考えていたからである。前回よりもやや人数の多い第五総会（一五四六年六月一七日）において、ほぼ全会一致で決議が採択された。これはプロテスタントに対する防壁を築き上げるに際しての重要な布石であった。そして今や、義認の問題というより重要な防塁とともに、防壁の完成に至る道は開かれたのだ。

信仰のみによる義認の教義は改革の原点であり、ルターが「福音の発見」をなした時から、彼自身がそういったように、それは人間ルターの深い宗教的危機を解消するとともに、ルターから彼と同時代のキリスト教徒に対して示された発見でもあった。信仰のみによる義認に関するルターのテーゼはキリスト教の伝統の中にしっかりと根ざしたものだったのだ。それは聖パウロが（律法を守ることに厳格なユダヤ教に対して）語り、聖アウグスティヌスが（彼の敵対者であり、人間の本性の善良さを強く主張したペラギウスの楽天的な神学に対して）繰り返した主張を過激にしたものだった。聖パウロは以下のように書いている「正しい者は信仰によって生きる」（ローマの信徒への手紙一・一七）と。ルターはこれを「ただ信仰によって」と訳した。両者の違いは些末なものではない。完徳の選択（修道誓願）から、完徳者ではない者（既婚の俗人、「第三身分」）が原罪を贖うべく勤しむ慈善に至るまで、ヨーロッパのキリスト教社会が作り上げてきた信仰の実践の形式のあり方の全てがかかっているのである。仲裁の試みは存在した。そのうち最も著名なのは、カール五世が進めた「宗教対話」である。ある者たちによれば、この一五四一年のレーゲンスブルクの対話の中で、ガスパーレ・コンタリーニ枢機卿は正統の境目を超えたところにまで進み、ルターのそれにきわめて近い義認についての定義を認めた。つまり当時以下のような「二重義認」が話し合われていた。キリスト教徒は洗礼によって授かった「生来の善性」を通じて神の前では義であるが、それだけでは悪への衝動に打ち克つには不十分であり、キリストに「帰される」第二の義を求める、この第二の義によって信者はキリストの受難の功徳を授かり、そうして原初の堕落を全て取り去ることができるというのである。こうすることで、カトリックには馴染み深い「善行」の機能は、（プロテスタントが望んでいたように）キリストの功徳に属するという点のみにおいて守られた。この合意は称賛されたが、それは聖体拝領におけるキリストの実在性という別の大きな問題が浮かび上がっていたからである。

ともあれ、義認の問題はイタリアの諸都市でも学識者たちのサークルやアカデミーでの議論のみならず、教会や広場、職人の仕事場、洗濯場でも長い間議論される問題になる。正統の境界線の不確かさと宗教に関する議論への大きな関心は、カプチン会士ベルナルディーノ・オキーノのような人気を博した説教師たちが引き起こし、俗語でしばしば著者不明で流通した大量のパンフレットによって公衆に広まっていった議論の錯綜した状況に影響を及ぼした。（中でもファン・デ・ヴァルデスの著作と『キリスト教徒のために十字架に架けられしキリストの恵みについて』の無名の著者による著作の成功は特筆すべきものがある。）トレント公会議の高位聖職者たちも、その大半は神学には無知であり、法学と文学の素養しか備えてはいなかったが、作り上げようとしている定義づけの重要性については自覚していた。セリパンドとチェルヴィーニは、一五四六年九月二三日に公会議に提出した決議計画の序においてそのことをはっきりと書いている。（昨今、義認の教義に関する知らせ以上に、神の教会をさいなみ、混乱させているものはない。）重要な問題であるがゆえに、立場上自身の無知を自覚しているか、あるいは歓迎されない疑わしい立ち位置であると見なされることを恐れたがために、多くの者が二の足を踏んだ。しかしながら、限定された計画を議論するのではなく、広い意味でその問題に取り組み、その後に文章を作り上げるということで教皇特使たちが採った方法のため、人が誤った状態から神の目から見て正しい状態に至る方法について、全員が各々の意見を表明する機会を得たのである。したがって、惨めで救いに足る行為を行うことのできない人間に対して、救世主たる神が無償で力添えをするとする意見に対して明確に反対する中で、ルターの悲観的な人間観に実際には同意していた人々の意見も表明されるのである。

「信仰のみ」あるいは「行為を伴わない信仰による」義認について特に語ったのは、カーヴァ司教トンマーゾ・

サンフェリーチェとベッルーノ司教ジュリアーノ・コンタリーニだった。だが、彼らの介入によって巻き起こった論争と疑念からは、教義に関する討論が一体どれほどのひどい不信感が渦巻く中で行われていたかが分かる。一五四六年七月一七日の総会においてサンフェリーチェの発言があったすぐ後、彼は修道士ディオニーゾ・ザネッティーニから公然と異端であると批判され、そこから二人の間での言い争いと殴り合いが始まった。ザネッティーニは敵にあごひげを少し持って行かれた程度で済んだが、もう一方にとっては、ことの顛末はより重大であった。なぜなら、サンフェリーチェは嫌疑をかけられ、破門され、公会議を去らねばならず、ローマの聖省の独房行きを免れ得なかったからである。彼が公会議に戻ってきたのはずっと後年になってからのことだった。異端審問に提出された記録は、彼の司教区であるカーヴァにまで及んだ長い取り調べを記述している。証人たちは、トンマーゾ・サンフェリーチェが教会を訪れ、説教し、聖職者を矯正して、司教としての務めをどれほど献身的に行っていたのかを語った。しかし、異端審問にとって問題は、彼がよき司教であったかどうかを知ることではなく、彼の説教の中から信仰と行いに関する何らかの疑わしい主張を汲み取れるかどうかということであった。

義認についての議論のようにそれ自体が既にデリケートな問題は、ドイツでのシュマルカルデン同盟との戦争の勃発に加えて、ルター派に対する神学的な防塁を築くことを皇帝が望まなかったこともあって、さらに複雑になり、引き延ばされていった。義認について議論している間にも、一五四六年夏にカール五世とパウルス三世はドイツのプロテスタント諸侯に対する戦争のための軍事同盟を発表したが、これは、この戦争についての両者の見解の相違を明白にした。教皇にとっては、全ての異端に対する真の聖戦であり、このために特別の聖年が定められた。他方、皇帝はこの戦争を反抗的な幾人かの諸侯に対する限定的な軍事行動としか考えていなかった。教皇は、彼の政治的利害とカール五世とファルネーゼ家の同盟という側面（パウルス三世の甥オッターヴィオはハプスブルク家の女性と婚約していた）を隠すために、宗教戦争という解釈を前面に押し出したのであるが、皇帝は改革派の主だった政治指導者の軍事的・政治的な力を削ぐことを目指し、ドイツを宗教的にも統一するという彼の意図を完全なものにするため、教義上の和解に至る可能性がトレントで示されるべきであると考えていた。実際、トレントはイタリアからドイツの地に赴く軍隊の通り道であり、ティロルではプロテスタントの兵士たちが姿を見せ、トレントの教父たちは心配し始める。義認に関する決議の承認へと至ったのは、まさにこのような背景の中でのことだったのである。

教会の正式の教義の明確化は、神学の議論が過度になり、多方面に分裂していく中で行われたので、カール五世が案じたように、一連の破門と聖務停止、つまりは信仰に関する態度の硬化という形で終息する他なかった。公会議の神学上の路線について言うならば、最初に神の啓示の源に関する問題と原罪の教義に関する問題に答えを出すことによって、議論の開始以来、その路線は既に決定されていた。原罪の教義に関する問題は、教皇特使がこの問題から作業を始めるように提案した問題であり、ルターの人間学との対比という観点からも枢要な点であった。

とはいえ、前者の啓示の源の問題も決定的に思われる、というのもこの問題に与えられる解答は、公会議の全議論のみならず、より広く教会の権威の土台をも左右するからである。実際この点では、教会と聖霊の関係を定義しなくてはならず、また教会が教義を選択するに際して神の側から絶えざる手助けがあるという説（ルターはこれを否定した）をも肯定する必要があった。当時既にいくつかの説が表明されていた、例えばキオッジャ司教ジャコモ・ナッキアンティの説は、神の啓示のただ一つの在りかという性質を聖書に厳密に区切ろうとしたという点において、ルターのそれにあまりにも近いように思われた。教会が所有・管理している口伝伝承というもう一つの啓示の源も反ルターの文脈で強調されたのだが、多くの者の眼にはこれも度を越しているように映った。しかし、こうした強調は、教義の基準点が定められていく論争的な雰囲気の中にあっては不可避の産物だったのである。

同様に原罪の問題についても、ルターの陣営との境界線を明確にする必要性をまずもって念頭に置きながら、正統教義の定義の概略が示された。これらの教義上の基準点が定められることによって、義認の教義は最も強硬なローマの派閥が歓迎する方法で取り組まれ、解決されたのである。義認――「神が人をして原罪から恩寵へと至らせる行為」――の正統教義の決定の傍らで、異端と見なされ、「呪いあれ」という言葉とともに糾弾されるべき全ての命題の破門宣告が列挙されている。議論は苛烈を極めた。神学の有力学派は信仰と行為の関係というテーマに取り組み、人間の行動にいかなる価値も認めない教説については異端として糾弾する点で一致した。しかし、よき行いの功徳を定めるということを問題にした際に分裂した。自由意志による行動のみで人が救いに至るには十分なのか、それとも神の恩寵の介在が必要なのか。恩寵の享受か拒否に際しての人間の意志にどのような可能性を残しておくべきなのか？　この点では、義認の過程において神の恩寵に大きな価値を置くアウグスティヌスの教義は、ペラギウス主義による逆の危険性に陥るのを防ぐ防波堤としての価値を持っていた。しかし、伝統的な神学では解決していなかった他の多くの問題も存在する。（例えば、もしよき行いがただ地獄への恐怖のゆえに行われるならば、神の目には何らかの価値があるのか、それともないのかという問題である。）議論されたのは、恩寵の内にあるという確信や、よき行いを生み出す「生きた」信仰と「死んだ」信仰とを区別しつつ、よき行いへの熱意と信仰（「隣人愛で形成された」信仰）とを結びつける方法であった。糾弾するべき異端的な教義を概略として一覧にして示すことを求めた者もいれば、逆に確信をもって異端を見分けるのに役立つ詳細な一覧を編集するよう求める者もいた。

公会議内外のある少数派は、特に教皇特使レジナルド・ポールの動向を注視していた。同時代の人々は彼を当時「心霊派」と呼ばれた党派の主要な代表と正しく認識していた。このグループの信仰に関しての意見は、『キリスト教徒のために十字架に架けられしイエス・キリストの恵みについての最も有益な論考』の中で表明されている。この論考は、一五四二年に筆者不明として世に現れたが、マントヴァ出身のベネディクトゥス会士ドン・ベネデット・フォンタニーニが起草し、ポールの友人にして親類である文学者マルカントニオ・フラミニオが編集したものである。このテクストの宗教的特徴は、キリスト教徒の義認において信仰の果たす役割を強調しているところにある。信仰による義認の確信からは、しかしながら、ルターがそれを論じたような結論（「演繹」）が引き出されることはない。彼らがそのうちに留まり続ける教会とは、教会制度がその権力を保ち、その行いがキリスト教徒の義認の不可欠の結果と見なされるような教会なのである。レジナルド・ポールは、その宗教性とカリスマ的な個性によってグループ全体の中心となるのだが、このグループの中にはヴィットリア・コロンナのような著名な詩人や同時代の誰もがその卓越した偉大さを認めた芸術家、ミケランジェロ・ブオナローティも含まれていた。

ポールが体現した傾向とは、罪人に対する神の義認の無償性と救済の価値を称揚することによって、改革派の世界との調停に至ろうとする傾向である。しかし時代の趨勢は彼らに味方することはなかった。加えてポールは、神の神秘的な意志に身を委ねようとする傾向があり、それゆえに論争の折に議論を戦わせるよりもむしろ、身を引くことを選んだのである。

最終テクストの作成は長く困難であった。最初の案（七月）の後に教皇特使の名で彼らの指示のもとで作成された第二案（九月）、第三案（一一月）が続く。様々な経緯を経て、信じ、説くべき教義を具体的に紹介することに充てられた前置きの数章が、決議の教義本文に付け加えられた。これは重要な変更点であり、これによって説教士と司牧者の説く教義が曖昧なことを嘆いていた者には好評を博したからである。しかしながら、テクストの決議の部分では、相変わらず改革派の教義を弾劾している。

最終的な対立の筋道は、ここで避けられないものとなった。決議を起草し議論する長い道筋の全般にわたって、改革派の思想により好意的な方向性、あるいはトレントで実際に幅を利かせていた大托鉢修道会が提示した神学とは異なる神学に好意的な方向性に修正しようとする試みは、次第に追い立てられ、破棄された。ポール、サンフェリーチェ、ルチアーノ・デリ・オットーニそしてセリパンドといった人々は、宗教的な立ち位置はそれぞれに違っていたが、その中に自分たちの居場所のなくなった正統の境界線の確定という問題と一人また一人と対峙することを強いられたのである。

公会議の内部における神学上の路線のコントロールに加えて、公会議の外部では義認に関する決議の発布を延期するようにとの皇帝側からの要求に対して、反対の声が上がっていた。公会議に対する教皇の確固とした影響力は、一五四七年一月一三日の第六総会の折にはっきりと表れる、というのも決議の厳粛な承認のために召集された五九名の司教は、カール五世の代理も、フランス王の代理も欠席する中で会議を開催したからである。ローマのみがドイツのプロテスタントとのあらゆる対話を決然と終わらせることに関心を示していたことは明白である。そしてそこにいない理由が明白な欠席者はもう一人いた。レジナルド・ポールは公会議を捨て去ったのである。彼は健康面での理由を挙げていたものの、誰もそれを信じはしなかった。プロテスタント改革派の思想に対する苛烈かつ詳細な三三に及ぶ糾弾事項を付与しつつ、決議の中で正統教義を確定するという選択を行ったことは、教皇が選んだ道筋に従ったことを意味した。すなわち「異端」に対する乗り越えがたい防壁を築き上げること、そして誰もが理解できるように呪われた教義を示すことである。これに続いて、大規模な教義論争が再開されたのである。

この時点で、少なくともローマ側から見れば、公会議はその役目を終えていた。点状出血チフスの流行の恐れがあるという理由は、よい口実となった。今や公会議の進行とその動向の全てを左右すると考えられていた教皇特使は、教会国家第二の都市ボローニャへの公会議の移転を通告した。カール五世が三月一五日にそのことを知った時、座っていたテーブルから突然立ち上がり、激しいいらだちを隠すことができなかった。しかし無駄と知りつつ教皇に抗議し、「帝国領内での公会議を帝国内の諸国に向けて開催したのであり、それが教会国家で開かれてはならない」と書き送っている。

亀裂は重大かつ修復不能であった。トレントには皇帝に従う司教たちが残り、ボローニャにはローマに従うイタリア人司教のみが赴いたが、この小さな巡回者たちは次第に数を減らした。（一五四八年八月には二〇名ほどになった。）彼らは、聖体から、贖罪、塗油、婚姻に至るまでの秘蹟に関する長いけれど結論の出ない神学論争に明け暮れた。秘蹟に関する教義は、プロテスタント世界の神学に対峙する上で重要な教義であったが、いかなる決議の承認にも至ることはなかった。六月に開かれた総会は無為に過ぎ去り、教皇と皇帝の和解を期待しながら延期に次ぐ延期を強いられる。

その間、対立は増していく。教皇はカール五世に対する個人的な怨恨に突き動かされていた、というのも息子のピエルルイージの暗殺とパルマとピアチェンツァの喪失が彼の感情と家門政策に打撃を与えたからである。皇帝が教皇の権威を奪い取り、独力で公会議を開催し、ドイツ世界に約束されたもののトレントでは真剣に協議されなかった教会改革を行わせるのではないかという危惧も出始めていた。アウグスブルクの帝国議会では（軍事面では既に敗北していた）プロテスタントに対して聖職者の結婚と二つの形式において俗人に聖体拝領を認める道を採択した。その代わりに、プロテスタントは公会議（トレントの公会議のことである）に代表を送ることを誓ったが、その対価としてそれまでに承認された全ての事項について再び最初から議論するように求めた。事態は劇的な様相を呈していた。ボローニャに残ったわずかな司教たちは退去の許可をしきりに得たがっていた。特に教皇特使にして枢機卿のデル・モンテは、ボローニャでさる重要な高位聖職者がまもなく死ぬという占星術師たちの予言を理由に、ボローニャを去る許可を求めていた。教皇特使マルチェッロ・チェルヴィーニも公会議を直接ローマに移すように提案した。教皇はもう一つの道を示唆した。それはボローニャからもトレントからも司教の代表をローマに招き、最も重要な諸問題に関して諮問させるというものだった。これは諮問会議というモデルへの回帰であり、改革派の「異端」を糾弾するための主要な教義を定めるや、教皇にとっては公会議はその役目を終えたのだということを示唆していた。しかし、トレントに残った人々の内で教皇の召集に応じた者はいなかった。身内の大きな不幸も重なって、その間にも八〇歳を過ぎた教皇の健康は急速に悪化していった（息子の死、彼の政治的意図に対して孫が従わなかったこと）。そして二回の卒中が彼を死に至らしめたのである（一五四九年一一月一〇日）。

ボローニャの占星術師の予言に反して、長く劇的なコンクラーヴェの末、突如として教皇就任の運命が舞い降りたのは、デル・モンテ枢機卿だった。このコンクラーヴェでは人々は皇帝側の候補者レジナルド・ポールという星の輝きとその衰亡を目の当たりにした。彼は異端審問の秘密警察の集めた訴訟案件書類の助けを借りたジャン・ピエトロ・カラーファに敗北したのである。デル・モンテはボローニャでポールに代わって教皇特使を務めた人物であった。デル・モンテがトレントで中断していた作業を再開するという約束をしたということは、皇帝が待ち望んでいた保証を与えたのだと、フランス側では考えた。当然ながら、彼がボローニャで教皇特使を務めていたという事実は、ボローニャでの会議の正統性を守ることに寄与した。かくしてボローニャでの局面はトレント公会議の苦難に満ちた歩みの一部をなすことになったのだった。

ドイツのプロテスタントがアウグスブルクの帝国会議において、カール五世の認めた仮信条協定の代価として、トレントに代表を派遣することを約束していたことは教皇の与り知らぬことだった。他方、皇帝の支配する公会議という思想は、それに反発するフランス王アンリ二世にガリカン教会の旗印を揚げさせるには十分だった。一五五一年二月一八日、「ガリカン教会の利益のために」(4)召集される国家単位での公会議を見越して、アンリ二世はフランスの全司教に対して、彼らの司教区に赴き、それから首都司教座大聖堂に報告を行うように命じた。このように、新たな公会議の試みには政治的な脆弱性と失敗のリスクが当初から見え隠れしていたが、このリスクは、アンリ二世とザクセン選帝侯モーリッツの同盟によってすぐに白日のものとなる。一五五一年夏に準備された戦争は、翌年の春に勃発し、一五五一年五月一日に厳粛な再開会の後にしばらく続いていたトレントでの議論を早々に打ち切ってしまった。

このトレントでの短い第二の会期中、取り組まれた教義上の問題は、既にボローニャにおいて扱われ、議論されていたものだった。すなわち秘蹟：聖体の秘蹟、告解の秘蹟、病人への塗油である。一時議論の中心だった義認の問題の脇に置かれていた新しい問題についての議論もこうして始まる。それは聖体拝領におけるキリストの実在の問題である。これは、ウルリヒ・ツウィングリの時代以来スイスの改革派を特徴づけてきた基本的な問題であったが、当時カルヴァンの思想の普及によってイタリアでも、そして特にフランスでも彼らは支持を集めていたのである。第四ラテラーノ公会議で定められた全質変化の教義が厳かに繰り返された。聖体拝領は、カルヴァン派の望むような記憶の儀式ではなく、キリストの犠牲の真の反復であり、魂の救済のためにキリストの血と肉を分け与えることなのである。キリストがその魂と肉体、人間性と神性とを伴って聖体の中に真に存在するということを否定した者は当時非常に多かったが、彼らに対しては聖務停止が課された。続いて告解と終油の秘蹟についても議論され、決定が下された。このケースでも第四ラテラーノ公会議の基準を確認し、再度採択したが、同時に秘蹟の告解を執り行う際の司祭の役目と権限を厳密に定めた。

今回は公会議で審議されたテクストの正式な承認に至った。だが、公会議の場ではスペインの司教たちの存在と彼らの積極的な参加によって、教皇特使クレシェンツィオ枢機卿が望む路線との間に摩擦が起こった、なぜならスペインの司教団の側は、司教の任地在任義務という差し迫った問題に取り組むことを望んでいたからである。この問題は教会の改革に関係すると同時に、教皇と司教の関係性という教義上の側面にも関係していた。この問題が議論に付され、公会議における自由の欠如を糾弾する声や激烈な抗議が起こらないようにするため、教皇特使は皇帝との秘密合意に訴えざるを得なかった。この間にも、ドイツの司教団が公会議に実際に参加するという希望は消えていった。ドイツの司教たちは、公会議のプログラムに対する不信や、司教区を留守にすることが困難だったため、旅を思いとどまったのだ。というのも彼らの司教区では、今や改革派を支持する人々を抑えていたのは、カール五世の軍事力だけだったからである。公会議への参加が長い間話し合われてきたプロテスタント諸侯の代表も、わずかな期間姿を見せて、いくつかの要求を表明したが、それらは即座に否決された。（例えば、教皇が公会議に従属すること、最初に議論された教義上の諸問題を再度議論することなどである。）

一五五二年四月二八日教皇特使は公会議を中断することを決定した。今や計画の完遂は不可能に思われた。特に、トレントの総会で定められた教義は教皇の認可を得ておらず、実行されるかどうかの瀬戸際で留保されていた。教皇ユリウス三世は、これらの教義を一つの大勅書に要約するという着想を懐いていたが、この意図は実現しなかった。教皇マルケルス二世の在位という短い挿話の後、新教皇すなわちジャン・ピエトロ・カラーファは彼がかねてから懐いていた計画を再開した。それはラテラーノ公会議のように教皇の直接の管理の下で公会議をローマにおいて行うという計画である。しかし、この計画も流れてしまった。トレント公会議の中断は、さながら未完の面倒な橋のアーチのごとく残っていた。作業が再開されるためには、ヨーロッパの政治・宗教の構図における根本的な変化が必要だったのだ。カール五世とフランソワ一世の闘いが真の公会議のための根本的な条件つまりキリスト教徒君主間の平和を実現することを妨げていたとすれば、カール五世の退位とスペインの継承権とオーストリア - 帝国の継承権との分割によって、ヨーロッパでの戦争の原因は取り除かれた。

同時にハプスブルク帝国の軛からついに解放されたフランスでは、宗教問題が噴出し、カトリックの教皇権に対する敵対者の新しい相貌が露わになった。それは、アウグスブルクの信仰告白で定められたルターの思想ではもはやなく、カルヴァンの教義の浸透のことである。

カトリック世界では、教皇が異端審問所の放縦を許したため、最も敬虔な人間の間においてさえ動揺と困惑が広がっていた。パウルス四世が刊行した禁書目録と、異端審問に関連することで申し立てるべき何ごとかがある全ての告解者を異端審問所に送るように聴罪司祭に命じたパウルス四世の法令の二つによって、緊迫した事態が起きていたのだ。その間にもこの教皇の主導下モローネとポールに対してなされた苛烈極まりないキャンペーンは、恥知らずなことこの上ない閥族主義への回帰とあいまって、社会の多様な階層の人々を呆れさせ、怒りを募らせていく。そのことを如実に示すのは、一五五九年この教皇の死に際して民衆が喜びを爆発させ、監獄の解放と異端審問所の文書館の略奪が起きたという事実である。新教皇ピウス四世（在位一五五九年―六五年）は重い遺産を背負い、決定的に路線を変えた。解放され、赦免されたモローネ枢機卿をパウルス四世の禁書目録を見直す委員の一人に任じたのである。しかし最も重要な転換は公会議に関わるものであった。一五六〇年一一月二九日の大勅書によって、トレントでの新しい開催が決まったのである。そしてこの公会議に教皇は、教皇特使に充てた小勅書（一五六二年一月一四日）により禁書目録に関する問題を委ねた。この小勅書の中で、彼は禁書を理由にした破門によって多くの良心を縛ってきたこの罠が取り払われるように願っている。宗教的統一への亀裂と、破門と異端審問の監視との争いが生み出した新しい諸問題の一つの痕跡がここに見られる。

イングランドとプロテスタント諸侯が敵意を向け、獲得したアウグスブルクの宗教和議を妨げるつもりのなかったドイツ人司教たちも欠席する中、ともかくも公会議は、司教の一団（総勢一二三名）の参加を得て開催されたが（一五六二年一月一三日）、教皇特使ジローラモ・セリパンドが書いているように、一五四五年の会議に比べてみれば、全教会の融和を図る公会議というよりも司教区の教会会議のような趣きであった。

政治的にも宗教的にも際立って重要なエルコーレ・ゴンザーガ枢機卿の議事進行の下、最も激しく火のついた議題は、教義の問題ではなく、改革の問題だった。改革に向けた現実の一歩を踏み出したいという望みは、特にスペインの司教団の間に広まっていた。彼らのリーダーにして、グラナダ司教ペドロ・ゲレーロは、改革に関する諸問題の重要性に鑑みて、新しい禁書目録の編纂に関わる複雑な問題に時間を浪費することのないように求めた。実際、禁書目録の編纂に関する作業はある委員会に委ねられたが、その作業は終わらず、最終的に編纂は公会議の手から教皇の手に委ねられたほどであり、いわゆるトレント公会議の禁書目録は一五六四年の三月に終わることになるローマでの再検討の所産だったのである。(5) 雰囲気の変化という点でも、イベリア半島諸国だけでなくイタリアでも度を越して伸長した異端審問所の権力と決着をつけるよう司教たちに促したという点でもこのエピソードは重要であった。権力のレベルで取られた解決方法は、司教と在地の異端審問官に出版すべき本の予備審査を委ねた第五ラテラーノ公会議の決定を再確認することだった。

教義の面では、今や固定されてしまった神学上の亀裂の境目の上で正統信仰を擁護していくという姿勢が優勢になっていた。その間にも、カルヴァン派の諸勢力が伸長してくるのではないかという不安は募っていった。これに応えて教義の面では、最終的な承認に至っていなかった前回の審議をやり直した。このようにして、厳粛な総会の最初から、聖体拝領やミサでの聖体について信じるべきことに関する定義の承認ができたのである。ユリウス三世の時代に起草された案の中では既に、叙階の秘蹟、すなわち聖職者としての位階と聖体の秘蹟を監督し、執り行うこととを結びつけており、洗礼においてキリスト教徒に適用されるキリストの犠牲による贖罪の効力と、受洗の後に犯された罪を贖うためにミサでの同じ犠牲の流血を伴わない繰り返しとを区別していた。今やこの教義ははっきりと定められ、厳粛に承認された。だが、これから見ていくように、全ての問題は叙階の秘蹟に関する問題へと先送りされる。その背景には司教たちにとって教皇権との関係を定めるという問題と教皇権の限界という問題が横たわっていた。

問題は、司教の司教区への居住義務であった。この義務は神から直接に由来する義務なのか、それとも教皇はクーリアの組織を介してこうした義務の免除を与え続けることができるのか？　これは、今までに提示されたことのなかった重大な問題を提起した問いであった、司教たちが彼らの選択に対する干渉に抵抗し、この場合自身の良心に従う義務を重視したがゆえになおさらであった。この岩礁を前にして、公会議は座礁する危険さえあった。

この背景には、教会の改革という未決の問題が燻っていた。これは、魂の救済という教会組織の存在を正統化しうる唯一の任務の実施を妨げてきた諸問題を解決する、全てに優先させるべき改革だったのである。

第六章　改革に関する諸問題

「キリスト教国家の改善に関してドイツ国家のキリスト教徒貴族に」という有名なマニフェストの中で、特権に取り囲まれ、その他のキリスト教徒から切り離された聖職品位のうぬぼれにルターは激しい攻撃を加えていた。これが彼の目的であることをさらに明確に改めて示したのは、大勅書エクスルゲ・ドミネの受け渡しに抗議して、この大勅書の条文だけでなく、同時により意義深い二つのテクストをも火にくべた時である。一つは『スンマ・アンジェリカ』というアンジェロ・ダ・キヴァッソの広く普及した道徳範例事典であり、もう一つは『カノン法大全』であった。このルターとその追随者のプランが否定したのは数世紀来教会が築き上げてきた司法の全体系であった。このルターの行為が意味するところは、聖職者に対して「良心をつなぐ」いかなる力ももはや認めないということ、そして聖職者全体を一般法の上位に置き、さらにその上に教皇権を置いてきた教会法を取り去ることであった。

この行動の結果は革命的であった。教皇権との直接合意という政策（政教条約）によって聖職者とその財産という領域に踏み込むために、政治権力はルターを待ち望んでいたわけではなかったものの、政治権力は聖職者の自治と超国家的一体性という建前をまだ手つかずで残していた。だが、一方では中央集権化したローマのクーリアの機構があり、他方では互いに競い合うかのような各国の中央集権化の傾向が顕著であった。教会組織はこれらの権力の犠牲になる。この組織は（君主への）政治的な忠誠か、あるいは宮廷での教皇との恩顧の絆によって広く選ばれてきており、彼らを選んだ権力に対して他分野の活動（外交、宮廷活動、さらには軍事まで）で報いたために、「霊的な」意味で人々を導いていくという自身の職務を疎かにすることにもつながっていた。「牧者としての」職務は他の者に任されていた。秘蹟は、あまり訓練されておらず給与もわずかな補助司祭に委ねられていた。説教という教育の機会や内部での裁判（告解）あるいは外部に対する裁判（異端に対する異端審問）といったものは、ほとんど修道士たちの仕事となっていた。というのも修道士たちは、独自に教皇から大きな特権を認められていたからである。

公会議のために集まった司教たちは、当然ながら、いかにして教会組織の、特に司教権の威厳と権力と機能を取り戻すのかという問題に対峙することになる。ルターの苛烈な攻撃に対しては同等の苛烈さをもって反撃が行われた。なぜなら、自分たちの特権が危機にさらされているということは教会組織の共通認識だったからである。むしろ自らの頭上に降りかかった危機への自覚によってこそ、大部分の司教たちは反ルターの傾向を加速させ、最初からずっと和解の試みを挫折させたのである。

攻撃に対抗するために、これらの主張が伝統的に拠り所としてきた教義の全ての原則を公会議において再確認した。だが、同様の作業が教義の側面に留まらないことを人々はよく自覚していた。公会議は教会機構の危機と社会の変化への順応という問題にもまた取り組まなくてはならなかったのだ。この問題は、ルターの攻撃のずっと以前から既に多くの改革運動の関心の中心にあり続け、多様な改革案や不満を提供していた。だがこの企図は容易なものではなかった。というのもヨーロッパ社会はこの数世紀来、人口構成から生活様式、思考様式に至るあらゆる部分を巻き込む根本的な変容の中にあったからである。

聖職品位も変化とは無縁のままであったわけではない。勃興してきた都市貴族層の社会的上昇と富への渇望を書き留めながらも、封建貴族たちに対しては権力を示す称号と長子以外の子息のために身の処し先を提供し続けてきた。女子修道院は際限なく拡大を続けたが、それは嫁資のコストによって家族の全財産を脅かしてきた余った娘たちを結婚市場から取り除き、受け入れるためだった。この施設は、修道士たちの管理に委ねられたが、家族の名誉の拠り所として受け入れた娘たちの純潔を守る役目もあった。強いられた純潔の下での男子修道会と女子修道会の関係性は、喧しくスキャンダラスなエピソードを生み出し、それらは家族をして聖職者の管理の不在を激しく糾弾させることになり、また修道院を選択することへの不信感を増幅させることになった。チョーサー（『カンタベリ物語』）やボッカッチョ（『デカメロン』）のような作家たちは、広く成功を収めてきたこの世界を描写するためにこの題材を扱っている。

口頭での意思疎通が優勢な文化から本の文化への移行は、それまで説教士たちが大衆に対して行使してきた知的ヘゲモニーを危機に陥れた。司教たちは、自らの役目を自覚してそれに取り組もうとした時でさえ、修道士たちに対しては何の権限も持っていなかった。というのも修道士たちは、教皇権がキリスト教世界の全てに自らの存在感を直接感じさせるための装置として採用したものであり、教育（説教）、裁判権の執行（異端審問）と免罪（告解）の機能を有していたからである。他方、個人の振る舞いを指導し良心を監督しているのだという修道士の自負に対して、疑念と抗議の声を上げたのは、世界をもっとうまく統べることができると自負していた個人主義の風潮の強い集団だった。修道院に蔓延する風紀の乱れ、無知、貪欲を前にしてさえ（修道院へ入ることは）完徳の選択であると考える修道士社会の驕りは、ロレンツォ・ヴァッラやロッテルダムのエラスムスなどの権威ある知識人たちの皮肉を誘った（「修道士であることは、敬虔であることを意味しない」）。

修道士たちは、特権に守られ、クーリアの欲得ずくの官吏たちから金で買い上げた免除によって保証されたしばしば本当の山師たちであり、彼らが修道院の外をうろつく光景は、スキャンダルだけでなく、教会改革に関して膨れ上がっていく疑問をもますます増大させていった。ローマではあらゆる場面で金がものをいった。ここでは内赦院と掌璽院《しょうじいん》が福音と司牧の言葉の下に強欲を隠しているとして非難されていた。キリスト教徒の民衆は、彼らに刈り取るべき羊毛だけをもたらした。(格言によれば、「ローマのクーリアは毛織物以外の何も受け取らない」とされていた。)教皇権とその中央統治機構の拡大は、宗教的な敬虔さの証として教会や修道院に数世紀にわたって積み上げられてきた財産の中に汲み上げるべき富を見出した。「空位聖職録保有」というメカニズムを用いて、俗人の関係者・保護者、特に君主や高位貴族は大修道院の財産にまで手を伸ばすことができた。聖職者に認められた神聖な権利は、ヨーロッパのキリスト教世界の司法と神学文化が練り上げてきたものだったが、クーリアの中央機構の欲得ずくめの裏書きとともに特権へと変質してしまっていたのである。聖職録に関する問題は、そのなかでも一番はっきりとスキャンダラスな光景を見せてくれる問題だった。多数の聖職者が大学や生まれつつあった君主の宮廷に溢れかえっていたが、彼らは遠い小教区、司教区、大修道院からの収入で生活していた。その遠い任地では宗教的な務めは、助任司祭、補助司祭、あるいはその他の代理者に任されてはいたが、彼らは適切な経験もなく、給料もよくなかったため、常に威厳を保った勤めが行われていたわけではなかった。

教会を改革するという言葉は、それぞれに相異なる様々なことを意味し得た。切り離された上位権力の存在を消し去る根本的な世俗化なのか、それとも霊化と宗教的務めの洗練という要求に応えてその統治の形態を見直し、調整するのか？　だが、この二番目の比較的穏健な整理の方式でさえ教会の中央統治機構、特にその財政的要求と統治の諸形態と真っ向からぶつかることになる。公会議に集められた残された障害のリストからすぐに明らかになったように、司教区や小教区の聖職者たちが魂を導くという自身の義務を果たさないまま、収入を取り立てることを可能にしているこの乱用の網の目の中心には、ローマのクーリアに金銭を支払うことで免除を受けることができるというシステムが存在していたのである。そしてこのシステムによって教会法の規範は完全に骨抜きにされてしまっていた。

しかし、「規範の改革」を行おうとした（もっと後の）計画と同様に、こうしたメカニズムを変えようとするあらゆる試みもまた全て無に帰す運命にあった。聖職者の権力の基盤に関する知識人の批判は単に異端と同一視された。例えば、教皇の世俗領の根拠とされた文書「コンスタンティヌス帝の寄進状」とされるものの虚偽に関してロレンツォ・ヴァッラが行った証明に耳を傾けた者たちの身に降りかかったのが、これである。

しかしながら、変化した社会に対して、その欲するところに見合った魂の救済のモデルを提示することでしか、教会がそのヘゲモニーを維持していく方法はないという事実を人々はよく理解していた。よき学識を備え、キリスト教の道徳に照らして個人、家族、集団の選択や日々の行いを導くことのできる聖職者のグループが必要とされていたのである。彼らは、俗人の世界を正当化するという必要から例えば婚姻の威厳を承認するため、秩序だった厳格な生活の実践を通じて恩寵を施すのである。トレント公会議は、司教たちの体験が比較された場であり、同時に社会の宗教的な統治に関する問題が、注意深い省察の対象となった場でもあった。第二四総会（一五六三年一一月一一日）で承認された婚姻の改革は公会議の採択した最も重要で革新的な施策だったが、これはまさにこの道を通じて実現したのである。教義以上に（教会法は秘蹟の中に婚姻を数え上げており、その非解消性を定義し、婚姻関係の基礎として愛という自然の感情を宗教面で認め、正当化した）教会法の改革の内容は非常に重要である。ターメトジという決議によって、（自由な意志による合意にもとづくがゆえに有効性は認められてはいた）

非合法の結婚にも解決策が示されたが、それは教区司祭の前で婚姻を祝別するという義務を課すことによってであった。そして三日間連続する祭日を繰り返した後、一夫多妻の危険を避けるために結婚の意志を公表するものとした。根深い結果をもたらすことになる政策は次のようなものである。すなわち血縁上あるいは宗教上の四親等以内の結婚の禁止に関して既に定められていた規則を補完・実施するだけでなく、この時、公会議は幼児の洗礼の際に許される代父の数を二人までに制限した。この措置は小さなコミュニティの中で蔓延する弊害を是正するためだった。

上で挙げた全ての問題のために、法規範と神学上の概念に関する適切な知識をもち、よき教養を備え、秘蹟の管理やミサその他の祝別に対応できるように訓練された聖職者集団が求められたのである。とりわけ新しい聖職者たちにはラテン語を解することが求められた。公会議の場こそ、かの言語が歴史的勝利をおさめた場であり、この勝利は以後の近世の数世紀にわたってカトリック諸国の宗教文化に痕跡を残すことになる。ミサに関する決議の第八項は第二二総会（一五六二年九月一七日）において承認されたが、祝別における俗語の使用を認めないと定めている。せいぜいのところ、民衆の教化を目的として、祝日のミサの中で読み上げた部分の意味を解説することが許される程度だった。したがって、決議に従えば、儀式に込められた尊い教えを人々はほとんど理解できなかった。実は一五一三年にトンマーゾ・ジュスティニアーニとヴィンチェンツォ・クエリーニがその『覚書』の中でレオ一〇世に対して、聖職者と信者が聖書や儀式について十分理解できるように現代の諸語で書かれた版を積極的に使うべきであると勧めていたのだが、公会議におけるこの決議はそれからまださほど時も経っていない時期のことだったのだ。トレント公会議の解答は、一五一三年の解決策とは逆に、聖職者にラテン語の学習を課し、信者に対しては俗語の諸版を禁じたのである。

人々は改革とドイツ農民戦争の時代を無為に過ごしていたのではない。無学な民衆たちが聖書の読解から政治的・社会的要求を導き出した光景は、司教たちをしてその拒絶の態度を硬化させるには、まさにうってつけだった。司教たちは、貴族や封建領主の家系の出身で、民衆を理性を欠いた獣としか見ず、神から委託されてしかるべき厳格さをもって彼らを統治すべきと考えていた。大部分の者には理解できず、祭壇の上で執り行われる全ての神聖さを神秘の中に包み込んでしまうような言葉が正当化されたのは、その言葉で語られる神の御言葉と儀式の荘厳さを守る必要があったからなのである。したがって人々はラテン語を神聖な言葉として受容した。(1)

実際には、こうした側面は、トレント公会議の神父たちにはほとんどなじみのないものだった。むしろ、彼らにとって、身近な問題だったのは、聖書の俗語版を介して展開していった改革のプロパガンダの残照の方だった。それでもこの残照は、俗語化の要求、あるいは聖書や儀式を人々がより理解しやすいようにしたいという要求を副次的なものにしてしまい、逆に違った意見を唱える人間に対する異端の嫌疑と追及を拡大していくには十分だったのだ。この路線は推進されていくが、その第二段階として俗語で書かれた信仰に関する全ての著作に疑いの目が向けられ、流通網から外され検閲されるようになる。教皇ギスリエーリは聖務を俗語で行うことさえ禁じたが、ここで言う俗語とは「イタリア語、フランス語、ドイツ語あるいはその他のあらゆる俗語(2)」のことである。

信仰擁護についての同じような不安もあったため、限界はあったものの、トレント公会議の教父たちは、巷に流布しているルター以前の改革者たちの遺産をもう一度教会のモデルの中に取り込みつつ、在俗聖職者の道徳と知性の改善について不安を抱える中で、より効率的に「魂の救済」を行おうとした。だが、この路線の上で、制度上の重大な障害に行きあたり、その上教義上のさらに重要な問題にもぶつかるのである。

この障害は、数世紀にわたって修道聖職者が積み上げてきた諸特権から構成されていた。これらは、告解の実践や説教の大きなサイクルの中で正統信仰を管理し、そして正統な教義を敬虔な民衆に伝えるという修道会がその誕生の瞬間からずっと与えられてきた役割と結びついた特権であった。大修道会のネットワークは、全キリスト教世界を覆い、教皇権の支配の下でただ一つの正確で正統なメッセージを全てのキリスト教徒に届けることを可能にしたのだが、通常の権威（司教と教区司祭）の管轄下からは完全に外れていた。

だが今や司教と教区司祭の役割を再び強化し、彼らの習慣と規律を改革する必要があるのだから、説教と秘蹟の義務とともに、説教師や魂の救済者たる修道士たちの素行を監督する方策をも司教や教区司祭に与える必要があった。一例として、イタリア諸都市で当時よく聞かれた問題の重要性を見過ごしてはならない。それは同じ修道会の修道士たちの監督に委ねられた女子修道院の問題だった。しばしば起こるスキャンダルと修道士たちに（そして全聖職者にも）浴びせかけられる不道徳という非難を前にしても、司教たちはこの問題に介入する権限が実質的にはなかったのである。確かにこの問題は初めて提起されたものではなく、また結局トレントにおいてさえ決定的な解答が得られたわけではなかった。一五四六年六月に承認された説教に関する改革の決議の中で扱われ、最終段階（第二六総会）で再び議論されたが、妥協した解決を見たのみであった。司教たちの要求のいくつかが正式に実現されたものの、何らかの方法で修道会の伝統的な大権を削減することに対する同意をローマ側から引き出すには、修道会の特権は教皇権の手中にあるあまりに重要な装置であったため、結局この大権は無傷で残された。司教の手に確固とした権力を委ねるのではなく、むしろより苦難に満ちた路線を人々は選んだのである。司教たちには特定の場合においてのみ、聖座から委ねられた力の保持者として修道会のメンバーを前にして振舞うという大権が認められた。（したがって修道会のメンバーには司教自身の通常の権力は及ばなかった。）ほとんどイタリア人だけからなる少数の司教で構成された公会議に集った人々は、最初と同様に、この点に関しては権力関係を変えることができなかったのである。

事態が変わるのは公会議の最終段階である。スペイン人とフランス人が公会議に毅然として参加したことで、ローマのクーリアは公会議の作業をコントロールすることが困難になっていった。公会議の歴史を通じて最も深刻な対立が、特に司教の任地在住義務というあらゆる改革プログラムの鍵となる問題をめぐってこの時期に起こったことは、決して偶然ではない。司教の任地在住が神の法による義務であると宣言するべきであるという提案は、スペインの司教団から強く支持されていたが、これはローマの聖省がこの義務を正式に免除できないようにするため、それに繋がるあらゆる可能性の根を断ち切ることを目的とした提案だった。

こうして、公会議において司教たちの前に立ちはだかった教義上の問題がどのようなものだったのかがはっきりする。それは司教職の権限に関する教義を定めることであり、また司教と教皇権との関係を定めることでもあったのだ。神学的見地からすれば、これは自身の義務と尊厳を呼び覚まされた司教たちの自意識と、改革者たちにその権力を批判され近代国家の政治的現実に脅かされた教皇権とが対峙した瞬間だった。対立は極めて激しく、この対立に勝利するために教皇権は教皇特使（特にモローネ）の外交的手腕と、例えば新設のイエズス会の神学者のように教皇権へ奉仕する用意のあった新興勢力の働きも必要とした。

修道士パオロ・サルピが看破したように、モラルと規律の改革という短い波は、司教団全体に対して教皇権が確固たる地位を確立していくという幾世紀にも及ぶ長い波に呑み込まれた。起こり得たかもしれない神の法としての任地在住義務の承認が、もし実際に行われていたとしたら、教会組織の不文律にはラディカルな結果をもたらしたことだろう。なぜなら、もしも自身の教会の秩序維持の権限と司法権が、叙階の儀式によって神から直接に司教に付与されたものであると認められたならば、この件については教皇にいかなる権限も残らなかったであろうからである。任地在住の問題に関する対立は、神の法であると主張した者たちの敗北という現実の力関係を反映した形で幕を閉じたのである。

この結果は、改革に関するトレント公会議の決議全体に決定的な影響を及ぼした。公会議の決議の中心には、教会の領域統治のための通常の装置である司教と教区司祭が置かれ、概して両者の職務の強化と代表としての性格の改善が望まれた。一連の措置によって、在俗聖職者育成のメカニズムとその監督システムが改革された。神学校の設立はこの多くの措置の中の一つに過ぎない(3)。公会議が生み出した教会モデルは、前世紀のキリスト教社会を支配していたモデルと比較するなら、かなりの程度新しいものであり、後代にわたってずっとカトリック教会を特徴づけることになる。

中世後期の社会においては俗人と聖職者の境界線が次第に消えかかっていたとするならば（例えば、剃髪しただけで聖職録による収入で生活していた人々と俗人とを分かつ境界線がいかに曖昧だったかを想起されたい）、今やその境界線は劇的なほどに再構築されていた。叙階のもつ取り消し不能の聖なる性格が厳粛に定められ、厳しい規律によって年齢制限、候補者たちの修練の管理が定められた他、一見して聖職者と分かる統一した服装と所作が聖職者組織に属する者全員に対して課された。トレント公会議以前から散発的に試みられていた既存の管理機構が復活し、制度化された。それらの中では例えば、教区内で信者の秘蹟の実施を管理するための教区簿冊は、教会組織全体の基礎単位となった。司教は「教区の訪問」という定期的な査察を通じて教区の聖職者を監督しなくてはならなかった。地区会議と司教区会議は定期的かつ頻繁に開かれるべきとされたが、これらは、教会の立法と統治に関わる機能を実践するための基本的な場となった。

これらの組織は、修練を積み権威のある司教が司教区を定期的に訪問するということに多くを負っていたことは明白である。なぜなら、教皇権という上層部への伝達も、教区司祭や彼らを介しての俗人への伝達という下部への通達も、換言すれば構築されたキリスト教社会がその機能のために求める全ての伝達事項は、司教の双肩にかかっていたからである。

このシステムの実現を妨げたのは、クーリアの聖省を介して教会の中央機構が行使してきた権力自身だった。このシステムの第一の受益者たる司教たち自身、全くのゼロからそれを構築することは適切ではないばかりか、不可能であることをよく自覚していた。クーリアにできたのは、この制度を壊すことなく、表面的に修正を加えることだけだった。公会議の最終段階が始まる前から、ピウス四世は、この意味において何らかの対策が必要であることを認識しており、何人かの高位聖職者と枢機卿に財政と司法を管理し、聖職録を割り振っていた教皇庁会計院、内赦院、掌璽院の改革を委任した。だが、教皇がこれらの聖省の長自身に改革を委任していた事実から、「教皇はラディカルな介入を考えていなかったことが分かる」(4)。

改革の要求からの逃避を前にして、司教の任地在住義務に関する決議を議論する中で、司教と教皇との関係という教会の構造に関する問題が浮上したのはまさにトレントにおいてのことだった。この問題は、公会議の進行を阻み、全ての試みを失敗に終わらせてしまう危険性も孕んでいた。もし司教たちが自身の司教区を治められていないのだとすれば、その事態は彼らの聖務を制限し、妨げているクーリアの慣習のせいで生じていることになってしまう。皇帝フェルディナントの名でフランスの司教団の代表によって提出された改革の計画は、この肝心の点に注意を払っている。一五六二年の一二月から、司教の任地在住義務を支持した者たちは、神の法という論拠にもとづいてこれを支持し、この原則を用いることによって在住義務を制限あるいは停止するためのあらゆる可能性を教皇権から取り去ろうとした。

この闘争はイベリア半島の司教たちによってとりわけ熱心に支持されたが、彼らを率いていたのはグラナダ司教ペドロ・ゲレーロとブラガ司教バルトロメウ・ドス・マルティレスだった。だが、同じく特筆すべき重要性を持つのは、ロレーヌの枢機卿の指揮のもとトレントに到着したフランス人司教の一団が示した闘争的な態度である。そしてこのフランス人司教団によって提案された格言の中では、「神の法」について明示的に言及はしないにせよ、「司教は聖霊によって神の教会を導くべく置かれ、教会のためにそこに召集される」と断言している。ローマからの抵抗に対しては、彼らは教皇権に対する公会議の優越を説いたテクストを再利用しながらこれに応じた。フェルディナント一世本人の介入によって、根深い対立はますます深刻の度を深める。彼は一五六三年二月三日に教皇に宛てて二通の手紙、一通は公式の手紙、もう一通は私信をしたためているが、それは教皇に対して魂の牧者としての義務をなすように勧め、たとえその義務が神の定めによるものであるにせよ、公会議が司教の任地在住義務を決議するに任せるべきであると勧めるためだった。

このイニシアティブのため、ローマとトレントでは緊張が非常に高まった。さながら役目を果たさない教皇に対して皇帝のイニシアティブが突出したかのようであった。フランス、スペインそして神聖ローマ帝国というローマの下に留まった三大勢力は重要な一点では合意していたので、もし彼らの主導で事が進むに任せたならば、決定事項を既成事実として教皇権に突き付けることもできたことであろう。ここでは、教会に対する教皇の権威そのものが問題になっていたのである。

この危機はピウス四世が新たに公会議に派遣した教皇特使の調停によって解消された。ジョヴァンニ・モローネ枢機卿は、有能かつ経験豊かな外交官であり、皇帝の信頼も勝ち得ていた。彼はトレントに留まることなく、フェルディナント一世の宮廷に赴き、改革の問題の解決や、さらに帝国での公会議の開催をも教皇に要求していた脅迫を、一連の会談の中で事実上撤回させることに成功した。政治面で状況が打開されたので、公会議における勝負は予想されていたよりも容易なものとなった。一五六三年七月一五日、この期間としては第七回の公会議の集まり、通算では第二三回目の荘厳な総会において、教皇特使の提案した決議は難なく承認された。叙階は秘蹟の一つとして認められ、教会のヒエラルキーは信者の上に神の望んだ制度として認められた。万人祭司説は理論の上では否定されなかったが、漠然とした格言に落ち着いてしまった。司教の位階はその聖務によって最高位に位置づけられたが、司教が単なる司祭に対してより高い地位にある理由、そして教皇の至上権と司教との関連に関する定義については、決議は過度に詳細な分析を行ってはいない。こうして、同様に司教の任地在住義務を定める際にも、これは神の掟であるとは宣言されたものの、スペイン人たちが特に執着した表現である神の法であると断言するには至らなかった。教義上の問題において公会議が分裂してしまう事態はこうして避けられたのだ。

改革に関する条項の中では、聖職者の育成を司教座大聖堂に付属する学校への通学と結びつけるべきであるとする重要な要求が具体化された。トレント公会議の神父たちが着想を得たモデルはレジナルド・ポール枢機卿が、イギリスがカトリックに復帰した束の間の時期にあたる一五五六年のロンドン教会会議のために起草した計画のモデルだった。ポールは、彼の構想にある学校を語る際に、これを養成所（seminarium）と呼んだ。ここから「神学校」（seminario）という言葉がその後普及した。ただ、いかにこの学校を具体的なものにするのかという問題はまだまったく漠然としたものだった。公会議は教会財産に課税することによって、集めるべき資金の調達システムについて取り決めただけだった。何を、どのような教師が教えるのかということに対する返答も困難だった。このため実際には、イエズス会のローマのコレージョのモデルが適用されることになる。告解を行う際に必要な事例に関する知識はもとより、ラテン語と神学を未来の聖職者たちに教えられる教師を多くの司教たちはイエズス会に求めたのである。

取り戻された威厳の中心に「魂の救済」という義務を持つ教会組織を公会議は描いた。よく訓練された聖職者は、叙階の折に司教によるチェックを受ける他、定期的に査察を受ける。これらの聖職者は民衆の宗教生活を監督しなければならず、教区簿冊を用いて正確かつ検証可能な形で彼らの生活を把握する。教区簿冊には、とくに洗礼と結婚を記入しなくてはならないが、一般に俗人の秘蹟に関する記録も書き留めておく必要があるとされた。

しかし、公会議が解散した時、「トレントの改革」の根本条件である司教の任地在住を保証するためにはほとんど何も行われていなかった。カトリック諸国、とりわけイタリア諸国で支配的だった司教の実像とは、宮廷におり、外交、政治、軍事活動に従事する交渉人か、あるいは高い役職や文化的名声によって宮廷で保護されている者であった。司教の収益は、政治的忠誠ないしは教皇か君主への奉仕による対価という名目で支給され続けたので、その必然的な結果として、公会議が主張したような在住の義務を実践することは難しかった。公会議以前には、任地に居住するために宮廷を捨てるケースが、例外的な状況でごく稀に起きただけだったが、公会議の後にもこの状況は大きくは変わらなかったのである。だが、トレント以後の高位聖職者の最も著名なモデルを体現したのが、カルロ・ボッロメーオだったということも、決して偶然ではない。彼は専ら良心の勧めに従って、ミラノ大司教座に赴くために教皇の甥にして枢機卿という地位と教皇権の政治問題の導き手という役割を捨てたのだ。彼の選択が巻き起こした喧騒は、公会議の描いた行動のモデルを実行に移すことの難しさを長きにわたって伝えるのである。

この時点で、公会議はほとんど性急なくらいに決定的に終結に向けての歩みを開始した。教皇は最も重大な危機の時に中止案を検討したのだが、今やその危機を越えたので、できるだけ早期に公会議を閉会させようとしていたのだ。その瞬間は巧みに選ばれた。トレントにいる司教の数はそれまでになかったほど多かった。（七月の総会には実に二三六名もの司教が参加した。大多数はイタリア人だったが、スペイン人、ポルトガル人そしてフランス人の存在も重要だった。）ドイツ人司教は欠席していたが、彼らの不在はそれだけで、ドイツの状況がほとんど考慮されていなかったことをよく示している。

だが今や会議を締め括らなくてはならなかった。教皇の病の報は閉会のプロセスを加速させた。活発な外交活動によって皇帝の同意を得る一方で、フランスの代表団の指導者であるロレーヌの枢機卿の反対は削り取られた。教会改革に関する問題は、承認されたその関連書類とともに第二三及び第二四総会において、何らかの形（イェディンによれば弱点だらけの「妥協」[5]）で解決され、最終会議は聖人崇敬、聖画像そして煉獄というプロテスタントとの対決において最重要の教義を最終的に明確にすることに充てられた。この三つのケース全てにおいて、公会議で承認された教義にしたがい、プロテスタント改革のテーゼに対抗する防壁が強化される。聖画像の利用は、聖像破壊のあらゆる試みに対抗して力強く再開された。聖人の取りなしの有効性が認められた他、煉獄にある死者の魂に関しても、教会の権威ある教義として認可された。一方で、カトリックのカテキズムの編纂、禁書目録の作成そして聖杯を俗人に譲渡することを求めていたドイツの司教への返答という根本的な事柄は未決のまま残った。こうした重要ではあるが、厄介な課題については、他者、とりわけ教皇に委ねるよう決定が下された。

一五六三年一二月四日、満員の心揺さぶる儀式の中で、モローネは厳かに作業の終結を決議した。こうして公会議は幕を閉じた。公会議の神父たちは教義を定め、規則を再定義し、諸提案を起草したが、全てはまだ実現されるべきものに留まっていたのだ。

第七章　公会議の解釈

当時の宗教と政治の諸問題の鮮烈なコンテクストの中で、公会議の主役たちは一瞬一瞬を生き抜いた。それに続いたのは、他の文書がそうであるように、トレント公会議の規範と決議を読み、解釈するために、このコンテクストの中に再度置きなおす必要性だった。

ここではむしろ異なるいくつかのコンテクストが問題にされるべきである、なぜならトレント公会議の長い期間と異なる局面における人員構成の違いは公会議の目的、言動そして視点に深い変化をもたらしたからである。一つ例を挙げるならば、公会議がその全期間を通じて対峙してきた改革派の世界について考えてみればよい。その初期において改革派の世界を代表していたのが、他ならぬルターだったとするなら、次いで登場したのはカルヴァンというより喫緊かつ著名な敵だったという具合である。もっともこの変化の過程で、公会議の決定、特に公会議の承認したテクストは重要な役割を果たした。というのもこれらは即座に広まり始め権威ある重要な基準点となりつつあったからである。だが、一五六三年一二月四日にトレントでの会議が厳かに閉会したことで、事態は変化した。なぜなら、この時公会議の全期間を通じて作成され、公会議で承認されたテクストの全体が、一体化したコンパクトな形式で公会議の成果として提示され、それをいかにして実行に移すのかという問題が提起されたからである。

司教の在住義務を神の法であると執拗に支持したグラナダ大司教のペドロ・ゲレーロが担った闘争は、公会議の最終会議で繰り広げられた。決議の承認を教皇に要請するかどうかという問題を投票にかけた際、唯一ゲレーロのみが反対票を投じる中でこの要請は承認されたのである。彼の不同意は例外的だったわけではなく、ここでの彼の態度はむしろ教皇権に対する公会議の優越という古い問題に根差していた。別の言い方をすれば、公会議主義は既に死に絶え、埋葬されていたということがここで示されたのである。（ゲレーロだけでなく、他の例えばフランスの司教団の著名なリーダーであるロレーヌの枢機卿からも）公会議の成果をまとめて教皇の手に委ねることに対する抵抗は存在したが、それはまるでそれぞれの決議が教皇特使の監督下に作成されたわけでもなければ、教皇の実質的な同意を得て教会組織内部で既に流通している事実など存在していないかのようだった。教皇からの承認の大勅書をトレントで待ち、公会議の神父たちがその大勅書を認可するよう提案した者もいたが、作業をできるだけ早急に終わらせるべく急いだため、公会議の成果をひとまとめにして教皇とその統治機構に委ねてしまうという、幾人かが危惧していた事態が現実に起こってしまったのである。

もちろん、その意志を文字通り尊重して、教皇が公会議の決定の単なる実行者という役割を担うこともあり得ただろう。これは一五六三年一二月三〇日の枢機卿会議で実現したかもしれない可能性の一つだった。この時教皇は、公会議の決定に従って枢機卿と司教たちに司教区に留まるという義務を守るよう注意を促したのだ。クーリア並びに枢機卿の宮廷の全メンバーのうち、魂の救済の義務を持つ全員が大量に流出してしまうかもしれないという見通しは、ローマ社会を震撼させた。この時期の通信記録からもその不安が読み取れ、真の意味での人材流出に至りかねない事態への対策もそこに記されている。これを詳細に見て行けば、公会議の決議を承認する大勅書を巡るクーリアにおける闘いの激しさが想像できるだろう。大勅書ベネディクス・デウスは公式には一五六四年一月二六日付になっているが、実際にはこの年の六月三日になって発布された。一月二六日、秘密枢機卿会議において教皇ピウス四世は公会議の決議に口頭での認可を与えた。しかし公会議の成果の実現が当初から提起していた大きな問題のため、人々は文書による認可をこのように長い期間待つことになったのである。枢機卿団の内部では、公会議の決議をただ単に認めることへの抵抗も根強く、教皇に影響を及ぼすべく、彼らは公会議が教皇にその解決を委ねた問題の一つを利用した。それはドイツ世界だけでなくフランスでも望まれていた聖杯の俗人への譲渡の問題だった。

この二つの日付の間に教皇の態度も決まった。公会議の決議を即時かつ全体として具体化するのか、それともクーリアの側がその内実を奪うのかという二者択一に対して、教皇は第三の道を切り開くことで、この二者択一を脱した。教皇権は、公会議の成果を全面的にかつ例外なく承認するものの、その解釈や実施に関するあらゆる決定を自らが引き受けたのである。実際、大勅書の中で、公会議を承認し、高位聖職者及び君主に対して公会議を受け入れ、その成果を実施するように求めたすぐ後に、実力行使によるあらゆる抵抗を抑えつけながら、非常に重要な点を明確にしていることが読み取れる。混乱と誤りを避けるためという名目のもと、公会議の決議に対するあらゆるタイプのコメント、註解、解説、あるいは解釈に寄与するものを教皇の許可なく出版することを、あらゆる者に対して禁じているのである。なぜなら教皇庁はこの件に関して起こり得る疑問について介入する権利を留保しているからだというのである。

したがって、教義の枠組みがドグマの遺産の動かしがたい一部になりつつある一方で、規律に関する改革の教義については教皇と彼の選んだ会議に委ねられた。これは些細な問題ではない。というのも、こうして人々は伝統を離れ、規律に関する教義を教皇という名の君主がその意志に応じて改編することのできる具体的な法律の総かを教えてくれる。

体として、受け入れたからである。[1] いくつかの事実が、こうして開かれた路線がどのような結果をもたらしたのかを教えてくれる。

最初に行われたのは、公会議の議事録の完全版の出版を差し止めることだった。公会議の書記であったアンジェロ・マッサレッリは、公会議の議論の中で取られた議事録を収集、利用しながら、出版のためにしばらくのあいだ題材を準備していた。決議の公式版の印刷業者、パオロ・マヌツィオは、この版の序文（一五六四年三月）において、次に議事録が印刷される旨を知らせていた。しかしながら、公会議議事録は日の目を見ることはなく、秘密という厚いヴェールが公会議のオリジナルの文書の上にかけられたのだ。

その出版は、この決議の意味や価値の解釈にとって不可欠な素材の完全版を出版する計画が始まる一九世紀末を待たなくてはならなかった。この事実が意味するのは、これらの史料に対する解釈が、不動の権威を備えた中央官僚機構に数世紀にわたって任されていたということである。こうして解釈という課題は、他の類例が普通辿ったルートを免れたのだ。つまりトレント公会議の決議はかつての公会議と同じ運命を辿ることなく、教会法の偉大なる伝統との争いに参入することもなかったのである。教会法とのこうした伝統的な争いの中では、既に存在する規則との対立は、通常教会法を編成・制度化し直すことで調整されてきたのだった。

疑問や解釈上不確定な部分は、教皇座の直接介入という特別な手段や、公会議に関する枢機卿会議という専用の聖省の設立によって解決された。公会議という事業の全期間にわたり、教皇特使を通じてこの会議の動向をコントロールすべく教皇たちは枢機卿の代表者に手助けさせてきた。今や認可の大勅書の起草にあたってその任を委ねられたのは、かつての教皇特使（モローネとシモネッタ）とローマから公会議の問題を追ってきた枢機卿の一団（この中には教皇の甥にして枢機卿のボッロメーオも含まれている）からなる委員会だった。他のメンバーも受け入れ総勢八名の枢機卿からなるこの委員会は、一五六四年八月二日にトレント公会議の決議の実施を監督・推進するという役目とともに常設の会議に格上げされた。公会議の展開をローマから指揮した機関と、その権威によってその後二〇世紀に至るまでその決議を解釈することになった機関との間には、何らの断絶もなかったのである。(2)

クーリアに対抗することもなければ、その権威と特権を表に出すこともないまま、公会議の決議は、ローマの聖座が各教会に対してその優位性を確立する新しいまたとない機会を提供したのだった。こうして大勅書ベネディクトゥス・デウスのテクストは施行されたが、この大勅書の中では、決議に関して解決すべき困難や論争があるものは誰でも、全ての信者にとっての唯一の権威たる教皇庁にそれを提出するように命じている。（教皇庁は信仰の全てを管理する。）公会議の「解釈者」たる枢機卿たちの会議は単なる教皇の権威の発露に過ぎなかったが、解釈すべきテクストから何かの問題が出てくるたびに、人々はここに直接訴えるしかなかったのである。

公会議に関連する史料を差し押さえ、アクセス不能にすることで、解釈の作業は際立った重要性を帯びることになった。これを理解するには、トレント公会議の決議によって作られた法が教皇教令の実に二五〇点を刷新したことや、司教区会議、地方会議が、公会議の規定によって新たな命を与えられ、解釈に関する問題に大きな位置を占めたことなどを想起すればよい。公会議の定めた義務（例えば在住義務）と聖職者が担ったローマの外交や政治の職務との間の対立の状況は、多種多様な議論の的になった。だが、ローマの教皇庁を見捨て、クーリアの官職と結びついた財政のシステムを崩壊させることでこの問題を解決するという危惧された事態は起こらず、むしろ以前と比べてももっと多くの聖職志願者をローマにもたらす結果になった。公会議の決議を実施していく過程で、期待された邂逅以上の何かが起こったのは、ローマにおいてのことである。というのも大枠の方向性が決定され、決議の具体的な実現に関する規定が定められたのは、ローマでのことだったからである。聖座に公会議を解釈する権限を留保するように定め、続いて何人にも決議の注釈を禁じたことは、当然ながら公会議の歴史叙述に重大な帰結をもたらした。

最初に浩瀚な、次いで縮刷版の議事録の刊行計画が最初期の段階では進められていたのは事実であるが、公会議枢機卿会議の設立は、史実に即した解釈という方向性と必ずしも対立するものではないにせよ、それとは異なる方向に進むことになる。

公会議の年老いた書記アンジェロ・マッサレッリは自分の持つ史料を利用し、それを出版するためにその編纂に心血を注いでいた。他方、ローマの委員会がこの問題に対処している間、公会議の成果の評価に関する論争も巻き起こった。一五六五年、ルター派のマルティン・ケムニッツ（一五二二—八六年）の『トレント公会議の検討』が出版されたのである。この作品は以後数世紀にわたって論争の題材をプロテスタントに提供することになる。この著作は、（聖書、伝承、原罪、色欲など）教義に関するキーワードの順に並べられた真の神学的な弾劾だった。

しかし、こうした教義上の論争によって、歴史的な理解が促されることはなかった。恩寵や自由意志についての一六世紀末の論争は、義認についての神学上の問題を再提起したのだが、この論争によって、（ドミニコ会とイエズス会）という対立する二つの大修道会は、トレント公会議の神父たちの考えをより深く理解するために、公会議に関する資料へのアクセスを要求する機会を得たのである。だが、これらの開示要求によって、ローマで保管されている公会議関連の膨大な資料へのあらゆるアクセスは、逆に最終的にブロックされる方向に進んだ。

こうしてローマに所蔵されている資料は最も完全な機密とされたのである。その間にも公会議の業績を直接証言できる最後の証言者たちが世を去っていくが、彼らの多くは貴重な資料を所蔵していた。彼らのうちのひとり、ガブリエーレ・パレオッティもその備忘録を編纂し、その成果として公会議の歴史についての書物を出版しようと試みたのだが、この試みが実を結ぶことはなかった。

いずれにせよ、歴史的コンテクストを理解する代わりに、公会議の解釈は公会議枢機卿会議に委ねられたままであり、この会議はそれ以後カトリック世界から提起された不明確な点と疑問点を検討することになったのである。(3) 実際我々は、トレント公会議の資料をそこに出席した教会人が自身の経験や自分の過去に見出したものの証言として読むこともできるし、一六世紀の後半から教皇自身が指揮した活動の一つの道具立てとも考えることができるのである。

第八章　改革決議の実行

トレントの決議を解釈する権能を全面的に手にした教皇権は、同時に決議に定められた諸事項の実施に関心を払った唯一の権力でもあった。ドイツのプロテスタントは一五六二年の秋以来ずっと公会議を正式に否定していたが、カルヴァン派の側からもそれ以上の好意的な反応は望めなかった。短期間カトリックに復帰した後、エリザベス一世のイギリスもローマ教会から決定的に離れていった。

カトリックの諸国に関しても、決議を受け入れ実施しようとする意志は、ローマ側が期待していたほど強かったわけではない。公会議の成果を拒否できるような強い力もなければ、その理由もなかったイタリア諸国を別にすれば、ヨーロッパのカトリック諸君主はトレントの決議を受け入れ、実施する義務が自動的に生じるとは考えていなかった。この方面では、モローネの巧みな外交術もあまり成果が上がらなかった。彼は公会議の終了に際して、公証人による正式な書類によって諸国の代表から決議の承認を取り付けようとした。ポルトガル、ヴェネツィア、皇帝、ポーランド王、サヴォイア公そしてフィレンツェの大使たちはさしたる困難もなくこれに署名した。一方でスペイン王の代表はこれを拒み、フランス王の代表はそもそも欠席していたため署名をしなかった。だがこの手の外交上の承認は、権力の真の持ち主を束縛するものでは全くなかった。それゆえに、一五六四年夏にローマからヨーロッパ各国に使者が送られ、決議の全文を受け入れ、その実施に向けて行動するように伝えられて初めて、この問題は真剣に検討されたのである。

国家としてのアイデンティティを宗教的な結びつきに多く負っていたポルトガルとスペインの両君主は、トレントの決議を正式に承認し、法的な効力を認めた最初の君主となった。祝典の厳かな儀式とともに、満席の司教座大聖堂の中で、君主と宮廷人の前で教皇の大勅書が公式に読み上げられた。ローマから送られた正式版の中にあった決議のテクストは、すぐに両国の言葉に翻訳された後、正式に聖職者たちに転送され、世俗権力による支援を約束しつつ、聖職者にその遵守を求めた。この二つの植民地帝国の首都から、決議は大西洋を渡って、ヨーロッパの外の領土や副王国の聖職者と権力に速やかに届けられた。特に熱狂的だったのは、ポルトガルにおける決議の受け入れであり、ここでは幼い王セバスティアンに代わって国を治める摂政であり、王族であったドン・エンリケ枢機卿がそれを主導した。当時両王国の間にあった公式の関係に則ってここからコンゴ王にも知らせが送られた(1)。

同様の手続きはイタリア諸国やスペインでも行われたが、フェリペ二世はいくつかの留保も行っている。ともかくも大西洋の両岸を占める広大なスペイン帝国において、教会の代理人たる王は、決議の実施を妨げることはなかった。

一方でフランスとハプスブルク帝国は正式に公会議の決議を受け入れなかった。この二つの地域では、政治権力からの正式な認可を得ようとするたび重なる試みは、執拗な抵抗にあってしまう。フランスでは、摂政カトリーヌ・ド・メディシスが五名の法学者からなる委員会を指名したが、この委員会はこの問題に関して否定的な意見を繰り返し述べ続けた。ガリカンの伝統と宗教分裂のために、この方面に関して王国としてははっきりと誓約することは勧められないというのである。教皇が大勅書によって要請したものの、正式な受け入れをためらったのは、様々な思惑、つまり宗教だけでなく特に政治的な思惑もあったからである。法学者シャルル・ドゥムランは、その著書『トレント公会議の件に関する委員会』の中でカルヴァン派の少数派に言及するだけでなく、同時に王国の権威の擁護やフランス社会の諸団体の特権にも触れている。もしトレント公会議の決議を受け入れ、これを承認するならば、フランスは「教皇に従属する国」になってしまい、たった一撃で「王権どころか、フランスの諸地域の権威も、人々とガリカン教会の自由と権利も」消え去ってしまうというのである。カトリックの王は、王国と教会との間に築かれてきたある種の関係も考慮に入れざるを得なかった。事実上トレントの決議を導入するには正式な道は一つしかなかった。それが、一六一四年の全国三部会の聖職者会議での遅ればせながらの承認だったのである。

ハプスブルク帝国でも同様のことが起こった。ここでは宗教的内部分裂のために公会議の成果の正式な受け入れが妨げられた。(2) 一五五五年のアウグスブルクの宗教和議は宗教分裂の原則を承認したが、これは、皇帝はこの分野におけるあらゆる権限を失ったことも意味していた。異なる信仰告白に対する寛容を保証した帝国法がこの時生まれたのである。教皇パウルス四世は、スペインとの間の対立に忙殺されていたので（このため彼の甥カルロ・カラーファはプロテスタント諸侯に同盟を申し入れさえしている）、この革命的な新法を糾弾することは控えた。こうして一五六六年のアウグスブルクの帝国議会で、少し前に終わった公会議について議論されたが、イニシアティブを握ったのは不平一覧を提出したプロテスタントの層だった。この文書は、教皇権と公会議で承認された教義に対する長い異議申し立てで始まり、キリスト教徒の民の改革を実行するためにドイツの地での公会議の開催を進めていくようにというルターが以前に行った要求を皇帝に再び突きつけながら終わっている。帝国のカトリック層からの反論は文書によるものに留まった。なぜなら皇帝マクシミリアン二世（一五六四―七六年）は、トルコのハンガリー進出に対抗するための援助を必要としており、一五五五年の和議の条項を承認することに利益を見出していたが、同時にこの選択は帝国内にカルヴァン派を持ち込んだパラティン選帝侯を窮地に陥れるためでもあった。枢機卿にして教皇特使たるジョヴァンニ・フランチェスコ・コッメンドーネは当時カトリックのみを集めた会議を開いて、聴衆の心を揺さぶる洗練された演説によって、彼らに公会議の教義上の決議と改革の決議を受け入れるように提案した。三身分は別々に決定を下し、それを受け入れる旨をそれぞれに答申した。この正式とは言い難い経路を辿って、トレントの成果はドイツに入ってきたのだ。教皇権は、(形式的にはカトリックである)皇帝の取る政治路線を前にして、目をつぶることしかできなかった。ローマがその態度を変え、公式に猛烈な抗議を行うのは、一七世紀に入り、三十年戦争の成果を前にした時のことである。だが、帝国はこの時期には既に新しいアイデンティティを見せていた。トレント公会議は、歴史上重要な分岐点であるとともに、キリスト教の帝国に承認されなかった最初の公会議となったのである。

教皇権はトレントの諸決定を実行に移すよう定められた唯一の権力だった。だが、この目的を達成するためにどう行動したのだろうか? この問題は、ローマに委ねられた公会議の解釈の問題とも不可分だった。聖職者のヒエラルキーを管理しようとする意志とそのための方策、さらに異端との闘争の必要性といった問題が、この解釈をどれほど支配したかは容易に想像がつくだろう。とはいえ、ローマの側からは、公会議の成果の実現に向けた力強く決然とした推進力が働いた。その理由は簡単である。教皇権が作成し、お墨付きを与えたトレント公会議の決議を受け入れさせることを通じて、国民国家の境界を超えたカトリック世界における支配者としてのローマの権力をも認めさせようとしたからである。

パオロ・サルピが看破し、前々から懸念していたものこそが、ローマの中央集権化の最も効率的な手段であるということが、今やはっきりと示されたのである。公会議が中途で放棄した作業を完成させるべく、ローマが主導権を発揮し始めるのは、まさにこうした状況下でのことである。禁書目録、カテキズモそして典礼書の改革という公会議の閉会までに解決しなかった三つの問題については、公会議から教皇権に補足的な作業が委ねられた。予期されていなかったもう一つの補足作業は、トレント信仰告白の編纂である。これらはとるに足りない付属物などではない。なぜなら、トレント以後の時代の集合的経験の中では、公会議の成果といえば、たいていの場合公会議では取り組まれなかったにも関わらず、公会議の名の下に実行に移されたこの三点と考えられてきたからである。

プロテスタント思想の蔓延に対抗するための闘いの道具としての検閲も議題に上る。異端審問と容赦ない宗教戦争の風潮がこれを後押しした。一方で、パウルス四世が禁書目録編纂により書籍流通に見境なく介入したことで生じた困難に対しては、公会議の介入が望まれた。教皇特使の下には、請願が届けられた。そのうちフランチェスコ・マウローリコは、疑わしい著者の本を全て抹消するだけでなく、正統な著者たちの叢書のローマ版を出版するという計画を提案している(3)。その間にも宗教戦争の余波は公会議の議場にも及んだが、教皇が異端審問のような特別な手段を駆使して既に主導権を握っていた領域に、公会議の側は敢えて踏み入ろうとはしなかった。対立する党派を認識できるようにイデオロギーをコンパクトな形にまとめるべきであるという要請や、儀礼を統一するべきであるという要求も、公会議の側からは満足のいく回答が示されなかった。禁書目録のようなネガティブな装置の重要性を思い起こすのは行き過ぎであるとしても、トレント以後のカトリックのポジティブな要素を考える際に、改革された儀礼やカテキズモ、そして信仰告白が少なからぬ重要性を持っていたことは間違いがない。だが、これらは公会議の所産ではないにも関わらず、急いで「トレント的」と定義されたものなのである。（保証された唯一のモデルに対応しない全てのものに対して強い疑念をもちながら正統派がコントロールするという意味での）対抗宗教改革の不安は、公会議がやり残したものにローマが終止符を打つ際にその方法にも影を落とした。それは特にカテキズモの場合に明確に見られる。カテキズモは一五六六年に『トレント公会議の決議によるカテキズモ』というタイトルで刊行されたが、『トレント公会議のローマのカテキズモ』という（たとえ地理的には矛盾しているにせよ）その意味するところを雄弁に語ってくれるタイトルで人々に知られることになる。

このカテキズモは、パウルス四世の禁書目録によって大半が禁じられてしまった一六世紀前半の多様な教理問答に関する読み物に代わって、有効な代替物を提供すべく生み出されたのだが、公会議の何人かの神父たちは当初このカテキズモをエラスムスのモデルから着想を得た短く平明なテクストとして想定していた。三名のドミニコ会修道士からなる委員会が行った編纂作業の中で、このカテキズモは聖トマスの確固とした土台に立脚した真の意味での神学の要説となったのである。信仰告白については、公会議は一五六三年三月にこれを扱い、司教、主任司祭、大修道院長その他の聖職者は、その聖職録を授与される前に、短いテクストを読み上げながら誓いをたてるように提案している。（このテクストの中では、おそらくフランスの司教たちの勧めにより、反カルヴァンの意味を持った実在説が主張されている。）

ピウス四世はこれよりもさらに広範なものを発布したが（一五六四年一一月一四日）、これはそれ以後トレントの決議の出版の一部をなし、司教、大修道院長、修道院長と教区司祭はその職務に就く際、あるいはその他多くの機会にこの誓いを強制された。特に信仰告白の誓いの言葉は、例えば学位の授与と一体となって大学の中でも行われた。さらに、公的な色合いの強い職業、例えば医師や教師のような職業でも一般にこれが求められた。信仰告白は、公会議が定めた全ての教義を集約しているという意味ではトレント的なものだったが、同時にローマのものでもあった。なぜならローマ聖座と教皇に対する服従の誓いでこの信仰告白は締めくくられていたからである。「信仰告白の時代」と定義されるこの時代全体を特徴づけた信仰告白の枠組みの中で、カトリックの新しい信仰告白の形式が姿を現したのである。それ以前あるいは同時代の告白、つまり一五三〇年の「アウグスブルク」の信仰告白から、「改革派」あるいはカルヴァン派のそれに至る同時代の告白と比べてみれば、カトリックの告白の中では、教義を意識的かつ分析的に説明するということと教皇への服属という簡潔な原則とが共存しているということが浮き彫りになる。とりわけこの二番目の要素は、異端の嫌疑をかけられた被告が棄教する際にその効果を発揮した。「聖なる母なる教会が信じるものを私も信じます」という簡潔な公式は、信仰に関する主観主義的欲求に関するあらゆる疑問をかき消すための単純であると同時に効果的な方法として必要とされたのである。

トレント公会議の成果をローマで補足する際には、ヒエラルキーと教義の圧縮という側面が強調されているが、これは教皇座が特別な関心を寄せていたからというだけではなく、トレント公会議の開催当初と比較しても、宗教対立が日を追うごとに深刻の度を深め、ますます顕著になっていったからでもある。このことは、例えばトレントの議論の最も遅い成果であるウルガタ訳の見直しの中に見て取ることができる。この修正版は、一五九三年に出版され、クレメンス版ウルガタ訳と名付けられた。一五四六年以来、説教とキリスト教教育に関する非常に革新的な提案という文脈の中で、公会議もこの問題を議論してきた。福音書と聖書のテクストに依拠した上で論争的な性格が薄く実践的な神学への手引きとなるようなカテキズモの編纂も当時検討された。そしてこれは、エラスムスの教えや一六世紀初頭の福音的傾向といったものに即した形で、トレントの教父たちが説教の範としたモデルであった。

カテキズモについては、既に見たように最初の草案と実際に実現したものとは違っていたが、聖書もまたよい運命には恵まれなかったのである。クレメンス版ウルガタ訳は、確かに公会議の要求を実現したものではあったのだが、聖書がカトリックの宗教的経験から全く引き離されていた状況の中で行われていた。つまり、パウルス四世の禁書目録（一五五九年）とピウス四世の禁書目録（一五六四年）による俗語訳聖書の厳しい禁止、聖職者が介在しない形で聖書にアプローチすることに対する広い疑念、そして、最後ではあるが劣らず重要なのは、異端審問という大掛かりな装置によって根絶やしにされていく一六世紀初期の福音主義への神学上の不信。こうした一連のものごとのせいで、聖書は慎重に操るべき危険な対象となっていたのである。カトリックの地を征服するために俗語版聖書の普及に訴えたカルヴァン派のプロパガンダも、この状況の一つの表れであった。

公会議の成果の実現のために教皇権が創出あるいは少なくとも利用した装置について言えば、政治―外交の装置が最も重要だった。これまでにも見てきたように、政治の場面では、トレントの決議の受け入れは多くの困難に直面していた。フェリペ二世は、自身の王としての権利を例外としつつ、決議を正式に受け入れた（一五六四年）が、フランスでは、教皇を「全教会の司教」として認めることで損なわれると思われた伝統的な権利と、「ガリカンの自由」に対しては譲歩を避けたいという思惑から受け入れが拒否された。この地では、対立は一六一五年になってようやく終結するが、それは、決議の正式な発布が王国から何度もはね付けられた後にフランス聖職者会議が正式に決議を受け入れたからである。ローマの教皇権は世俗の君主国の体をなしつつあり、また逆に領域国家の側では宗教生活を直接管理したがっていた。この二つの動きによって、この分野における合意の可能性はまたたく間に遠ざかってしまったのだ。だからこそローマは政治―外交の分野での方策に期待したのだということもよく理解できる。

中でも、基本的なものは、教皇特使の機能だった。ローマを世界的な重要性を持つ外交の中心たらしめていたネットワークは以前から存在していたので、そこにトレントの決議の実施とその浸透を促すための調整・推進役という特別な任務を持った教皇特使がさらに加わる。ドイツでは、通常の教皇特使の傍らで、ケルンとグラーツにさらに特別な権限を持った二人の教皇特使が置かれた。教皇特使がローマの意向の伝達とその実施を監督するという役目を持っていたとすれば、その背後にはこうした問題を管理するための中央集権的組織が存在していた。ドイツに関しては、ピウス五世が設立したドイツ委員会が動いていた。

これと同時期に、教皇を君主とする真の意味での君主国という性格にさらに適合するようにカトリック教会の統治形態全体も大きく整理されていった。教皇の行動が教皇特使の制度を通じて表現され、さらにそれが狭義の政治的事柄と教会や宗教に関する事柄（例えばトレントの決議の実施など）とを区別することなく行われていたとするならば、同様の変容は教会統治の中央システムにおいても起こっていた。教皇が同輩中の首席として座っていた最高機関である枢機卿会議が占めていた位置には、委員会のシステムが取って代わった。これらの委員会は枢機卿の仕事を切り離し、吸収しつつ、合理化された機能と大量の案件の迅速な処理によってある種の高度な官僚機構と化した。委員会の制度は一五八八年に最終的に公的な制度の装いを整えたが、それはシクトゥス五世がこの方法によってローマのクーリア全体を再編成したからである。（一五八八年一月二二日の大勅書インメンサ・アエテルニ・デイによる。）

当時公認された一五の委員会の中で、教皇の世俗の支配に関係する委員会と教会関連で設置された委員会とを区別するのは困難であり、トレントの決議の実施と何らかの関わりをもつ委員会を判別するのはなおさら困難である。ここでは非常に込み入った形で聖俗が錯綜しているが、トレントの規定はその基準点としての役割を果たしているのである。別のもっとよい言い方をするならば、トレントの規定とは途方もない量の干渉と決定がその上に絡まり合っているもつれなのである。そしてたとえトレントの教父たちが予期せず、望みもしなかったにせよ、全体として見るならば地方の教会の権威を奪う一方で、ローマの至上性を確立するという効果を伴っていたのだ。

もちろんローマのモデルと教皇のイニシアティブだけが、一六世紀の後半から始まったトレントの決議の実施のための唯一の経路だったわけではない。多くの者が辿った異なる歩みも存在しており、ガリカン教会の高位聖職者ヴェルダン司教ニコラ・プゾムの行いはその例となるだろう。彼は公会議が終わるや否や、その議事録にサインを入れ、自らの司教区に向けて旅立った。自らの司教区で彼は一五六四年一月二三日に公会議の成果を示すために人々に説教を行い、そのすぐ後にトレントの決議で定められた司教区会議を開催した。この手の行動は、カトリックの諸国の中ではかなり数が多かった。ブラガ司教バルトロメウ・ドス・マルティレスは一五六六年に地方会議を開催し、そこに多岐にわたる壮大な計画の覚書を提出した(4)。同じような選択が「トレントの改革」の基本路線を描き出していくが、それはこうした人々の行いに委ねられ、トレントの決議を制度として作り変え、司教区ごと、時には教区ごとに人々の行いをトレントで定められた規則に合致させていった。

実行に移された試みを主導した者たち全てを一括りに「改革者」として考えてしまうと、その理解や分類に役立つどころか、次に述べる両者を混同してしまうことにつながってしまう。それは上から降ってくる規則に従順な執行吏としての聖職者と、逆に地方の教会制度を主軸に据えた宗教生活のモデルを信じ、実行に移した者たちに突き動かされた人々との区別である。先行研究によって描かれる全体像は、まだ欠落も多く断片的である。しかしながら、既に言及したような、重要な個別事例が存在することは疑い得ない。ミラノの聖カルロ・ボッロメーオとボローニャのガブリエーレ・パレオッティの例は特に著名で研究されている。彼らは司教―牧者というモデルから司教区を活性化させようと試みた主唱者たちであり、ここでいう司教―牧者とは修練を積み、司教区に在住するというトレンドで幾度となく提起されたモデルである。司教は、「大衆」が正統信仰のうちにあるかどうかを疑わしい目で眺めている監視者や、他者の指示に忠実な有能な官吏というよりは、この場合、集団の宗教生活の基準点であり、信者の導き手にして父たる案内役、そして霊的な闘争の主役だった。（あるいはそうあろうとした。[5]）これは、正統信仰を見守る役目がなくなってしまうという意味ではなく、むしろカルロ・ボッロメーオの著作にあるように正統信仰の擁護は非常に厳格な側面を持っていた。

だが、司教の人物像の中で強調されたのは、中央の政治権力が押しつけてくる要求を安易に受け入れないことであり、この場合、中央の政治権力とはミラノにおけるスペインの権力、ボローニャにおける教皇の権力である。カルロ・ボッロメーオとスペイン総督とが、司教の法廷の司法権から人々の道徳の管理にわたる広い分野で論争を繰り広げたことは有名である。だがボローニャでも、司教と聖俗の完全な権力を有する教皇権との関係の中で、司教は、司教区を統治するための自身の自治権を守るために戦うことを余儀なくされた。公会議の決議を実行に移すに際して大司教座に関する条項に対して反対した論争の中で、パレオッティは空しく公会議に関する委員会と対峙した。司教座聖堂参事会員からのローマへの上訴と総督の仲介が示しているように、教会国家の中でさえ、「自身の務め」[6]のみを果たしたいと望む司教への「大きな障害」が残っていたのである。地方教会が再編され、地方教会と教皇座との関係が再び活性化される可能性はもっと低かった。なぜなら公会議以後の教皇の権力の伸長は、司教区会議の法的な権限を犠牲にすることで行われたものだったからである。[7]ローマの権力が地方教会の活動に深く介入する一方で、公会議で期待されたクーリアの改革に挑む可能性を司教は完全に奪われてしまった。

　これは小さなイタリア諸国の中で起きたものだったが、カトリックのヨーロッパの大国の司教が置かれた状況もこれに劣らず複雑だった。トレントで司教の権力と威厳を守ろうとした主役たちは、彼らの司教区に戻った時に、公会議によっても状況はほとんど変わらなかったのだということを痛感させられた。一五六三年夏に繰り広げられた司教と異端審問官の関係に関する議論の中で姿を見せた者たちのうち、ポルトガルのバルトロメウ・ドス・マルティレスは言うまでもなく、ペドロ・ゲレーロとペドロ・ゴンザレス・デ・メンドーサも有名である。彼らのおかげで、悔悛法廷において異端の罪を赦す権限を司教は得ることができたわけだが、これはスペインの異端審問とフェリペ二世には受け入れがたい重要な点だった。[8] 彼らは故国に帰るや否や、挑みかかってくる諸権力と決着をつけなくてはならず、その力関係から時折妥協に至らなければならなかった。

　イタリアの文脈の中では、カルロ・ボッロメーオが地方教会の制度を再び活性化しようとした試みが特に重要だった。教皇の甥にして枢機卿でもあった彼は、公会議の最終局面をローマからコントロールした後、ミラノ大司教になり、司教が司教区に留まるべきであるとするトレントの規範を実践した。彼の歩みは、トレントで提起されたものを理解し、実践していく上での説得力あるモデルを提供した。後に、彼の列聖によって彼個人の道徳的美点は模範とされたのだろうが、この列聖は同時に、彼が大司教区の統治の試みの中で、ローマの中央集権主義と対決姿勢を取るに至った事実を単なる挿話としてしまうことにも寄与したのである。この中には、地方教会の枠組みの中での立法行為や統治行為も含まれる。司教区教会会議の傍らにある地方会議は、ローマが排他的な支配権を行使しない教会統治のための機関として運営されていた。

　このタイプのトレントの改革の制度的な変遷に関する分析は、まだ完全になされたとは言えないだろう。だがともかくも、ボッロメーオ、パレオッティ、ゲレーロ、バルトロメウ・ドス・マルティレス（デ・マルティリブス）あるいはその他の人々の頭の中には、司教の上に成り立つ教会というモデルがあったことは間違いがない。このモデルの中では、司教は信者たちの牧者にして司法官であり、常に司教座に留まり、適切な行動をとる見識を持ち合わせている。異端や魔女たちに対して厳しく容赦ない態度を示すと同時に、一般の罪人に対しても同種の態度で臨むのであり、彼らはつまるところ集団を厳しく律していくことができるのである。だがその聖なる権威の名において、彼らは、中央の権威とつながり、法的規則と官僚的手続きで動いていた異端審問所の歩みを阻もうとした。このタイプの人々は、スペイン王あるいは教皇自身といったそれぞれの国の中央権力の代表と打ち解けた関係を築いていたわけではない。なぜなら中央集権化した政府の論理は、司教たちに大権を認めようとせず、地方の教会統治に伝統的に認められてきた権利や特権を侵害しようとしたからである。個々の諸対立の中で、司教たちは、教皇監察官や新興ないしは刷新された修道会といった、教皇権の中央集権化の密偵であり道具でもある者たちに立ち向かっていった。

特に修道会に対しては、教皇権がトレントの決議の解釈役と実行役を自認するにつれて、新しい可能性が開かれていった。トレント公会議では、よく訓練され任地に留まる聖職者が「魂の救済」を行うという原則にこそ発想の核があったのだとするならば、一六世紀後半のヨーロッパにおけるカトリック教会と、特に教皇権の抱える多岐にわたる問題は、別のモデルを求めていく。このモデルを体現したのは、介入の特権を持つ組織としての修道会である。数世紀前にフランチェスコ会士とドミニコ会士がそれを担ったとするならば、今回は、イエズス会こそが教会内部にその足跡を残すことのできた組織だった。高い教養、単一規範にもとづいた人材育成、献身的な態度と布教への情熱、社会の上層に入り込んでいけるその能力、そして特に教皇の命令への絶対服従。これらが、イエズス会の成功を支えた要素だった。

だが、この分野についての我々の知見はまだまだ不完全である。というのも、トレント公会議以後に教会がとったメカニズムは多様で、それぞれに相異なっており、さらに多様な現実に違った形で適合していったからである。スペイン、ポルトガルそしてイタリアでは、司教統治のモデルの衝撃とトレントの規範の実施は、フランスに比べて早くから見られた。フランスでは、一七世紀になってから聖カルロ・ボッロメーオの提示したモデルを再提起しかねない「牧者の改革」のモデルにもとづいた司教団の活動が進展していった。(9) ところで、取り組まなくてはならなかった問題は、国ごとに全く異なっていた。スペインとポルトガルでは、改革派の存在という意味では教義上の不一致はほとんどなかったものの、ユダヤ人とムスリムという少数派に関する宗教的統一の問題は深刻だった。ここでは司教区の巡察は、カトリックの実践を見守るためでもあり、また「改宗ユダヤ人」、すなわち強制的に改宗させられた後に旧来の信仰に戻ってしまった者の特定のためにも行われた。統一した儀式と行動の強制と、(例えば婚姻の儀式における)伝統的な風習の禁止は、長く続く対立の淵源であった。例えば、スペインでは、モリスコスのコミュニティの反発が巻き起こった。

イタリアの諸国では、状況は場所によって大きく異なる。概して宗教戦争下のフランスで見られたような様相を呈することはなかったものの、イタリアでも教義の不一致こそが最も顕著な問題だったと言えるだろう。イタリア戦争の終結とカトリックの統一を印づけたイタリア半島におけるスペイン勢力の優位によって、教義の不一致の芽がこれ以上成長することは阻まれ、他の場所に比べて柔軟な方法で、個人、あるいはコミュニティ全体が消し去られた。ファエンツァでは、裁判と死刑執行によって改革派のコミュニティが破壊される一方、カラーブリアではまさに戦争によってヴァルド派のコミュニティが破壊され、その成員も暴力的な手段で抹殺された。(10) 両ケースとも教会権力と国家権力は、鎮圧の段階では協力して行動した。だが、続いて疑わしい領域を監視し、根絶された形式に代わってトレントの形式を導入する役目は、司教区と異端審問が担った。それまでとは変わってしまった雰囲気の中で、異端審問の法廷がイタリア半島の隅々で展開した活動は、教区と司教区制度の再建と強化という事業と互いに結び付き、細部にわたる管理・教化網の形成へと行き着くのである。教区での記録からは義務とされた秘蹟（告解、毎年の聖体拝領、幼児洗礼）の折々の不履行を調べることも可能だったのである。

もっとも差異は大きかった。南イタリアの農村のケースでは、トレントの教区網は「庇護教会」[11]という制度の存在によりほとんど効果を発揮できなかったが、修道会とその信仰からくる彼らのイニシアティブが同地を席巻していった。

別の事例は、中部イタリアとパダーナ平野のものである。いくつかの研究に従えば、トレントのカトリック信仰は当時新しい装いの下に表れ、平野部の伝統的なカトリック信仰に大きな変化を強いたとされる。別の見解によれば、それはキリスト教が未だかつて浸透したことがなく、異教に起源を持つフォークロア的な宗教が生き残っていたヨーロッパ内部の処女地における真の宣教の進展だったとされる。この後者の説は、カトリックの歴史家たちに好まれてきたが、それは、絶えることのない歴史の歩みの中で、徐々に新しい土地や見過ごされてきた人々に福音を伝えていくのだというキリスト教の勝利というヴィジョンを裏書きしたからなのである。もちろんヨーロッパにおいてもヨーロッパ外の世界においても、現実はもっと複雑であった。ヨーロッパ外の世界では、他の宗教との対決のために、選択と順応そして修正を強いられたが、これによって時折トレントのカトリック主義の外観も変わっていくのである。

トレントの決議の適用の歴史は、特に司教区巡察記録という史料を通して研究されてきた。これは、カトリック世界のみならずプロテスタントの世界でも保存されている史料である。しかしながら、この史料に関する調査はどちらかといえば片側のみで進展し、多くの場合カトリックの地域とトレント時代に関する研究が、トレントの改革が存在し、その顕著な特徴は司牧性であるという先入観の下で行われてきた。基本的に同じことが繰り返し行われるという巡察記録の性質により、データの目録や記録、そして比較という作業がスタートした[12]。当然ながら主要な問題は、記録された情報が正確に現実を反映しているかどうかに留まるものではなく、教会の視察士の視線がいったい何に注がれ、そしてなぜそこに注目したのかを理解しようと努めることにある[13]。そして今や明らかであるのは、公会議以後の最初期の段階では司教の視点は概して聖職者、その修練、備品、教会といった教会の側の現実に集中していたということである。時が経つにつれて教区司祭は、上からの圧力の軌跡の上で、文化を変えていく、彼らは聖職録を得るため、あるいは司教の訪問の折の調査を乗り切るための審問の準備をし、小教区の記録を記載し、管理するための手段を体系だって利用したが、時にその中にはローカルな現実の日々や年代ごとの記録も入り混じっている[14]。

しかし、公式で統一された宗教のモデルと旧体制のコミュニティの生活における実践と典礼との出会いが実際どのようなものだったかについては、ほんのわずかな部分が明らかにされたに過ぎない。綿密な研究の結果、宗教的実践の豊かさと、「神聖なる消費」の中に記録されたようにローカルな権力の対立を解き明かす上でのその重要性も指摘されている[15]。

小教区の視察の場合においても、トレントの決議の実行という役目を教皇権から引き受けたことが決定的だった。公会議の議論から分かるように、任地在住義務が神の法かどうかという問題や、その義務の実施を妨げるものをいかに扱うかという問題に対して与えられた解答によって、司教たちは、自らの権威の及ばない存在を前にして、弱い立場に取り残されることになった。というのも有力な参事会から修道会に至る司教区の現実の大部分が司教の管轄権を離れていったからである。状況の打開のために司教がとった解決策は、地方教会の構造に従って適応していくために上位権力、つまり教皇や世俗君主の助けを借りることだった。こうして、君主との結びつきはさらに強く結ばれていく。聖座との関係については、司教たちは「聖座の代理人」という称号をことあるごとに得たが、この称号のおかげで自身の権威の外にある者たちとの間での困難やその反抗を乗り越えることが可能になったのである。公会議の成果の実現のために教皇権が用いたもう一つの手段とは、「教皇の」視察者、つまり例外的な権力とともにローマから派遣される者を任命することだった。教皇の視察者による巡察は、グレゴリウス一三世の在位中に体系だって行われた。

トレント公会議のカトリック主義の歴史は、いくつかの側面にとっては非常に長く続いた長期持続の歴史であり、公会議の時代は、その本当にわずかな一コマであるに過ぎない。改革派の教会とその動向に対抗—対立する必要に応じて教義と規律の体系化はこの頃に始まり、近世のカトリックのアイデンティティを定めるための装置となる統一した教義を練り上げていく。

特に聖職者の社会的な輪郭は、衣服や習慣の厳格な遵守によって他から区別され、必要とあらば国家権力に対抗することもできるグループの成員として再構築された。聖職者に与えられた役目とは、キリスト教徒の民衆の日常生活の隅々にまでカトリックが入り込むために、彼らからその同意を取り付けることだった。ここでいう民衆とは、今や「信者たち」によって構成されており、つまるところ信仰のアイデンティティと教会の支配への服従に縛られた俗人たちなのだ。公会議が実際に練り上げた諸モデルや諸思想は、その文脈や問題に従って様々な性格を帯びながら、カトリック教会の近世史の中に顔を出すことを運命づけられた。例えば、啓蒙絶対主義の時代には、修道会を通じたローマ教会の意志浸透という手段が危機に晒される一方、国家権力が教会に介入していく事態は、理性の範囲内での宗教と信仰という思想を広めつつ、イエズス会の解散（一七七四年）だけでなく、民衆の統治のための役人としての司教というイメージの再登場にも一役買うことになるのである。

イタリアについて言えば、文字通りの意味での公会議の時代は、実質的には一七世紀の最初の数十年のうちに幕を閉じたが、それは本当の公会議を知る最後の証人たちやその直接の遺産が消え去ったからであり、幻視家、神秘主義者や少数派の間でも、宗教的平和をもたらし得るキリスト教の「真の」公会議に期待を寄せてきた最後の水脈も途絶えてしまったからでもある。公会議主義の長い命脈を想起させるここでの期待や感情は、（例えば十字軍など）象徴的な意味を負わされた他の表象や言葉がそうであるように、トレント公会議自身の具体的な歴史的エピソード以上に曖昧で摑みどころのないものだった。とはいえ、この上に、サルピの『トレント公会議の歴史』の草稿と、亡命者マルカントニオ・デ・ドミニスによるロンドンでのその出版という出来事もつけ加わりながら、公会議の歴史的把握という段階が幕を開けることになる。

第九章　トレント公会議の秘蹟と社会の習慣

歴史家、とりわけ教会と宗教生活を研究する歴史家は、今や時間というものを多くの次元からなる変数として捉えることに慣れてしまった。変化の中には加速と遅延が併存している。なぜなら消え去ったと思われていた古代の形式への回帰が起きるからである。時間というものは多元的である。権力の側での決定という短い期間が一方にあれば、もう一方には社会の中でその決定が受容され解釈されていくリズムも存在する。

さらに付け加えなくてはならないのは、教会の歴史を原初の完全な形態からの堕落と逸脱と見なすキリスト教のある思想の中では、一六世紀の革新は、原初の「形態」、つまり古代への回帰と見なされ、描かれたのだという事実である。これは、ルターやカルヴァン、そしてその他の改革派がなしたことであると同時に、カトリック世界の教会の権威が行ったことでもあった。新しいものを正当化する際には、教会の使徒的起源と聖書の基本原理に立ち返るために、負の「近代」に取って代わるものとして一般にそれは提示されたのである。だが、制度とその実践が現実に適応し、変化していく過程は、あらゆるタイプの改革者が練り上げた教義の定義と規則がいかなる歴史的な重要性をもつのかが決まっていく過程でもある。制度と儀礼に関する比較研究のみが、西洋キリスト教の歴史にその時刻み込まれた変化の現実の相貌に光を当てることができる。最近になって初めて、プロテスタント改革の歴史家たちも、改革者の思想が伝統からの抵抗とどのようにしてゆっくりと折り合いをつけていったのか、そして洗礼、聖体拝領、婚姻、告解といった儀式を変えていきながら、どのようにして儀礼の中に彼らの提案した新要素を根付かせていったのかということを研究し始めた。(1)

歴史的比較の段階においては、社会の平安のために諸教会が行った活動の歴史は、一六世紀の改革が民衆の「伝統的モラル」をどのような方法で変えていったのかということを調べるためのよい視点を提供してくれる。(2)この視点から考えた時、トレントのモデルを特徴づけているのは、聖職者団のヒエラルキーの権威を確立することを優先して、信心会が体現していたようなキリスト教の社交の伝統が減少したということである。トレントの司教たちと信心会との対立という問題は、この時代の社会生活において大きな場所を占めた。聖カルロ・ボッロメーオが表明したトレントのモデルは、人々が水平的に結びつく形態に対して極度に敵意をむき出しにしたが、この水平的な結びつきの形態は、聖職者への従属に役立つように補足的な役目だけを担わされた新しい信心会(例えば聖体会)に利する形で、管理下に置かれたり、廃止されたりした。変化は、ミサにおける接吻の儀式の極度の単純化にも見られ、信者同士の親密な接吻という側面が失われた。あるいは接吻の儀式を象徴し、信者の接吻を受ける備品の変容にもこうした変化が見出せる。(3)

トレント公会議後のイタリアにおいても、社会生活の中に導入された新要素を受容することは、古代の復興と見なされた。当然、「原初の形態」とその「改革」の間には、トレントの司教たちの登場まで続いた退廃と歪みが存在していたことになる。カトリック世界内部の全ての史料も同じ論調で語っている。「人々は法を欠いたまま生活していました。秘蹟は頻繁には行われず、多くの者が自ら告解し、自ら聖体拝領をしていたのです。」司祭たちは「告解による免罪の形式を理解せず、司教や教皇座に免罪が留保されるケースがあるのかどうかも知らず、全てに赦しを与えていました。」これはアンブロージョ・モニコというヴァルサッシーナの主任司祭が書いた言葉だが、彼は、ミラノ大司教管区において、カルロ・ボッロメーオの到着以前には、司祭たちに妻や子供がいた様子にも言及している。そしてさらに、司祭たちは、説教もできず、人々は「父なる神を信じます」と唱えることも、十字を切ることもできなかったと語っている。つまり、「そこには規律の名残もなければ、キリストの法もほとんどなかったのです(4)」と。

カルロ・ボッロメーオの到着以前の「キリスト教の規律」の痕跡さえもなかったこの時期に、ヴァルサッシーナの主任司祭の記述に従えば、人々は祈りの言葉も、十字の切り方も知らず、告解も聖体拝領もせず、さらに「秘蹟も頻繁には行われていなかった」のである。頻繁な秘蹟は、古代の熱情への回帰を示しており、秘蹟の回数や参加する頻度によって熱情の程度が分かるとこの証言者は考えていた。彼にとってのもう一つのはっきりした相違とは、既にみたように、以前は聖職者に妻や子供がいたのに、それがいなくなっているという事実にある。告解、聖体拝領、聖職者の叙階そして婚姻といった秘蹟に関わる実務を観察し、その変化を記録した者の書き記した証言が存在する。公会議やその結果の周りで、人々の生活の中で起きたいくつかの変化を知るために、この手掛かりを追跡してみよう。

聖体の秘蹟に関しては、トレント公会議で明確化された教義には、トレント以前もそれ以後も多くの論争が起き、異論も唱えられた。これらは大きく二つの系統に大別することができる。その一つは、実体変化の教義を受け入れず、ルターの共存説かツウィングリとカルヴァンの「聖餐形式論」の教義を信奉する者からの異論である。もう一方は、頻繁な聖体拝領を受け入れなかった人々による抵抗と論争である。たとえその程度には違いがあるとしても、どの傾向も異端審問の注意を引きつけることになる。当然ながら、キリストの存在を明確に否定した説や「食べものとして」神を食べることができるということに対して庶民的な疑問や議論を提起した者に対しては、比較的毅然とした治安上の措置が取られた。だが聖体拝領に定期的に赴くことを主張していた者の論説に対しても多くの嫌疑がかけられ、異端審問の聴取が行われたのである。

実は、この新しい宗教的な傾向はトレントの決議のずっと以前から存在していた。人目に触れることさえ憚るほどの畏敬の念を抱いた聖体拝領への信仰に対して、[5]『キリストの倣い』という短い論考が史料の面で裏付けてくれるのは、聖体拝領を頻繁に行うという信仰の方向性である。公会議の召集以前から既に、この路線を進み始めていた敬虔なグループがいくつも存在していた。イタリアでは、神秘家にして幻視家のバッティスタ・ダ・クレモーナ、ドミニコ会士であり、バルナビーティ修道会を設立したグループに着想を与えた人物でもあったが、彼は「全てのキリスト教徒が毎日聖体を拝領していた原始の教会」[6]のモデルを追求すべきであると主張し始めた。バルナビーティ会士が自らに課した基本原則の中では、聖体拝領は祭日ごとに行われるべきであると定められている。イタリアの外部では、マンレーザで、若きイグナティウス・ロヨラが祭日ごとの聖体拝領を行っていた。[7]その数年後には、神学者トゥッリオ・クリスポルディ・ダ・リエーティは、彼と彼の周囲の「厳格主義者」が奨励する信仰実践を説明しつつ、ヴェローナでは、司祭ではないが「毎週日曜日に聖体拝領を行う」人々がいるということを語り、そして彼もまた原初の教会の熱情という議論を引き合いに出しながらこの習慣を擁護している。「原初には我々全員が聖体を拝領していた。その後神への信仰と愛が冷めるにつれて日曜日にだけ聖体拝領するようになり、その後はさらに稀になっていき、かろうじて一年に一度聖体を拝領するかどうかというほどだった。[8]」何年も前からヴェローナでは頻繁な、少なくとも日曜日ごとの聖体拝領に対する信仰が育まれていたのである。

今や、我々はこの現象を、あるものごとの周縁的な側面と見なすことも許されよう。それはトレント公会議以前に入り混じっていた宗教生活や行き交っていた思想の一側面であり、異端の訴追から自らを擁護すべくモローネ枢機卿が書き記しているように、「聖なる異端審問の機関が設立されていなかったため、イタリアにおける宗教的なものごとはほとんど規律なく行われていた」時代のことであるのも確かだ。しかしモローネは、イタリアにおける改革派のマニフェストと見なされていた小著『キリストの恵みについて』を読んだどころか、「大いなる熱情とともにむさぼるように読んだ」ことについて自己正当化しなくてはならず、彼がこの本を好んだのは、異端的でありうるはずもない「神聖この上ない秘蹟について非常によく語っていた」からに他ならないとも主張している。(9) そして実際にこの小著『キリストの恵みについて』は第六章の大部分を「神聖この上ない秘蹟」である聖体拝領の頻繁な実施を擁護することに充てている。(10) この章の大部分はカルヴァンの『キリスト教綱領』から引き出されている。つまり聖体拝領は、悩める精神を和ませるための手段、そして同じ肉体の四肢たるキリスト教徒の間の統一の絆として理解されている。聖体の中にキリストが実在するのか否かという問題についての根本的な相違はあるものの、悩める精神を和ませるための手段としての聖体拝領の実施という点では、論争が収束する可能性が存在していたのである。

ローマの異端審問所はこの小著ならびにその読者を注視しなくてはならなかったが、さらに当時イエズス会の中に熱心な支持者のいた、頻繁な聖杯拝領の実施にも目を光らせなくてはならなかった。(11) 一五五四年のボローニャにおいて、司教ジョヴァンニ・カンペッジは頻繁な聖体拝領の習慣を広めていた二人の司祭を停職としたが、これによっていくつかの市民のグループと、そして特にこの習慣をよく行っていたイエズス会士との間での対立が巻き起こった。ドミニコ会士ジローラモ・ムッツァレッリはローマ異端審問所に代わって調査を行わねばならず、イグナティウス・ロヨラ自身も現地では解決しないこの問題に関して呼び出されている。(12)

頻繁な聖体拝領に関わる複雑な問題全体について、ここで指摘しておかなければならないのは、トレント公会議以前から、聖体拝領の秘蹟を頻繁に実施する傾向が増していたということである。聖職者や敬虔な信心会のメンバー、あるいは完徳を目指す信者のグループのみならず、平凡なキリスト教徒も秘蹟を頻繁に繰り返す習慣があった。正式な規定の中では年に一度の義務であると述べていても、印刷された宗教的な手引きや良心の導き手たちは、実際には一週間に複数回の聖体拝領の実践を勧めていたかもしれない。もちろん抵抗がないわけではなかった。伝統の擁護者たちは、この種の親密な神との関係に対しては、異端の香りとは言わないまでも、居心地の悪さを感じていた。ただ、こうした抵抗が聖体拝領の実践の新しい諸形式の普及を妨げることはなく、俗人に聖体の信仰を教え込むように教会から定められていた信心会の組織の内側にさえ、こうした新しい形式の聖体拝領を推進する者がいた。(13) 上から推奨された信仰が、聖体拝領の頻繁な実施に必ずしも好意的であったわけではない。神秘性や瀆聖を侵しかねないという危険にこだわった結果、むしろ反対の方向に向かう。聖職者と俗人とを強く区別することがトレント公会議で認められたこともあり、聖体拝領の実践を巡る意見の隔たりは広がる傾向にあった。そしてトレントの決議は、結局のところ信仰の全般的な傾向に呼応しつつ、その頻繁な実施を消極的に勧めるに留まった。(14) さしあたり、特に女子修道院と信心会の世界では、聖体拝領の頻繁な実施という信仰実践に道が開かれた。

この秘蹟に関連する新しい特徴を列挙すれば長くなってしまうだろう。特別な信仰や特に重要な祝日によって決められたある週の、もしくはある月の日付がリズムを刻んでいくという原則のもと秘蹟の日取りが固定された。その結果、聖体に対する信仰を共有していくためのリズムはほとんど消え入るほどに霞んでしまう。その代りに、個人個人の必要性に応じた霊的上昇と信仰の完徳が現れてくる。霊的上昇と実践が個人のものとなっていったことあらゆる共通のリズムが失われていったことは、「気取った神聖さ」が蔓延した結果であることは明らかである。[15]この「神聖さ」は、よく知られたように、その不可欠な性質の一つとして聖体拝領の秘蹟を非常に個人的に実践するという性質があったのである。大勢で頻繁に聖体拝領を行っていた女性信者（そして数は少ないものの男性信者）は霊的な指導者の導きのもとそれを行っており、しばしばそのグループの中では、聖なる愛の絆で結ばれた家庭的な、あるいは霊的な家族の関係に近い二人の関係の内部で聖体拝領が行われた。（したがって教会の権威はこれを恐れ、俗愛の方へ感情的に逸脱していく例をしばしば取り上げたのだ。）[16]

この件についてのもっと立ち入った研究が、トレントの時代に正確に何が起こっていたのかを明らかにしてくれることを期待しつつ、リズム、時間の区切りとしての儀礼化、そして規則に従った儀礼の実践の分配というトレント以前の時代が有していた本質的に儀式的な性格が消滅したことを記すにここでは留めたい。トレント公会議の世紀においては、秩序だったリズムは、不安といくらかの苦悩を伴いながらも頻繁な聖体の消費にその場を譲っていたのだ。

秘蹟の実践によって区切られていた時間は様々な性質を失い、その境界を侵しながら、混じり合っていった。中世のキリスト教徒とは、「毎年の聖体拝領を受け、四旬節と金曜日には断食し、十分の一税を納め、自らの子供たちには洗礼を受けさせていた」[17]者たちだった。公会議の世紀について史料が描き出す状況はそれとは異なっている。秘蹟については個人化が暫時進行する一方で、年に一回の儀礼的なリズムから離れた個別的なタイミングでの聖体拝領も徐々に進んでおり、その結果がはっきりとした形で当時表れていたように思われる。（一方でイギリス教会の試みの中では年度ごとの儀礼的な聖体拝領が生き残ったように見えるのは示唆に富んでいる。他の多くの諸点と同様にこの点についてもイギリスは伝統的な性格を保持した場所だったのだ。）修道院の信仰のモデルとして提示された「四つの祭礼」という典礼が毎年巡ってくるという形式に従い秘蹟を規則的に実施するように促してきた信仰も次第に口の端に上ることが少なくなっていった。そして毎月の最初の金曜日に秘蹟を行うといった具合にカレンダーに記されたリズムへと近づいていった。厳格派の側からの様々な反対に遭いながらもこの傾向が到達したのは、フランスのイエズス会士ジャン・ピションが一八世紀に表明した思想に裏打ちされた日常的な秘蹟の実践である。つまり、「食べ物は、年に一度でも、月に一度でも、週に一度でもなく毎日取らなくてはならない。聖体についても同じなのだ[18]」と。霊的な糧は、物質的な栄養摂取のリズムと完全に調和する。ここでは、食べ物に関する隠喩から霊的な糧と物質的な糧の完全な重なり合いへと移行しているのだ。

告解の秘蹟についても、中世の数世紀で典型的に整理された儀礼性が同じように失われた。これは、罪人の義認の問題というこの時代における特に根本的な問題の解決において枢要な秘蹟であり、ここからこの秘蹟の重要性が生じる。事実上、告解はルター派の改革に対するカトリック側の返答だった。神学上の論争を越えて、永遠の救済を全ての人に保証するための方策を告解の中に求めることにより、信仰による義認というルターの説に対する実質的な返答としたことは疑問の余地がない。誰にもましてこれを上手く語っているのはイエズス会士パオロ・モリージャの次の言葉である。「あらゆる希望は告解の中に存在する。告解によって人は義とされ、赦しが与えられるのだ[19]。」数年後、『トレントのカテキズモ』は次のように断言しさえした。つまり教会はあらゆる攻撃を効果的にはねのける他ならぬ告解という要塞のおかげで異端を打ち負かしたのだと[20]。しかし、トレントでの議論と秘蹟の実際の実践とは、彼が言うほどに一致していたわけではなかった。

トレントでは、悔悛の秘蹟の問題は、当初から簡単に扱われていた。「義認について」と題された決議は、一五四七年一月一三日の第四総会において承認されたが、そこでは悔悛は原罪という難破の後にキリスト教徒がすがりつくことのできる（洗礼に次ぐ）「第二の板」として語られている。キリスト教徒の民衆の「規律化」の形式を議論すべく一五五一年に再びこの問題が取り上げられ、自らの不正を直接キリストに告白することや、教会の支配が張り巡らせた罠から良心を解き放とうとするプロテスタントのプロパガンダに対抗して、告解の司法的な機能と法廷としての役割が強調されている。こうした反対は、ウルバーノ・レージョの『真正この上ない教義』の中にはっきりと姿を見せている。告解に関する「新しい教義」は、第四ラテラーノ公会議の法令「男女とも全信徒」により定められた一年に一度の告解を義務づけた教義であり、ここでいう真正で福音書にもとづく古代の教義とは、自ら不正を告白し、イエス・キリストの足元に泣きながら駆け寄るという教義であった[21]。最初の行為が全ての原罪を想い起こすことで不安を煽るものであるならば、第二の行為はそこからの解放である。さらに権力の分配と法制度は「良心を縛るために作られる（中略）。これらは多くの者の良心を苛む発明である[22]。」

これは、絶望に苛まれ、脅かされた良心の問題が先鋭化した世界に対して向けられた、二つの相反する提案の対立であった。当時開始された論争は、近世を通じて長く続く。異端審問と同様に、告解という名の法廷も歴史学の分野でよく分析され、議論された。告解という名の法廷は神学の規範の後ろに隠れた人々の感情と要求の厚みを解明しようと心をくだいてきた歴史学が研究の対象とし、時に悩み涙を流す罪人の慰めの場と見なされることもあれば[23]、時にカトリックの国における良心の他律性の道具とも考えられてきた。ヘンリー・チャールズ・リーが口頭での告解と贖宥の歴史を扱った古典的な研究の中で表明したリベラルな研究の視点は、ここ最近様々な方面から再度提起されている[24]。公会議は、一五五一年一一月二五日の決議において、聖職者への年に一度の告解の義務については、第四ラテラーノ公会議の定めたもの（「男女とも全信徒」決議の原理）を再確認し、神の法の司法行為としての性格を強調した。[25] 一二一五年の決議では、司祭に対して告解する義務については指示されておらず、教区の地域秩序を転覆してしまっていた修道会による告解の聖務が普及している事実を認めていた。[26] しかしながら、人々の振る舞いを統治するための装置として、あるいは当時の言い方を借りるならば、「外的な治安」や「キリスト教徒たちの規律」を管理するための装置としての告解は飽くことなく利用され続け、その機能は強化された。

そうした目的のために例外も規定された。[27] 公会議の文書のこの章は論争の対象となった。カディス司教マルティン・ペレス・ド・アヤラはその自伝の中で活発な議論と権力の交錯の様をいくらか詳細に語り、彼の解釈に従えばそのおかげで信者の教化のための手段としての留保権を決議の中に挿入することができたのだという。[28] だが、その後の展開は、個人の良心の慰めとしての告解という思想と、告解を人々の振る舞いを司教が管理するための道具と見なした人々の思想とを対峙させることになる。「留保案件」の規定、つまり特にスキャンダラスなあるいは社会にとって危険な特別な罪の免罪に対して制限をつける条項は、民衆統治のための道具であった。公会議以後のカトリック諸国の教会統治の変遷は、このメカニズムを機能させようと試みた歴史に満ちている。かくして、ポルトガルの司教たちが司教座を訪れた際に行った罪に関する調査が非常な重要性をもつ。[29] さらによく知られた例は、聖カルロ・ボッロメーオのとった戦略である。彼は案件の留保を、彼好みの道具の一つとして利用したのだ。[30]

良心の支配という自らの義務に最も敏感だったトレントの司教たちは、告解の実施における完全な権力の保証を得たいと思っていたが、それは一五六三年一一月一一日の第二四総会において承認された第六教義「婚姻に関する改革について」の荘重な断言の中に見て取ることができる。そこでは、たとえ聖座にその権限が留保されているにせよ、司教たちは信仰厚い領民たちのあらゆる隠された罪を（直接あるいは代理を通じて）赦すことができると書かれており、加えて異端の場合にもこの原則は有効であるが、ただし以下のような重要な制限が設けられていた。それは、異端は代理による赦免は不可能であり、司教本人のみがそれを赦すことができるというものである。(31) 特にスペインの司教たちはこの点に執着した。ペドロ・ゴンザレス・デ・メンドーサが注記したように、時代は、異端審問官の司法権力ではなく、司教による福音的な慈悲を求めていたのだ。(32) そしてそこから教会の司法の管理に関する重要な対立が生まれるのだ。

だが、トレント公会議の反応と告解の問題の周囲で生まれた複雑な全体像は、非常に錯綜しておりまだ完全には解明されていない。とはいえ、公会議の部屋で沸き起こった様々な声を通して、カトリック教会における一連の活発な力を辿ることができる。そこに集ったのは、四旬節の説教のサイクルの中で大量の告解を伝統的に実践してきた托鉢修道会の経験であり、あるいは新設の信心会や新設の修道会の経験である。特にイエズス会はライネスとサルメロンの権威ある言葉とともにその存在感を増していた。さらにそこに司牧の活動に積極的に専心する司教たちの経験が加わる。（ここには、偉大なスペイン人たち、特にグラナダ司教ペドロ・ゲレーロとカディス司教マルティン・ペレス・デ・アヤラに加えて、幾人かのイタリア人、例えばサレルノ大司教ジローラモ・セリパンド、モデナ司教エジーディオ・フォスカラーリなどが見出される。）告解は、当時急速に展開していた慣習であった。

ここでの最も重要な新要素は、司教とその代理が規則に則って体系的に行い始めた管理であり、この規則の中では、信者は「男女とも全信徒」の教会法に従っていた。修道聖職者の特権の制限を通じて、司教は魂の救済には不可欠な瞬間として説教と告解の実践を管理する権力を再び手にいれようとしたのだ。とはいえ、地平線の向こうから司教の権力を削減するもう一つの新しい力が上ってくる。それは、異端審問の法廷であり、この法廷はローマと、ドミニコ会、フランチェスコ会という古くからの協力者たちとの間で取り交わされた新しい同盟に委ねられた。法廷としての告解というイメージの中には、真の意味での法廷にして、告解のライバルたる異端審問の法廷の強大化が反映されている。司教権と大修道会との伝統的な対立の中に、イエズス会も割り込んでくる。イエズス会は告解に関して独自の経験をもたらしたが、この側面に留まらず、自らに未来を担っていく力があることを示していった。

改革派の思想が広くその追従者を生み出していたイタリアの現実の中では、この問題は時に劇的な性格を帯びた。大きな危機の時代にあって教会組織に蔓延していた情報への渇望は、法廷とその外とを分かつ形式的な区分を前に怯むことはなかった。聴罪司祭は裁判官でもあったのだ。トレント公会議はこの定義を繰り返し、告解者は罪を正確に書き記す義務があると主張していた。誰が、そして何人が教会の敵であるかを知るには、告解はどれほど絶好の機会だったことだろうか。告解とは社会を統べるための装置であるという思想から、異端と犯罪者を認識し、訴追する手段として秘蹟を活用するという考えが生まれた。これを行ったのはパウルス四世であり、彼は聴罪司祭に対してまず第一に異端の本や思想について知っていることについて問いただすように命じた。一五五九年一月二五日ミケーレ・ギスリエーリ枢機卿はフランチェスコ会の長に対して手紙を書いているが、その中で彼に対して、「我らの主の脳裏」(つまり当時のカラーファ家のパウルス四世)に浮かんだある命令を全ての修道士に送るように厳しく命じている。この命令は全ての修道士に次のように命じている。

直接あるいは間接に、自分自身あるいは他人からの伝聞によって、異端に感染しているか異端の疑いのある者を知っている者、あるいは禁書を保持していることを知っている者、こうした者たちを赦すべきではなく、赦すべきと考えてもならない。ただし、この命令は以下の場合に限り適用される、すなわち彼らがカトリックの信仰にとって不利益ないしは危険と知っているか、あるいはそう見なされることを洗いざらい異端審問聖省の者に法に則って申告する前に、最初に告解に訪れた場合である。

違反者には「聖省から重い罰が下るだろう」とも付け加えている。そして、あらゆるリスクを排除すると同時に修道士と告解者との接触という非常に広いネットワークを利用するために、次のように命じている。

聴罪司祭は、告解の規則にもある通り、告解者に対してその者には留保すべき条件があるのか、あるいは破門されているのかを問いただし、同様に男性なのか女性なのか、何らかの異端への感染の嫌疑があるのか、それともカトリックの信仰のないままに生きているのかを聞き出すべきである。

この措置が必要とされたのは、ギスリエーリの見るところによれば、人々の大多数は「我らの信仰の敵を告発する義務はなく、告発しなかったために告解で告白する必要もないと考えており、それゆえに自らすすんでそれを語ろうとしていない(33)」からである。実践面では、必要とあらば厳しい介入を行ってでも聴罪司祭の際限のない好奇心を抑制することの方がむしろ問題だったのだが。

力関係は、最初から異端審問に有利であった。異端との闘いという至上命題が、頑強に、そして聴罪司祭たちに何の反論の余地も残さない形で主張された。禁じられた日々に肉を食べたことを聴罪司祭に対して語った者の例を見てみよう。一五五九年異端審問聖省ヴェーネト代理であったフランチェスコ・ピンチーノ（あるいはピンツィーノ）は以下のように主張した。この場合聴罪司祭は、この違反が異端的な信念によるものなのか、それとも他の動機によって生じたのかを自問したり、あるいは尋ねたりするべきではなく、決然とこの告解者を異端審問所に送るべきであると。いったい殺人事件を前にした裁判官が、犯人を逮捕する前に、人を殺したのは、正当防衛のためか、それとも強盗のためなのかがはっきりするのを待っているだろうか？　まず最初に犯人を捕まえて、その後に無罪とするか否かを決めるのだと彼は語っている(34)。

これは専ら権力に関する問題であり、教会権力の代表者たちはものごとを抽象的かつ一般的な方法で定義するのに興じていた。だが別の点から、不安と恐れの中で全く同じ問題を感じ取っていた者は全く異なった経験をしていた。

罪と罰の関係に関する複雑な問題は、告解と異端審問との解決し難い結びつきを通じて当時進んだ。教会の側からの監督の要求は、個々人の生活と社会全体の双方において告解が持っていたその重要性のため、告解の普及に多くを望むことができたのである。人々は告解を救済のための一つの板として求めた。つまり告解とは、伝承の述べる通り、罪人を難破から救うための、洗礼という板に続く「第二の板」だったのだ。だが、この時代に人々が告解に向かったやり方を特徴づけているのは、その濃密さと頻度であった。これらは、罪と個人の救済に対する関心の再度の高まりと原罪の邪悪さを前にした不安感を物語っていた。原罪はそれが恐ろしいものであればあるほど、人々は最も内密な個人の祈り、隠された衝動そして表に現れることのない意志に身を浸すために、ますます社会生活の世界から遠ざかっていったのだ。ますます複雑で洗練されていく良心からの問いかけを頼りに内面を掘り下げていく際には、告解者は「良心の問題」に関する専門家と霊的な指導者の練達の手によって導かれた。彼ら専門家たちは、良心の咎めをなだめ、苦悩に苛まれた低い段階から、それとはまったく異なる光り輝く頂上へと人々を導くことを保証した。確かに告解とは、罪を消し去るための装置であるだけではなく、完徳を目指すと同時に、改革派の世界では信仰のうちのみに見出された義認の確証を得るための装置でもあった。

改革派の人々が義とする信仰の実践は日常的であり、個人の生活リズムと合致していたように、トレント期の告解も同じ方向性を目指していた。これは共同体を毎年再構成するための秘蹟ではなく、その中で罪を犯してしまう日々の生活のほとんど同じ直線上にあって個人の罪を赦すための秘蹟だった。告解の頻繁な実施に対する教義上の基礎はここから導き出される。こうして告解の習慣が発展していくが、これによってこの秘蹟に絶え間ない後見の機能と、原罪から救われるためにいついかなる瞬間にもすがりつくべき板の機能が与えられた。パオロ・サルピが鋭く見抜いたように、俗人と修道会に属する聴罪司祭との間に生まれてきた新しい関係はこの文脈につながっていくのである(35)。

告解に関するトレント公会議の決議の実施と見なしうる側面、つまりは公会議の終了後にその真実とされたものの中で、最後になったが、決して二次的なものではない側面とは、告解者に対して聴罪司祭がとる振る舞いを管理するメカニズムである。教皇パウルス四世はこのゴルディアスの結び目を解くに際して、彼にとっては最も馴染み深かった剣を用いた。一五五九年彼は聴罪司祭が告解者に対してなした罪を異端審問官の裁判権の下に置いたのである。ところで、ここで強調しておかなくてはならないのは、パウルス四世の決定はグラナダ大司教の要請に応えてなされたのだということだ。グラナダ大司教ペドロ・ゲレーロは、トレントではスペイン司教団の最も権威ある代表であり、司教の裁治権を侵害する者への共感があったとは考えにくい。ゲレーロからの要請は、彼からすれば、グラナダのあるイエズス会士が彼に対して行ったとある要求の結果だったのだ。このイエズス会士は一五五八年の四旬節の際に、聴罪司祭から言い寄られた女性の告解者というケースを前にして、彼女に聴罪司祭を告発するように勧めたのだ。ここからイエズス会とドミニコ会やフランチェスコ会といったその他の修道会との間で激しい論争に発展した。

ゲレーロは、イエズス会の上層部からの求めに応じて大司教と教皇特使に助力を求めた。こうして告解のコントロールの戦略が生み出されたが、これは内なる法廷を外の法廷に従属させることになる。誘惑そのものは異端の罪ではなかったが、それが告解という秘蹟の最中になされたならば、秘蹟の否定という異端たり得るという論法から、異端の罪であるという結論を導くこともできたのである。[36] この展開が、司教の裁治権を擁護したことで最も有名な司教によってなされたのだという事実は、ものごとの趨勢が個々人の意志を凌駕していく様を見せつけてくれるようでもある。

教会組織は、自らの中に閉じこもり、それだけで自足的で完全な姿であるというイメージを作り出すことを決め、告解の秘蹟が社会的な尊敬を失わないように警察システムを発明した。この間にも、この告解の秘蹟は強制的な通過儀礼へと姿を変え、官僚的なシステム全体がそれを管理していったが、そこでは信者は少なくとも二つの問いに答えなくてはならなかった。一つは、異端の問題に関する予備的な質問であり、聴罪司祭からの追及や異端審問の介入はここに多くを負っていた。もう一つは、今や告解の中には溢れかえっていた性的な振る舞いについての質問だった。男女間の性について語るように強制することと、それを実行に移さないように確約することの二つが、教会組織の問題となった。先述したグラナダの事例もここに含めることができる。今日スペインであった出来事は、次の日にはイタリアで起こるかもしれないというわけである。実際に、この規律はグラナダから全スペインに拡大され、そこからさらにイタリアに広まったのである。

これら全てが、教会権力が告解という名の法廷に行わせた実践の一連の推移を形作っている。そしてこの告解という名の法廷は、枢機卿にしてミラノ大司教だった聖カルロ・ボッロメーオがその骨組みを立案し、広めたものだった。[37] 彼の告解の形式の中には、狭い意味での個人個人の原罪という考え方が表れており、集団的な側面が強かった時代が終わったことを示していた。[38] この点では、ミラノの大司教は不本意ながらもイエズス会士と意見が一致していたが、彼らとの間には他に多くの不和の種があり、ミラノではイエズス会士との間に相応の緊張関係が存在した。真の良心の導き手たるイエズス会士は、疑念や秘密の苦悩から解放されるために秘蹟を受けにくる者たちに耳を貸し、告解を彼らを助けるための特権的な場とした。彼らの著作の中では、秘蹟の近代的な相貌に出くわす。つまり告解は単に教会の正義を司る装置では最早なく、特に完徳と霊的な上昇の道に沿って人格を形成するための手段となっていたのである。イエズス会士が告解の頻繁な実施に対して情熱を傾けた理由がここにある。この点については、聖体拝領について既に行った考察を再度繰り返すことができるだろう。霊的な意味での父である専門家に身を委ねたいと望む人々の願望に応じて、告解が頻繁に行われ、また組織されていくことで、共同体としてのリズムや集団での儀礼が放棄され、個人の情熱と必要性に取って代わられていったのである。

宗教と社会との関係にとって深い意味をもっており、それゆえに長い闘いの果てに適用されていったトレントの秘蹟とは、婚姻の秘蹟であった。秘蹟としての婚姻の歴史は、何度も研究され議論されはしたが、明らかにすべき問題点をまだ数多く内包している。[39] 婚姻の規制に関してトレントでなされた転換は、社会への波及効果と同じくらい文化面にもその影響を及ぼした。秘蹟の文脈の中での婚姻契約としての結婚の全面的な承認、婚姻を家庭的な世界から取り出し、教会の世界の中に決定的に導き入れるそのやり方からは、霊的な社会と感情の世界、そして世俗の利益との間の関係を支配してきた秩序が変わってしまったのだということが分かる。

よく知られているように、中世の教会社会は、婚姻に束縛された人々の世界を非常に低い完徳のレベルと見なし、この世界に対置させる形で、彼ら独自の婚姻を生み出していた。それはキリストとの魂の「霊的な結婚」であり、司教が自らの教会と一体化する儀式だった。これらのうち、いくつかの霊的な結婚のみが、全体的な考察の対象になったに留まっている(40)。教会という場所の中で執り行われるものごととして、男女の結婚が自由かつ他に余地のないやり方で行われることによって、霊的な結婚などその他の婚姻が持っていた精神的な表象と儀式の実践はほとんど消え入るほどに霞んでしまった(41)。トレント式の婚姻の別の成果についてはよく知られている。婚姻と聖職者の身分との相反性についてはここではほとんど触れない。これは既に法的には制定されていたが、実践面ではまだ定着していなかった。一五六八年に至ってもなお、サルデーニャの聖職者は結婚して結婚生活を送っていた。むしろ逆に、カタルーニャのイエズス会士バルダサレ・ピンナスが総長ライネスに宛てた報告の中で言及したように、聖職者の結婚のための特別な儀式が存在していたのだ(42)。このケースは孤立したケースであるはずがなかった。

しかし、ここでは俗人の結婚に関するトレントの規定が及ぼした影響について見ることにしよう。よく知られたように、この分野ではトレント公会議はそれまでの状況を根本的に変えたのだが、それは二つの方面においてなされた。教会の中での結婚を導入したこと、そして婚約の儀式をほとんど消し去ってしまうほどに抑制したことである。この二つの革新はある同一の目的に応えたものだった。それは、ある人物が結婚したことを確かなものとして広く知らしめることである。このために必要とされたのは、結婚式を公に告知すること（公表の義務）、教区教会で執り行われること、公式の記録の中にしかるべき記録がなされること、そして独身の身分から結婚状態への移行は正確な記録とともに、長い移行期間を設けることなくなされることだった。こうして、婚約は一六世紀の教会法の書物にまだ姿を見せはしているが、正式な規則からは姿を消し、疑いの目を向けられつつではあるが、規制を免れて社会習慣の中に流れ込んでいった。

多少なりとも非合法的な事実婚が生み出す問題に立ち向かうためには、教会の権威の前での公の儀式とともになされた結婚こそが、しかるべき唯一の解決策だった。結婚に関する司教座法廷の活動はまだ十分に分かっていない。残された史料はいかなる研究者も意気消沈してしまうほどに膨大であるが、今行われている諸研究は、結婚に関する実際の法規に対する理解を進める重要な一歩を踏み出してくれるはずだ(43)。

ともかく今我々が知っていることからだけでも、結婚はトレント期の聖職者世界が社会との関わりの中で専心したものごとの中でも、もっとも人目を引く問題であったことだけは十分に断言できる。ある専門家によれば、結婚に関するトレントの改革によって、かつて司教の法廷を埋め尽くしていた婚姻に関する大量の訴訟が劇的に減ったそうである(44)。

ともかく結婚に関するトレント公会議の定義を考察する際には、新しい世代の未来を決定するという広い領域全体に関わる教会と家族との複雑で波乱に満ちた関係が、その背景にあったということを念頭に置いておかなくてはならない。結婚という道を選択させるか、それとは並行しているが逆方向の選択として娘ならば修道女に、息子ならば聖職者の道に進ませるかということは、その時まで親族関係の論理の中で回っており、儀礼とそれにかける時間はゆっくりとしたリズムを刻んでいたが、それは親族関係のつながりによって動いていく社会の中で、家系戦略上長い熟成期間が求められたからだった。トレント公会議の行った選択とは、これらの通過儀礼に代わって、それが行われた瞬間から行った者の社会的地位が突然変わってしまう秘蹟を作ったということである。

婚約の慣行の消滅はその必然的な帰結だった。これは一六世紀後半の司法の世界において第一級の重要性をもつ現象であり、おそらくは社会生活の側面においても同様だっただろう。（しかしこの点については史料を詳しく調べてみなければならない。）一六世紀末のスペインの法学者ファン・セグラ・ダバロスにとっては、正式ではない結婚を禁止するということは、その当然の帰結として、結婚の前段階としての婚約も禁止しなくてはならないということは何の疑問の余地もないことだった。[45]

だがものごとは、理論の上でも、実際の社会生活の上ではなおさらのこと、これほどはっきりと白黒がつけられるものではなかった。教会法の手引書には、実際に行われている諸慣行の一つとして婚約が記載され続けたが、それは社会習慣の中では、この問題は重要な利害に関わっていたからである。[46] 婚約（あるいは「将来的な」結婚）という問題の領域の中では、摩擦と抵抗は特に広範にわたっていたはずである。教会の監督に委ねるのは、司祭の立ち会いのもとに行われる結婚式の壮麗な瞬間だけに留めることで、家族は誓いを交わす瞬間を管理し続けたいと望んでいた。

しかし、この社会が自ら描き出したイメージに信を置くならば、結婚の観念は、合意による契約の形式をますます強めていったことになる。口をきけず耳も聞こえなかったため彼の財産の受け取り手を示すため図像に訴えたある画家が残した一風変わった遺言の中では、妻との結婚は、他の脇役を交えることなく男女が手と手を握り合った素朴な形で表現されたのである。[47] 結婚に関する訴訟、あるいは重婚、結婚前や婚姻関係外での性交渉といった結婚に関連した犯罪の裁判記録は、司教座の文書館に大量に保管されているが（性的モラルに関する罪を裁く権限を世俗権力が握ったところでは、国立の文書館にも保管されていることもある）、これらの史料はゆっくりとした婚礼に関する習慣の移行プロセスを紡ぎ出している。[48]

当然のことではあるが、トレントの決議が社会的に効力のある形で現実のものとなるためには時間が、それも非常に長い時間が必要とされたのだ。習慣と慣習的な規則に関するアンケートから分かるのは、一九世紀に至ってもなおトスカーナの農村では長い同棲生活の後にようやく結婚する習慣があったということである。そして、この婚約期間に終止符を打っていたのは、実際のところ子供の誕生だった(49)。ここから分かるのは、どれほどの困難を伴いながら教会の規制がこの分野に分け入っていったのかということである。

しかしながら、誕生と死という人生の道程の両端においてこそ、トレント時代の変化がさらなる重要な意味を持っていたように思われる。洗礼を例に取ろう。トレント公会議期における洗礼の歴史の諸側面のうち、特筆すべきものは多岐にわたる。まず最初は、近世ヨーロッパにおける教会の分裂によって結びつきを強めた洗礼と教会の領域的な統治との関係である(50)。カトリックの世界でこの当時に表れた特徴として、新生児への洗礼は可能な限りできるだけ早くなされるべきだとされたこと、代父の人数を一人か多くとも二人に減らしたこと、そして洗礼と要理教育との結びつきが挙げられる。ヨーロッパ外への宣教の拡大の歴史が見せてくれるのは、メキシコやインドでは、初期の大規模な集団受洗に代えて、洗礼と要理教育を結びつけ、儀式の統一性と完璧さを追求するという別の方針が取られていったということである。

洗礼という秘蹟の歴史は、トレントの議論はもとより、当時のスペインのユダヤ人に対する強制改宗やヨーロッパ外の人々の教化という知的実験と実践との総体として考えねばならないが、そう見ることによってトレントの宣言の中でカトリックの秘蹟が示した新しさもよりよく理解できる。新しい人間の社会生活への参入を印づけたのは、要理教育という学習のプロセスである。また、一見すると些末な側面の推移を追うことも、決して無駄なことではない。例えば、個人名の名づけ方の変遷である。プロテスタント諸国では旧約聖書の強い伝統に

従ったのに対して、カトリック諸国では、聖人信仰と結びつきながら、発想は例外的とも言えるほどに自由だった。(51)

再洗礼派に対する論争は、新生児の受洗の義務になぜこだわっていたのかを自ずと説明してくれる。新生児をできるだけ早くに受洗させる必要があったことは、代父の数を減らし、それにともなって家族が企画する祝典が減少していく原因の一つともなった。他の点と同様にこの点においても、教会の規則と実際に行われていた社会慣行との関係は、単純なものでもなければ、平和的なものでもなかった。代父制度に関しては、その歴史が研究されてきた。これまで分析されてきた教会と家族の関係は苦難に満ちた関係であった、なぜなら教会という上位権力に対して、家族は広い閥族の権力を用いながら、結婚や修道院へ入る選択といった事柄については彼らの利益を基準に行っていくという方針で抵抗したからである。ボッシィが明らかにしたように、家族がその結束を強固なものにすると同時に、その社会的な威厳を誇示するための場として洗礼の秘蹟を利用することは、代父の数を減らすことで困難になった。教会内部での学者たちの見解は、一六世紀から「完全にそれを廃止することを目指す」(52)傾向にあったが、この場合も根深い抵抗と決着をつけなくてはならなかった。ボッシィによれば、キリスト教社会を共同体と見なす見解が生き続けていたことが、この根深い抵抗の原因であった。つまり代父とは友人であり、代父として参加する可能性が多くの人々に開かれていたことは、友人関係を広げ、強固なものとするための手段だったのである。しかし、代父の数の減少に対するカトリックの人々の抵抗の基礎には他のいくつかの理由が存在しており、それらはむしろ民俗学な深層に根差している。文字文化の公的な宗教表象と神学理論とを、口頭による伝達を中心とするもう一つの文化的な背景の中で考察する際にはいつもそうなのだが、問題は複雑なのである。

トレント公会議以前の代父制についての研究によってある心象表現と儀式の世界が明らかにされたが、その中では生命をサイクルとして捉える認識がよく表れている。つまり生活の中に導き入れられた扉は死者の世界につながっていたのだ。街角で貧者の中から代父を選ぶという光景の背後には、既に適切に指摘されているように、死者の影が隠れている(53)。この世界はトレント公会議の世紀を境に一気に消えてしまったのではない。異端審問所の文書館に保管されたある書類からは、この観念が根強く残っていた痕跡と、代父の選択という問題の周囲に展開した奇妙な光景を垣間見ることができる。

一六六八年三月二四日、サン・ジョルジョ・ディ・ピアーノ出身の鍛冶屋の若者、マリアーノ・ディーニがピサの異端審問所に出頭し、下記のような告発を残した。

およそ一年ほど前のことになりますが、ジョヴァンニ・ダ・ナヴァッキオという農民が私の家の店の出口のところにいました。彼は土地の測量もやっておりまして、その時はちょうどカシナの方へ測量に行くところで、私の店の窓枠にもたれかかって、次のような話を始めました。昔々、ある男がいたそうです。私にはその名前を言いませんでしたが、子供がいて、子供の代父を探していたそうですが、その男は代父がそれにふさわしい人であることを望んでいたそうです。男は公爵に出くわしました。公爵は男がどこに行くのかを尋ねました。男は子供が生まれたところで、代父となる者を探しているのだと彼に答えました。公爵は男に「私がお前の力になってやろう。」と答えました。

ですが、この子供の父親が答えて言うには、「私が探しているのはあなたのような方ではありません。なぜならあなたは裁判をさせて、それには値しない者を縛り首にさせているからです。あなたは正しい人ではないのだから、代父として探し求めている者はあなたではないのです。」

それからしばらくして、男は一人の皇帝に会いましたが、男は皇帝に対しても公爵に述べたのと同じような言葉を口にして、代父となることを拒否しました。さらにそれからしばらくして、男は神に出くわしました。神も彼にどこに行くのかを尋ねました。男は代父となる正しい者を探しているのだと答えました。神は次のように答えました。

「私は正しい。」

これに答えて男は次のように言いました。

「あなたは正しくはありません、なぜならある者を富み栄えさせ、ある者を貧しくさせるのですから、どうして正しいことなどありましょうか。」

男は別の方向に歩いて行き、今度は死神に出くわしました。死神も男にどこに行くのかと尋ねました。男は答えて、代父となる者を探しているのだが、その人は正しい人であってほしいのだと言いました。死神は男に、自分は正しい、なぜならば富者も貧者も決して逃さないからだと言いました。かくして男は代父に死神を選びました。その後に、男は死神とともに死神の家に行きました。家に入ると、ある部屋の中にとてもたくさんの灯火が燃えているのが目に入りました。これを見て男は死神に尋ねました。

「このたくさんの灯火にはどんな意味があるのですか?」

死神は、キリスト教徒はみんなここに自分の灯火があるのだと答えました。男はさらに尋ねました。「もしそれが本当なら、どこに私のがあるのですか?」

そして自分の灯火を見つけると重ねて次のように尋ねました。「どうして他の壺やランプにはたくさん油が入っているのに、ここにはこんなにわずかしかはいっていないのですか？」

死神は、「なぜならお前は後一〇年やっとこさ生きていけるくらいの寿命だからなのだ。」と答えました。

これを聞いて男は、「私がもっと生きていけるように、どうして油をもっと挿してくれないんだ。」と言いました。

死神はこれに答えて次のように言いました。「私は正しいとお前に言わなかったかい？　そのランプに油を挿したとしたら、私は不公平になって、正しくなくなってしまうではないか。」(54)

なぜこのような告発がなされたのか？　その答えは、異端審問所の書記が簡潔に綴った但し書きに示されている。「農民ジョ（ヴァンニ）・ナヴァッキオに対する（告発）、神を正しくないと語るおとぎ話を語ったがゆえに。」異端審問所の文書の中には、神を正しくないと語ったがゆえに訴追された人たちのケースが他にもたくさん見出される。これらは、「異端的な瀆神」の実例集の一部をなすケースなのである。ところで、ジョヴァンニ・ダ・ナヴァッキオというこのピサの農民にして土地測量士でもあった人物は、見る限りでは異端審問所からさらなる追及を受けることはなかったようだ。彼の話はおとぎ話である。そしておとぎ話として、彼の話は神学的な正しさという規範をすり抜けたのだ。今ではこのおとぎ話の伝承は、最もよく研究された伝承の一つとなっている。(55)

歴史研究の分野では、ル・ロワ・ラデュリがこの点について行った分析によって著名になった。(56)この研究の中心は、洗礼というよりも結婚であり、それは社会的上昇の瞬間、金と愛の結合の瞬間、あるいは魔術的な枠組みが再構成される瞬間（敵対者、主人公、父親、少女）なのである。このため、代父たる死神（そして悪魔）の助けによって、主人公が富の獲得に至るや、彼の関心はものごとのその後の推移に向けられる。トスカーナの話者が集めてきた伝承はこのお話の始まりの部分、つまり主人公が生まれ、彼の父親が代父を探しに行き、死神を選ぶという部分で終わっている。

死という別のプロセスの不可欠な補足物として誕生のプロセスを見るという民俗的な観念は、長くその抵抗の痕跡を残したのだ。そして祖先の名前を新生児に名付けることによって、家族の中から名前を選んできたという歴史は、見逃すことのできないその痕跡なのである。

新しい教会文化と民衆の習慣とのその後の対立の推移を追う者が出くわすのは、司教区会議の決議の中で列挙された伝承の多さである。ここでは、まさしく死のプロセスと同じく、不浄への怖れに彩られたプロセスとして誕生の観念が参照されている。この色濃い表象の全体の中に、多くの儀礼はその糧を見出したのであるが、この儀礼と教会の秘蹟の管理との間には複雑な同盟関係が結ばれた。司教区に広がったトレントの形式は、秘蹟によってなされる移行と変容が厳格になされるべきだとする観念を持ちこんできたが、それは上で述べたような社会の習慣や表象とは対立することになった。秘蹟を執り行うことで具現化された「教会の時間」は新たに世俗社会の時間との間に対立を引き起こしたが、今回は教会自身が、救済の時を厳格に個人のものとし、社会的な変化のカレンダー上の時間と折り合いをつける伝道者の役目を果たしたようである。

第一〇章　トレント、過ぎ去らない歴史

一　異端審問と異端の抑圧

注意深い読者は気付くと思うが、カトリック改革の瞬間としてのトレント期に格別の関心を寄せた歴史家フーベルト・イェディンの著したトレント公会議以後の教会史の中では、禁書目録と異端審問への言及はない。[1]この本の中で、イェディンは、教会の遍歴の中で積極的で創造的な瞬間としての公会議という、カトリックの根本的な観念を辿っている。異端審問も検閲も創造的で積極的な瞬間と見なすことはできない。近世のカトリックが有した異端審問的な側面は、最初にプロテスタントの側から、次いで啓蒙主義者や自由主義の側から糾弾される一方で、カトリックの側の史学史は公会議の時代の背景に横たわるこの面倒な存在についてはいつも目を逸らし続けてきた。

しかし、異端審問はトレント公会議の展開そのものを条件づけた存在でもある。ルターの時代のスペインの異端審問は、ヨーロッパはおろかヨーロッパの外でも展開された。スペインや低地地方だけでなく、つい最近征服されたばかりのメキシコでも火刑の火が焚かれたのだった。ローマの異端審問所は、反異端運動を調整するために一五四二年に臨時の法廷として設置されたが、その開設の大勅書（リケット・アブ・イニティオー）によれば異

端審問所は、公会議の中で教義上の問題が検討されるのを待つ間の一時的な救済措置として認められたに過ぎない。

だが、現実はそれとはまったく異なる歩みを辿ることになる。枢機卿からなる異端審問聖省は公会議よりも長くその命脈を保ち、疑わしい立場にいる司教や枢機卿（例えばトンマーゾ・サンフェリーチェ、ジョヴァンニ・モローネ、レジナルド・ポールやその他）を追及しながら、異端審問に関する業務を掌握していったのである。公会議の選択の様々な点を決定づけたのはこの聖省である。例えば、公会議がルター派の召喚という問題や信仰に関する問題について時折見せた慎重な態度や、最終的には教皇に問題の解決を任せてしまったこと、そして禁書目録の作成がその事情を最もよく語ってくれる。

実際のところは、トレントとボローニャの会議場において改革派が口火を切った教義に関する問題が議論されていたちょうど同じ時期に、至る所に根を張りつつあった教義上の不一致の芽を摘み取るため、そしてその再生を防ぐためのコントロール網が機能し始めていたのだ。個人、あるいはある集団に対する裁判と刑の執行という光景が、イタリアをはじめとするヨーロッパを覆っていった。

人々の一体感を高め正しい宗教への忠誠を確かなものにしたいという政治的な意志が、多くの場合、制度面での整備を進めていった。なかでもとりわけ有名な例は、スペインの異端審問である。スペインの異端審問は当時その活動範囲をイタリアと低地地方の諸領に広げようとしていた。この試みは根深い抵抗によって挫かれるが、いくつかのケースではまぎれもない反乱に発展した。例えば一五四七年のナポリの例もあるが、特に低地地方では、暴動が戦乱につながり、スペインの軍と財政を疲弊させた挙句に、オランダという新しい政治的存在の誕生をもたらした。

とはいえ、宗教的な不一致を、政治的な忠誠義務に対する裏切りと見なし、国家の側が強制的にその管理を行うことは当時においては一般的なことだった。ルターが君主の権威に対して弓を引いたドイツ農民の反乱を苛烈を極める言葉で糾弾したとすれば、再洗礼派を対象にした迫害も概してルターの言葉に負けないほどに激しいものだった。カトリック諸国では、教皇権が、しばしば異端審問の教会法廷を活性化させようと努めたものの、無駄に終わった。フランスでは、宗教的な不一致に対する迫害は世俗の法廷を用いながら王が主導した。残るはイタリア半島のみであり、ここでローマの異端審問所の活動が展開されたのだ。

パウルス三世の在位期にプロテスタントの改革派に対する問題を整理しようとした教皇の決定に呼応して、比較的遅くにローマ異端審問所は産声を上げた。当時イタリア諸都市に広まった教義上の不一致は、危険信号を送り、この問題への対応を迫っていた。異端審問の復活が公会議の展開に先立ち、そしてともに歩みを進めていたという事実は、ローマの人々が改革派に対して懐いていた本当の意図がいったいどのようなものだったのかを知る試金石である。これまで見てきたように、ローマ教会の最高権威にある者たちを含む多くの人々にとっては、公会議は概して厄介な必要物ではあるものの、異端に対する闘争こそが差し迫った重要な問題と映ったのだ。そしてこの闘争のためには、異端審問という司法―神学の文化とその担い手たちという伝統に立ち返るだけで十分だったのである。多くの場所では、異端審問の訴訟記録はしばらく前からよく整理された文書の中に蓄積されていたし、フランチェスコ会とドミニコ会は、この中央集権的な組織形態の体現者として活動していた。教皇権との結びつきが最も強かったイタリアでは、この機構を再び活性化させ、強化していく方向へと進んだ(2)。

「真の」信仰に対する罪を審議することを任された特別な法廷の必要性は、こうした伝統と心性に深く根付いていた。ルターの改革が始まる前から、異端審問官の活動は既にその重要性を増していた。魔女に関する訴訟はその密度を濃くしており、例えばユダヤ人といったエスニック・グループや「異邦人」の宗教に対する緊張が高まり、治安維持のための抑圧的な活動が再び活性化していたが、これは中世後期にはむしろあまり見られなかったものである。ローマで異端審問を活性化させる提案が集中していたちょうど同じ頃、他の国でも宗教対立に対処するために堅固で安定した政治体が必要であると指摘されていた。この目的のために創設された諸機関の類型については、まだそれを包括的に取り扱った研究はなく、それぞれの機関の間に交わされた交流やその関係性についてははっきりしていない。

しかしながら、強力な中央権力の発現でもあるコントロール装置を用いて、この問題に対処しようとしたのがローマだけでなかったことは明白である。スペインでは、一五世紀末から既に異端審問の法廷が活動していたが、これは十字軍のイデオロギーによって打ち立てられたこの国の国家性の直接の発露であった。他国では改革派の思想が広まった後になって、宗教問題に対応する特別な機関が設置された。例えば、ヴェネツィアでは一五三七年一二月に「瀆聖に対する警吏」という機関が設置され、一五四七年四月二二日に「異端に関する三賢人」という機関が誕生した。この後者の機関は、ヴェネツィアにも異端審問という集権的なモデルを受け入れさせようとしていたローマからの催促に応えようとしたものである。

繰り返し出された法令と布告によってなされた数々の介入は、異端の侵入予防と出版検閲に関する不安感をよく表している。説教を繰り返し行う機関そして女子修道会の監督者として、市民や君主の権威の監督下に置かれた宗教生活の伝統的な機構と形態は、この不安定で疑念の渦巻く時代の中にあって、キリスト教の教理の伝道と実践のあらゆる側面が包囲されていると感じていた。当時の言葉で言う「規律」が問題になっていたのである。社会の中での振る舞いを管理下に置こうという明確な意志をもったコンテクストの中、世俗の権威は、まるで教会の権威のごとく、書物と思想の流通に特別な監視の目を注いだのである。要するに、以下のことは疑いがない。それは、神学と宗教に関する動揺が明らかになり、拡散していく段階の後に開催された公会議の開始時期は、教会制度への批判から政治的な転覆や不服従へと移行することを恐れて上述の事柄を厳しいコントロール下に置こうとする全体的な傾向と重なっていたということである。

この類の議論、すなわち異端の「伝染」は政治的権威に対する直接の脅威であり、あらゆる権力がその上に成り立っている服従の精神を消し去る原因になるという議論は、ルターの問題以来、ローマの側から繰り返し主張されていた。たとえ当時の状況がコントロールの強化に好都合に働いていたにせよ、ローマの異端審問の制度はその性質上顕著な前進であり、宗教と文化に対する権力と警察の介入が一般化していくことに寄与した。最後の一押しになったのは、シュマルカルデン同盟の軍事的な敗北である。というのもこれによって（ヴェネツィアをはじめとする）国々からもあらゆる不確定要素が取り除かれたからである。これらの国々はルター派のドイツ領域と政治的、経済的なつながりを持つがゆえに、シュマルカルデン同盟の敗北以前にはこの問題に対して断固とした態度をとることを躊躇していたのである。

異端審問聖省を運営するための枢機卿会議の創設を定めた一五四二年七月の大勅書は、教会内部の教義上の不一致に対処するためにいかなる策を取るのが最善かという問題について、それまで解消されていなかった対立に終止符を打つと同時に、公会議とともに、いやむしろ公会議に先駆けて異なる新たな段階に踏み入ることになる。この大勅書によって、全キリスト教世界において異端と闘うための「総委員会兼異端審問官」という権力が、クーリアの中でも最も権威のある面々から選ばれた枢機卿の一団に与えられた。（また彼らは以前から断固とした措置を取るように主張していた者たちの中から選ばれている。）

この決定は、公会議の実施によって異論を抑えつけようとしていた試みがイタリア内外で不成功に終わった結果でもある。レーゲンスブルクの宗教対話（一五四一年）の失敗と、（例えばモデナで文人たちの「アカデミー」との関連のように）それに続いてなされた幾人かの高位聖職者が平和裏に宗教論争を収めようとした試みの失敗のために、コンタリーニ枢機卿をはじめとする穏健な路線を支持した者の中でも特に著名な人物が蚊帳の外に置かれることになってしまった。(3)

大勅書の後に即座に取られた行動からは、強硬派の勝利は揺るぎなく、彼ら勝利者の側はそれを言葉の上だけのものにしておくつもりはなかったことがよく分かる。当時イタリアで最も著名だった説教師ベルナルディーノ・オキーノは、カプチン会という新しい修道会の長であったが、彼はローマから呼び出されたものの、ボローニャで瀕死のコンタリーニ枢機卿と最後に面会した後、改革派の地に逃れた。これは全ての者に自らの思想を振り返り、痛みを伴う選択を強いるドラマティックな転換点だった。対抗宗教改革の真の出発点をここに見るのは妥当である。ここでいう対抗宗教改革とは、ルターに象徴的に代表される宗教的な少数派に対してローマ教会の側が行った容赦のない闘争のことである。

しかしながら、教皇の大勅書の文面によれば、枢機卿会議はあくまで例外的な制度として利用することが認められているに過ぎず、他方でこの大勅書が公会議開催の遅れに言及している事実は十分に注目されていない。公会議は異端の弾劾と異端者たちを教会に連れ戻すことに寄与すべきであると考えられていたことは、この教皇の文書からも明確に読み取れる。そして、もし彼らが再び合流しないのであれば、その時こそ迅速かつ効果的な威嚇手段に訴える必要があるとされていたのである。これは公会議の役割に関する一つの解釈であり、ローマの側から公会議の行動と決定をうまく誘導するために、これ以後度々耳にすることになる。

直接には、これはカール五世の政策に対する雄弁な反応であった。ローマは、対立の調停可能性については皇帝とはまったく異なる判断の下に、ローマ自身が口火を切った霊的な闘いを戦っており、後に公会議が全会一致で結論づけることになる聖務停止をも予告していた。公会議の議論自体も、異端者に対して断固たる措置を取るように求める請願者によって中断された。ボローニャへの移転が実行された時、この教皇国家第二の都市からあらゆる異端の汚点を拭い去ることで、教皇自らが範を示すべきであるという要求がいくつかのグループから出されたのだ。[4] 同時に、可能な限りあらゆる場所にローマのコントロールのためのターミナルが設置され、訴訟手続きの修正と、人員の交代を伴いながら、諸国との間に異端審問導入のための折衝と論争が開始された。

この新しい機関の根本的な規範により、教義に関する限りその臣民を訴追する権限は政治権力から完全に取り上げられ、容疑者のローマへの引き渡しという手続きは国家の主権を侵害することになる。ルッカとヴェネツィアという二つの共和国はこれに強く抵抗し、異端抑圧の方面で独自のイニシアティブを発揮することにより、ローマの異端審問の制度から逃れようと努めるか、あるいは（ヴェネツィアの場合のように）異端審問官の傍らに国家の代表者たちが正式に臨席する権限を確保した。[5]

とはいえ、異端審問の制度史はまだ未開拓な分野である。特に研究が盛んで研究者間での議論も盛んなのは、ローマ異端審問所に関してである。というのも文書館の分散、ローマ聖省の文書に関する不可解な秘密主義の慣行（これが中断されたのはごく最近のことで、一九九八年一月二二日に公式に宣言された開放によってである）、そして抑圧や管理の構造よりも異端審問官の個々のケースに研究が向かいがちだったこと、これらの理由によって抑圧や管理の構造全体とその展開についてはいまだにほとんど研究されていないのが実情である。[6] そしてこの構造が特定の小グループだけでなく、集団全体に及ぼした影響力は計り知れなかったこともまた事実なのである。ナポリで起きたように、恐るべき異端審問の導入に反対する民衆反乱か、あるいは異端審問の主な支持者であり執拗な利用者であったカラーファ家のパウルス四世の死に際してローマで起きたように、歓喜のまぎれもない爆発が起きることもあった。この機関の活動に関する研究が蓄積されるのを待ちつつ、今はただ大雑把な評価を下すことしかできないが、とはいえここから反異端の弾圧が最も苛烈だった時点とその後の衰えを垣間見ることができる。ベルナルディーノ・オキーノ、ジュリオ・ダ・ミラノ、さらにその他の改革派にシンパシーを懐いていたさほど著名ではない人々に関する最初期の有名なケースの後には、この制度がゆっくりと始まっていく時期が続くが、その間にも公会議の作業は、正統の境界線を定めるため神学的に正確な指標を提供し続けた。

特に有名なエピソードはこの世紀の半ばに起きた。教皇ユリウス三世は大勅書によって、一定期間以内に自身あるいはその仲間の異端的思想について悔悛して申し出た者を免責することを許可したが、これによってこの時代の最も重要な案件が起こったのである。一五五一年一〇月一七日マルケの修道士ピエトロ・マネルフィがボローニャの異端審問官のもとに出頭し、詳細な告発を展開したが、これによって北―中部イタリアの再洗礼派のグループとその教会の全ネットワークを見つけ出し、破壊することが可能になったのだ。この案件は、実際のところ政治社会の面で異端がどれほどの脅威たりうるのかを示すことによって、特にローマの異端審問に対するヴェネツィア側の留保を弱体化させることに成功したという点でも重要な作戦だった。なぜならヴェーネトの再洗礼派グループの主張はラディカルで、実際に社会秩序と衝突するものだったからである。

異端審問所の活動に対して強力この上ないさらなる後押しがなされたのは、自らが大異端審問官でもあった聖ミケーレ・ギスリエーリがピウス五世の名で教皇になった時だった。この時期は公的に認められた宗教との不一致に対する激しい弾圧の時期であり、宗教上の不一致は既存のプロセスの下で再度注意深く調査され、苛烈で決定的な打撃を被った。聖バルテルミの夜の虐殺を歓迎するローマでのテ・デウムは、ローマ・カトリックの力強い復興の絶頂期を刻みつけたが、この時ローマ・カトリックはレパントの海戦でのトルコに対する勝利だけではなく、内なる敵に対する勝利をも勝ち誇っていたのである。

この時期の後には、異端審問の制度は別の目標を見つけなくてはならなかった、なぜなら明白で自覚的な異端は消え去ってしまうか、ニコデモ的な服従を装った態度の陰に隠れてしまうかしたからである。一五八〇年代からは、自覚のない異端とでも定義した方がよい者たちに対する追及が異端審問官の活動を彩ることになる。日常の振る舞いや習慣は、それとは分からない形でそこに隠されている異端的なものごとを探り出すことに注意が払われながら、精査された。特に、瀆聖がその標的になった。三位一体を冒瀆することは、おそらくはその存在を否定しているのではないのか？　聖人を攻撃することは、トレント公会議の決議に歯向かうことを意味しているのではないか？　こうした路線上で、それまで同種の問題の監督を委ねられていた権力や法廷との間に一連の対立も生まれはしたが、同時に特に民衆信仰、魔術の風習そして民俗的な伝統に関する非常に長い質問の一覧も作成された。これは、公会議以後のカトリック主義が新しい教会をその上に築き上げてきた土壌であったが、異端審問はこうした土壌を利用したのだ。

司教に関して言えば、ローマに直接服属し、独自の方法を取るよう定められた異端審問という広い権限を持った新しい法廷と彼らは、折り合いをつけなくてはならなかった。邂逅と対立の場は悔悛の秘蹟であった、というのもこの秘蹟に公会議は、人々の振る舞いを管理するための決定的な役割を認めていたからである。秘蹟の執行はパウルス四世の課した規範とは矛盾していたが、この規範は悔悛者の赦免よりも、本人自身あるいはその他の者を異端審問所の法廷に告発すべきかどうか決めるための予備的な調査を優先させていた。そしてもう一つの問題も起きた。トレントで認められた規範に従って、司教たちは異端の罪を告解の中で秘密裏に許すことができるのかどうかという問題である。この類の疑問は異端審問の置かれた国々、スペインの広大な帝国、ポルトガル帝国、イタリア諸国とその他のわずかな国々の生活の中で長く尾を引くことになった。

これらカトリックの地域が不自由な状態に置かれていたのに対して、他の地域がそれとは対照的に自由だったわけではない。文化の検閲と社会統制の諸形態はプロテスタントの体制下でも実践されたが、そこで描き出されるのは、カトリックの地域とさほど変わらない相貌であり、両者の共通点を見出すことができる。(実際、この時代は、権力の側から強制された様々な形式での集団的な規律があらゆる場所で支配的だった時代だったと言われている。)とはいえ、人々を正しい道に導く役目と、何が誤った道であるのかを彼らに教える役目は、トレント公会議以後の司教たちには属さなかったということは、疑問の余地のない事実である。宗教に関する負の教育は、異端審問所の掌中にあり、彼らの権限は、社会生活や人々の思想において何が正しく、何が疑わしく、何が明確に異端なのか、どの本は読むことができるのか、誰となら関わることができるのか(例えばユダヤ人やプロテスタントとは関わりをもってはいけない)、そしてどの信仰が正しく、どの信仰が誤っているのかを決定することだった。他方で、こうした状況から生じた局面は何もネガティブなものだけとは限らなかった。異端を宗教に対する罪とする解釈が有効性を保ったものの、魔女狩りから慎重に一定の距離を保ち、魔女の裁判において原告側の証拠を検討する際に客観的な法的基準を定めたのは、(スペインとさらにローマの)異端審問所だったのだ。異端と魔女が社会に対する犯罪であり、謀反の罪であるとされた国々においても、この裁判は、違った形式と異なる裁判官の下で行われた。(7)

二　宣教　征服と再征服

トレント公会議の決議に表れるのは、司教区と小教区に区切られ、正統信仰という鎧をまとい、安定した権威が注意深く監督している閉じた教会である。一方、これに対置されるのは、その他の広大なヨーロッパとヨーロッパ外の世界である。これらの地域は、ローマに従わないばかりかその大部分はキリスト教徒ですらなかった。公会議がほとんど全く考慮もしなかった宗教的なイニシアティブの問題が存在したのだ。ドイツ人司教の不在はもとより、スペインとポルトガルの拡大によって既に創設されていた司教区の司教も参加していなかった事実は、公会議の地理的、そしてメンタリティの上での限界をこの上なく明確に示してくれる。宗教の新たなフロンティアが公会議の構想の中に入ってくることはなく、地中海のキリスト教世界にその範囲は限定されていたのだ。にも関わらず、対抗宗教改革の世界を特徴づけたのは宣教への強い衝動であった。征服・再征服・宣教。これらの言葉に彩られるのは公会議ではなく、新しい重要な傾向を体現した新設の修道会の活動であった。

この場合にも、この運動を支配し、そこに戦略と手段を提供した中心は、トレントでは決してなかった。その中心は、長きにわたってシンボリックな意味での征服を主導し、その展開をコントロールしてきたイベリア半島世界から、一六世紀を通じてますますその重要性を増してきたローマへと移動したのだ。アメリカの新世界については、この地の人々の人的な尊厳とそこへの伝道の必要性とを正式な文書（「神の勧めの気高さ」、一五三七年六月一日付）で明確にしたのは、教皇パウルス三世であった。彼はドミニコ会士たちの後押しのもとでこれを行ったのであり、一五四六年六月一七日の第五総会の開会時になされた説教の中でこれら遠く離れた地の存在を呼び起こしたのは、他ならぬドミニコ会のメンバーであったマルコ・ラウレオであったことも忘れてはならない。[8] ヨーロッパの外の状況は、公会議の進行には何らの影響も与えないままだったが、様々な点で公会議の決定はアメリカの人々の宗教的な経験には影響を与えることになった。秘蹟、特に悔悛の秘蹟に関する問題は、最初に一五五二年に、次いで一五六七年に（スペイン帝国全体に公会議の決定が正式に受け入れられる際）リマで開催されたアメリカの地方教会会議を支配した問題だった。とはいえ、「偶像崇拝」と定義されたものが支配していたかの地に、トレント的なキリスト教を浸透させる上で決定的な力を発揮したのは、修道会、特にイエズス会だった。「偶像崇拝の根絶」は異端審問官と司教に委ねられた任務だったが、[9] キリスト教が深く根付くまでに浸透したのは、使徒的な伝道のモデルに触発された宣教師のおかげだったのである。

宣教の思想は、ヨーロッパの宗教的統一に入った亀裂とカトリックの支配領域の削減に対する反応でもあった。ヨーロッパの宗教が分断されてしまい、かつて獲得していたかくも広大な領域が失われてしまったという認識から、それを回復しようとする意志が動き始める。この意志はそれに必要な手立てを新旧の修道会のメンバーの中に見出したのである。改革派の手に渡った領域とヨーロッパ外の地を宗教的に征服する事業を効率的に行う上で、ローマの中央集権化と、教皇権がいくつかの組織を支援したことは決定的な重要性をもった。ローマではドイツに送られる聖職者の育成のために特別な「コレージョ」が創設された（一五五二年　ドイツ・コレージョ）、あるいはハンガリーへの派遣のため（一五七八年　ハンガリー・コレージョ）、イギリス、アイルランドそしてスコットランドに対しても同様のコレージョが創設された。特に重要な知的モデルは、一五五六年イエズス会が創設したコレージョ・ロマーノであり、これは後にグレゴリアーナ大学になる。ヨーロッパ外の地域のためには、一六二二年にローマに「デ・プロパガンダ・フィーデ」コレージョが創設された。このタイプの育成メカニズムは、その不可避の結果として宣教にあたる人材にコスモポリタニズムの際立った特徴を刻み付けたが、これは宣教地で展開された布教の方針に影響を及ぼした。つまり、ローマへの忠誠と普遍主義への渇望に彩られたため、その土地固有の特色や宗教生活におけるローカルな伝統との結びつきを持とうとしなかったのだ。

もちろん、宗教的な征服事業は同時にヨーロッパへも波及した。改革派の進撃に対抗して、その地のカトリック少数派と連携を取りながら、非カトリックを惹きつけるための最も効率のよい方法が研究された。とはいうものの、布教拡大の真のフロンティアは、ヨーロッパの外、東インド、日本そして中国、さらにはアメリカ新大陸であった。殉教と霊的な征服のために流される血という思想が惹起した熱望は、当時並外れたものだった[10]。何千もの志願者たちがインドに送られるためにイエズス会の扉の前に殺到した。（彼らはインディペターエ、すなわち運命の地たるインドを望む者と呼ばれた。）人々は他の場所、見知らぬ国に、そこを征服し、魂を救うために赴こうとした。

ここでいう「他の場所」とはヨーロッパ外の世界、スペインとポルトガルが植民地とした土地を意味していたが、同時にヨーロッパの田園世界をも意味していた。そこでは公会議が教会制度のネットワークを立て直し、再び活性化したことで、都市の境界線が踏み越えられていた。既に小教区が存在していたところでも、ごく最近に設立されたところでも、新しいタイプの聖職者は、トレントの規範に則って魂の救済を行うために定住すべくそこに赴いた。この聖職者とともに、正統信仰の新しい規範ももたらされた。これは、神聖なものや場所の使い方、通過儀礼、祭り、土地の豊饒や人々と家畜たちの健康のための心遣いといったものの規範である。魔術的な世界との関係という点では、厳格な教義という名のふるいにかける必要のあった習慣と信仰の一覧表を提示して見せることはそう簡単ではない。さらに複雑で難しいのは、ヨーロッパの市民世界の境界線の外に存在した制度やその代表者との関係であった。伝統的な習慣を見直し、新しい人々を征服していく事業の中で、ちょうどトレントの規定が整備した機構、特に告解が重要な役目を担った。この秘蹟のために作られたマニュアルというフィルターを通すことで、アメリカの人々の罪が調べ上げられたのだ。(11)

ところで、文化の受容と征服における最も重要な実験を前進させたのは、とりわけ機動性に富んだ宣教師の集団だった。彼らは社会や文化の違いと折り合いをつけなくてはならなかった。単なる民俗的な文化である場合もあれば、はっきりと見てとれる宗教的・文化的な根深い差異もそこには存在していた。例えば、イベリア半島でユダヤ的な伝統やムスリムの伝統とキリスト教徒の伝統を隔てた差異などである。「改宗」という瞬間まで人々を導くことのできるように、宣教師たちは社会の中に入り込んでいく技術を発達させ、社会内部の緊張を利用し、イタリアとスペインで特に有効だったように対立を鎮静化させるための形式を提案していった。(12)複雑な問題を解決するには、抑圧だけでは事足りない。貧者を快くもてなす教会という顔も必要であったし、告解に先立って自身の良心を省みるという修練においてキリスト教徒を導いていく必要もあった。(13)これら全てに、宣教師たちは見習いとして派遣されていたのである。

差異に対して注がれた視線は、トレントを支配したような統一を志向する視線ではなく、変化をなすためのよりよい方法として差異に順応していこうとする視線だった。このため、神学者がまとめた教義に無頓着で、およそキリスト教からは程遠いと思われたヨーロッパの農村の人々の光景を前にして、イエズス会の宣教師たちは「もう一つのインド」と言ったのである。

小教区の制度の網の目は、それが構築されるに従って、領域の管理という役目が与えられた。この中では教区司祭は、教会世界の組織の別の代理人、つまり異端審問官とも協力した。(教区司祭はしばしば異端審問官の代理ともなった。）そしてこの場合においても告解は重要な通過点であった。トレントの決議の定めに従って、教区教会に告解を行いに行った者は、広い範囲に関する事柄について尋ねられた。そして彼の告解からトレントの正統信仰とあまり折り合いのよくない何かが表れたならば、それが異端的な瀆聖であれ、ある病の治癒を願ってなされた短い祈禱であれ、容赦なく送還され、異端審問官の代理の前に強制的に出頭させられた。

三　宗教経験の新しいかたち

一五六三年一二月三、四日の最終会議において公会議に集った司教たちは、大量のテーマに手早く取り組んだ。すなわち、煉獄の存在、聖人とその聖遺物への祈りと崇敬、宗教画など多くの事柄についてである。禁書目録、教理問答、聖務日課書そしてミサ典書の編纂を教皇に委ねる前に直面した最後のテーマとは、贖宥だった。袋を空にしようとした時に、最初に中に入れたものが袋の奥から見えてくるように、公会議がその行程の最後に直面したのは、ヨーロッパのキリスト教世界を根底から揺さぶった贖宥の問題だったのである。

贖宥の問題には煉獄の問題が結びついていた。公会議は厳粛にこの場所の存在の真正さについて宣言したが、これは一四三九年にフィレンツェ公会議において「煉獄の苦悩」について述べられたことを敷衍し、明確にしたものである。煉獄は実在する場所であり、魂の閉じ込められた牢獄である。そこでは魂は信者の助け、特に代禱のミサによってそこから解放される可能性を待ち続けているとされた。これは、当時存在していたキリスト教の解釈に関する一つの主要な論点に対する明らかにネガティブな回答だった。煉獄の問題は、宗教論争において支配的な位置を占めた問題であった。改革派に与する者か、そうではないのかを同定するため、人々はこの煉獄の問題から話を始めた。

同時にこれは人々の感情とつながりに深く関わる問題でもあった。というのも死者の罪を生者が緩和し得るという可能性を通して生者と死者は関係をもっていたからである。地上の宗教体系は、根深い裁きの観念に従っており、報いと罰という役目を別の世界に委ねていた。改革派が神をはるかな高みに置き、人の永遠の運命に関する決定を不可知のものと考えたのに対して、カトリック教会は煉獄の教義の中に、裁きと赦しの法的・神学的な観念のキー・ポイントを見出していたのだ。ダンテの言う「暗い山」[14]はそのシステム全体をうまく説明した舞台装置であり、そこには信仰の実践、社会的な結びつき、聖職者の秩序を維持していく手段と権力が全て見出せたのだ。

裁きのあらゆる実践と同じく、煉獄にいる魂のための贖宥と代禱の実践を脅かしていたのは、腐敗した者たちの狡猾さと民衆の無知だった。公会議は同様の教義が金儲け目当てに濫用される危険性を指摘しており、あまりに難し過ぎてとても教訓にはならないような知的な思弁から無知な大衆を遠ざけておく必要性も強調していた。同様の問題は、聖人と聖画像に関する決議にも顔をのぞかせている。この点でも人々は厳格な宗教の誕生と向き合わなくてはならなかった。この厳格な宗教は、奇跡のイメージや聖遺物が起こす奇跡に関する信仰を、キリスト中心主義の強調という名の下に、否定することになる。[15]エラスムスのキリスト教人文主義は、聖職者の強欲と民衆的な軽信との結びつきを激しく批判し、キリスト教のうわべの下には古代の多神教と偶像崇拝が存続していることを明らかにした。カルヴァンは軽妙で皮肉の効いた『聖遺物についての論考』の中で、真の十字架の木々からなる森と聖処女の乳でできた川の一覧を作っているが、これらは当時の教会で他の崇敬の対象とともに祀られていたのである。後にプロテスタントになったピエール・パオロ・ヴェルジェーリオは、聖ゲオルギウスの伝説じみた側面を示すことで、彼の治めるコペル司教区からこの聖人への信仰を根絶しようとした。もっと広い範囲にわたる激情は聖画像に関する問題を煽り、醸成し続けた。つまり改革派のラディカルさは聖画像破壊運動を再度活性化させ、教会の中にあった聖人や聖処女のイメージの破壊を助長したのである。

公会議は簡潔に教義面に関する問題を以下のように締めくくった。聖人へ祈ることと聖遺物が人々にとって恵みの源であることを否定する者は糾弾されるべきであると。一方で聖人も聖遺物も神の加護の単なる仲介者であるという点を注意することも怠らなかった。イメージについても同じ論法が取られた。イメージに向けられた敬意は正当であるが、またそこに描かれた者に対しても敬意を向けるべきであるということだ。一方で人々は救済の物語についての知識をイメージから受け取り、そこに表された道徳のモデルを模倣しようとした。規律の峻厳な思想は、改革派が異議を唱えた全てのものは全くもって有効であるとする擁護とセットになっていた。教会の規律という同じ思想は、聖職者が俗人たる民衆に示す自己イメージを議論した最後の総会の文書の中に再度登場する。そこで語られている聖職者のイメージは、質素、謙虚、教会財産のよき管理者、特に模倣すべき人生の模範の伝道者といったものである。

この時代とその後の宗教生活の実態はこれらの文書によって決然と分かたれたわけではない。付け加えておかなくてはならないのは、支配的な正統信仰との関係の中に芸術を置きながら、その発展を読み取ろうとした者は、芸術と宗教という二つの現実は決して容易には相容れないのだということを認めなくてはならなかったということである。(16) トレントに集った司教たちが芸術に対して見せた慎重で疑念に満ちた姿勢は、教育上・道徳上の懸念によるものだったが、それでも偉大な絵画の発展を抑え込むことはできなかった。ちょうどカルロ・ボッロメーオがはっきりと敵意を示していたにも関わらず、この時期のまさしく「舞台の魅惑」を防ぎえなかったようにである。[17] 世俗の音楽から距離を取ろうとして、典礼音楽について公会議が行った介入が最も成果を挙げたようである。[18]

厳しい規範を社会の振る舞いに適用しようとした意図こそが、信仰告白の時代のヨーロッパの諸教会の活動を特徴づけていたことは、異論の余地のない事実である。[19] 遊興、祭り、「狂乱のダンス」とされたものに対する抑圧の中では、プロテスタント改革派とカトリック聖職者の文化の間に知らず知らずのうちに協力関係さえも出来上がっていたかもしれない。[20] とはいえ今はトレントの決議に留まることにしよう。文字を読めない者のために図像を本のように用いるという教育上の意図のため、聖人の物語を表象で埋め尽くした宗教画が発展し、図像で満ちた教会の豊かな備品も正当とされた。これらは当時体系だって修復されると同時に、トレント以前の絵画一式が再検討の対象ともされた。[21]

他方で、プロテスタント改革者の聖画像破壊の思想と対決するために、イメージに対する信仰の発展が促された。改革派の思想がより深く根を下ろした場所では、ポスト・トレント期には奇跡の図像に対する衝動的な信仰がより決定的な重要性をもった。ファエンツァの例は好例だろう。ここでは「異端者」を極刑に処した後、すぐに「火の聖母」と呼ばれる火災を免れた聖母の紙人形に対する信仰が整備された。

聖遺物については、その分配はローマの側からなされていたが、その頂点を記したのは、カタコンベという「地下のローマ」の発見と発掘である。というのも、そこでは人の残した遺物が全てキリスト教徒殉教者の遺物と最初は考えられたからである。「民衆カトリック」とでも定義できるものの論理に特徴的だったのは、遺物に向ける信仰と崇敬を仲立ちにすることで、その聖人の魂との間に庇護関係を構築しようとする傾向であった。[22] こうした傾向の上に、俗人の民衆と教会世界との新しい関係がその当時根をおろしていったということも無視し難い。そして教会世界は弱まっていく一方だった権威の古い法的な絆の代わりに、この俗人との新しい関係から根本的な正当性を引き出したのだということである。聖人と聖母に対する崇敬もその後のカトリックの歴史の中で急速に発展していくのだが、この発展はトレント公会議で司教たちが見せた慎重な姿勢を踏み越え、教会側が積極的に働きかけた結果である。聖母への信仰は彼女に捧げられた聖地と同様に増えていくが、これらの聖地は一七世紀の中葉にイエズス会士ヴィルヘルム・グンペンベルクが編纂した豊かなマリアの地図に多数収録されている。

聖母信仰と、イエズス会の組織した信心会とは深いつながりがあり、後者はその相互扶助と巡礼の網の目をヨーロッパ諸都市に広げた。彼らのおかげで、職業、年齢、社会階層ごとに集った何千もの人々を結びつけ、生活の中での振る舞いを教えることのできる固い結び日のネットワークが作られた。バイエルンでは、選帝侯マクシミリアン一世が、信心会がたびたび行うマリア巡礼の目的地であったアルトエッティングの聖地で聖母への献納式を行った[23]。これは、トレントの教父の経験とも彼らの提案とも何の関係もない新しい信仰だったのである。

行列や巡礼といったスペクタクルのような信仰形態が成功を収め、さらに聖年の発案によってそれらが刺激されたこともあり、この信仰の潮流はローマへと向かう。ローマはかくしてますます巡礼の主要目的地となっていき、その都市計画とその経路は刷新され、初期キリスト教の殉教者たちの地下埋蔵物が巡礼者たちに開陳されたのである。聖年におけるローマへの巡礼が提案されたのは、トレントのモデルが描き出した司教区内に構築され、よく規律化された宗教生活の中心にローマを据えたいという意図があったからである。

聖体拝領における表現の発達については最後まで触れないことにする。公会議がその最後の局面で直面した宗教イメージの問題は、ミケランジェロというよく知られた当事者をはじめとして、当時の美術界が直面していた対立の一側面に過ぎない。システィーナ礼拝堂のミケランジェロのヌードに対する攻撃は、「キエティーニ」という強硬派、つまりジャン・ピエトロ・カラーファの党派から向けられたものだったが、これは磔刑やピエタの制作によってレジナルド・ポール枢機卿が主導するグループによる救済の神秘主義的な理解を具体的な形にしていたこの芸術家への攻撃でもあった。ちなみにレジナルド・ポール率いるグループには、ジョヴァンニ・モローネ、ヴィットリア・コロンナ、マルカントニオ・フラミニーオやその他の『キリストの恵みについて』の読者たちが参加していた。

ヌードに腰布をつけるというミケランジェロが取った解決方法は、信仰の伝達手段としての絵画の大いなる可能性を利用しつつも、教会の注文主たちが絵画との間に取り結ばざるを得なかった妥協策を象徴的に表していた。トレント公会議の精神を解釈するに際しては、イメージの教育目的での利用が目指されたので、その内容が歴史的・神学的に正確であるかを逐一コントロールする必要があったのである。この解釈の立役者は、ガブリエーレ・パレオッティ枢機卿だった。なぜなら禁じられたイメージと許可されたイメージの（想像上の）目録をつくるという（未完に終わった）計画は、彼によるものだからである。(24)

二つのヨーロッパ、つまりカトリックと改革派の間に生まれた、言語、規範、実践の差異は、公会議の終結からわずか数十年後でさえ既に明白なものとなっていた。ともあれ近世カトリックの活力は、トレント公会議が想像だにしなかった形でその姿を現すことになった。

四　教皇権

教皇権は、公会議が敢えて何も語らなかった議題だった。あたかもそれを探求することが許されない上位存在の権威に向けられたかのような、わずかな不平と熱烈な称揚があったのみで、この議題については黙して語られなかった。しかし、司教たちがこの問題から目をそむけていたとは言えない。なぜなら、ヨーロッパのキリスト教の一体性に入った亀裂の中心にあり、公会議を取り巻く政治的現実の中心にある教皇という制度を前にして、それから目を逸らすことも、それを等閑視することもできなかったからだ。従って当時この問題を取り扱ったのは、別の諸会議だった。フランスの改革派教会のある会議（カトリックの側からは「自称改革派」教会と呼ばれていた）が信仰告白をまとめたが、そこには教皇権をアンチクリストと定義した条文が付されていた。神学的な言葉遣いで記されているものの、その理由は、当時修道士パオロ・サルピをして「完全な権力」と言わしめたほどの教皇の権力が地上と天の国で占めるその重要性にあった。[25] トレントでの沈黙の中には、カトリック世界の足跡が刻み込まれている。教皇庁とその活動方法について語り、閥族主義を咎め、糾弾してきたトレント以前の公会議から、不謬性の教義とともに教皇の首位性の諸理由を神学的に定めることになる次の第一ヴァティカン公会議への歩みをそこに見てとることができる。

第一一章　史料と研究史

一　事実認識

ここまで言及してきたように史料の認識とその解釈をローマが支配するという条件の下では、歴史史料へのアクセスは稀であり、警戒されるばかりか、ほとんどの場合は不可能なことだった。人々は最初の七つの決議についてのみ、一五四八年に承認されたテクストとともに印刷された会議の進行に関するかいつまんだ情報に触れることができただけだった。(1) もっとも、多くの人々の胸の内にはトレント公会議に関する史料に対する関心が育まれていたが、それはとりもなおさずこの決議が個人と集団の生活の中で担った重要性のゆえにであった。修道士パオロ・サルピ以上にこの史料とその歴史について知りたいという願いを巧みに言い表した者はいなかっただろう。

「私は、すぐに人の所業の匂いを感じ取り、その内幕を知りたいという強い好奇心にとらわれた。そして私は見つけた書きものや、印刷されたり、手稿のまま広まったりした公式文書を丹念に読んだ後に、公会議に参加した高位聖職者やその他の人々の書き遺したものの中から、彼らの残した覚書を探し出し、そして著者自身やその他の人が所蔵している公にした宣誓あるいは意見やこの都市から書き送られた書簡を、苦労と注意深さを惜しむことなく探しだすことに没頭した。(2)」

ここで述べられている史料群は確かに存在してはいたのだが、そのアクセスは困難だった。サルピが提出した一覧は、公会議とその活動から様々なタイプの史料が生まれたことを物語っている。公会議やその他の権力が発行した「公式」議事録は、問題なく発見できるが、その他に「覚書」も残されていた。これは、公会議の開催中に書き記された日誌であり、書記アンジェロ・マッサレッリによる公式の日誌だけではなく、自らの体験を記録に留めておく必要を感じていた者たちが書いた日誌も存在する。これらは公会議以後に生まれた起草者の手によるものだけでなく、しばしば自叙伝の形式をとった。(例えばカディス司教マルティン・ペレス・デ・アヤラの自叙伝など)(3) さらに公会議の教父の行った宣誓のテクストと議論された問題に関する神学的な意見に関するテクストも存在する。

ついで書簡、特にローマが公会議の進行を管理し、指示するための手紙、すなわち教皇特使の枢機卿との通信記録も残されている。既に示したように、まさにこの通信記録の一部に依拠して、ある時期サルピは著述を進めていた。彼はおそらくロベルト・ベッラルミーノとの交友のおかげでこれらの通信記録を手に入れたのである。ベッラルミーノは、公会議当時教皇特使であり後に教皇となったマルチェッロ・チェルヴィーニの甥である。(4)
もっとも甥の枢機卿と教皇特使との通信に関するこの貴重な史料は、全てが残されているわけではない。当時の規定に則って、公会議の最初期の公式の通信記録は、枢機卿アレッサンドロ・ファルネーゼとマルチェッロ・チェルヴィーニの手元に残され、第二期のものについては、デル・モンテとクレシエンツィオの両枢機卿の遺産の中に残された。

だが、公会議の末期については、この規定は変わっており、情報管理と情報統制を確かなものにするためにヴァティカン機密文書館に史料が保管されるように定められていた。ヴァティカン所蔵の関係書類の大部分は、書記アンジェロ・マッサレッリが集め、一五六六年に教皇庁に引き渡された八冊の公会議議事録を中心に形成された。公会議の末期の運営に重要な役割を果たした二人の死、つまりモローネ枢機卿（一五八〇年）とカルロ・ボッロメーオ（一五八四年）の死に際して、クーリアは、彼らの所有していた公会議に関する書類をローマの管理下に置き、ある特別な史料コレクションの中で管理されるように心を砕いた。この文書への自由なアクセスが可能になるや否やなされた研究とその出版からも分かるように、この文書群は、公会議の陰の部分、つまり教皇特使とその甥との間で交わされたやり取りを探る上では決定的に重要な書類である(5)。

しかし、レオ一三世が方針を変えるまで、ローマの著名な文書は閲覧不可能のままだったのである。方針転換以前の閲覧は、厳密かつ明確に定められた目的に限って許可されていた。サルピが『トレント公会議の歴史』を一六一九年にロンドンで出版したことで、イエズス会士ピエトロ・スフォルツァ・パッラヴィチーノはヴァティカン所蔵の史料を利用することができたが、それはこの解釈に関する論争のローマ側の返答（著者自身が定義しているように、これは『公会議の歴史の賛美』だった）を権威づけるためにであった(6)。こうしたコンテクストの中では、トレント公会議の史料を使うことは例外的であり、歴史研究よりもむしろ信仰上の論争を引き起こす結果となった。少なくともレオ一三世がヴァティカンの文書館を開放するまで、学問的な意味で完全な議事録の校訂版を編纂することは不可能であった。

一九〇一年以降、公会議に関する史料の校訂版がゲレス協会の校訂の下で出版され始めたが、この団体は文化闘争の対立に揺り動かされていたドイツで一八七六年に発足した団体であった。二〇世紀を通じて行われたこの学術事業のおかげで、公会議とその宗教的、政治的さらには財政的な変遷の歴史に関する我々の知見が塗り替えられた(7)。この新しい史料的基礎の上にこそ、フーベルト・イェディンの著作に見られる研究と議論の革新が形作られたのである。彼は人種上の理由によりナチスのドイツから追われ、迫害の最も過激な時期にヴァティカンに逃れた。彼の研究は、戦後に第一巻がイタリアとドイツで同時に刊行され(8)、公会議の歴史についての史料に依拠した最も正確な見取り図を我々に与えてくれる。同時にこの著作が示したのは、修道士パオロ・サルピの偉大な著作が作り上げた公会議そのもののイメージに対するカトリック側からの大きな返答であり、かつてピエトロ・スフォルツァ・パッラヴィチーノが失敗した試みでもある。

しかし、イェディンがその著作の結論部で考察しているように、論争はもはや異なる信仰間の論争ではなく、むしろ教会内部での論争であった。つまり、第二ヴァティカン公会議が惹起した反響に手いっぱいになっているカトリック世界の内側での論争だったのだ。なぜならイェディンによれば、トレント公会議は当時ある者にとっては、「キリスト教会の再統一を妨げた障害物であり、他の者にとっては対抗宗教改革の防塁であり、また別の者にとってはカトリックの権威ある伝統の精髄である(9)」と考えられていたからである。

二　ものごとの名前

トレントの原型からカトリック世界の歴史が遠ざかっていくプロセスを前に、トレント公会議とトレント期に関する著書によりその名を轟かせた歴史家は、ただその変化を記録することしかできなかった。ドイツ倫理―政治の偉大な史学史の中で形成されたレオポルト・フォン・ランケの箴言は、ここでもその本分を果たすことだろう。つまり教会史においても、歴史家は事実の真実、つまりそれが実際どのように展開したのかを再構成しなくてはならないのだ。ヨーゼフ・ロルツのように神学の修練を積んだ他の歴史家にとっては教会史は「救済の神聖な計画の歴史」だったが、イェディンにとっては、史料と歴史家の作法に結びつけられた一つの分野に過ぎない。したがってそこでは真実とは、研究者の漠とした仮定を排した、史料的基礎に裏付けられた真実に他ならなかったのである。

しかし、イェディンが唱えた公会議の歴史とは、歴史史料をより深く掘り下げることのみに立脚していたわけではない。むしろ彼は常に論争の中心にあった領域において概念を整理しようとする試みに囚われていた。彼の簡潔な提案は、彼が公会議に関する歴史研究を進める中で書き上げられたとある論文の中に集約されている。この論文には「カトリック改革か対抗宗教改革か？」という意味深なタイトルがつけられている。語彙上の論争と対立の長い変遷を再構成した後、イェディンは両方の語を採用しながら、表題として掲げられた疑問に対して答えている。

「対抗宗教改革」という言葉で示されるのは、プロテスタントの改革に対して教会の側からなされた自衛と再占領という反応であり、その中では「教皇権は教会と国家の強制力を伴う利用可能な手段を何の躊躇もなく行使した。」(10)

逆に「カトリック改革」とは、イェディンにとっては「内部刷新を通じて到達しうるカトリック生活の理想に従って教会が自らを省みる」(11)ことであった。イェディンの描き出した見取り図の中では、カトリック改革は、対抗宗教改革よりも長く持続したプロセスであった。というのもこのプロセスはそれ以前の数世紀にわたって続いてきた習俗や規律の革新を目指した運動の中にその起源を持っており、ルターからの挑戦の中に、教皇権をも変容させるほどの力を見出したのである。そして教皇権はこの瞬間以後、改革運動の先頭に立ち、トレント公会議をこの目的のために利用した。ドイツの読者に向けて、イェディンはReformとReformationを区別するように提案している。歴史的な語彙においては、二番目の言葉は明らかにプロテスタント改革を指すために使われることが多かったため、言葉の曖昧さとそれによる対立を避ける必要があったのである。教会の「真の」改革、つまりカトリックの改革は、イェディンに従うならば、プロテスタントのそれのような「革命rivoluzione」と混同されてはならないのである。

歴史家たちの用いた言葉を比較すれば分かるように、トレント公会議は「改革」という言葉がカバーする全領域をさながら渡り歩くかのようである。修道士パオロ・サルピ、公会議の最初の真の歴史家は、総括的であると同時に議論を呼ぶことにもなる前提を定めるに際して、反対の言葉を用い、改革を「ゆがみdeformazione」と定義した。それもごく普通のゆがみではなく、このゆがみはキリスト教が始まって以来「最も重大な」ゆがみであると定義している。[12] トレント公会議の結末を目の当たりにした同時代人の一人であった彼の目には、この出来事は、キリスト教社会の期待を裏切り、唐突で人々を落胆させるような方向転換に至ったと映った。彼のキリスト教的な歴史認識からすれば、この方向転換が否定的でゆがんだものであったがゆえに、宗教生活の伝統的な紐帯と古代教会のモデルの中にあって抜本的な革新が引き起こされたのである。

彼の提案は何も孤立した唯一の事例というわけではない。プロテスタントに親和的でリベラルな傾向をもつ一九世紀の歴史叙述は、公会議に同じ類の性格づけをした。彼らは概して、対抗宗教改革の概念や、ルター、ツウィングリそしてカルヴァンが進めた改革の福音主義的着想に対して、それと敵対する立場を堅持したローマ教会が自らの計画を貫徹させようとする意志と関連づけながら公会議を語ったのだ。

用いられる用語に関していえば、我々は一風変わった光景を前にしているといえる。カトリックの抗議の中でさえ（プロテスタント）改革が、他ならぬ改革（riforma）という言葉で数世紀来指示され続けてきたとすれば（もっとも既に見たようにカトリック側は「革命」という言葉をむしろ好んだようである）[13]、我々の問題にしている時期のカトリック教会の歴史はそれとはまったく異なる様相を呈している。イェディンはそのことをよく自覚しており、著作の構想を温める中で、ルターとトレント公会議の時代におけるカトリック教会を指し示すために、用いられ、時に応じて提案され、議論され、改変されてきた定義と概念の曲がりくねった歴史を再度辿ってみる必要性を感じていた。


したがって、これは名称の歴史であるが、しかしこれらの名称は重要である。なぜなら研究結果を一般化することによってその伝達が可能となり、新しく発見したものをまとめることにも役立つからである。また、名前そのものが持つシンボリックな機能は、たとえどんな選択をしたとしても、それが示す方向性を暗示し、歴史プロセスの全体の中で特定の研究対象に与えられた位置づけを暗示してしまう。一六世紀のカトリック世界とその方向性の中では、時に応じて対抗宗教改革、復古、カトリック（あるいはトレント）改革という言葉が使われた。これはイェディンの時代までそうであった。そしてイェディン以後は、これらの用語法は変化を被ることになる。イェディン自身がその濃密かつ基本文献となる論考の中で、語の変遷を明確にしているので、今は彼の再構成したものを再び取り上げることで、いくつかの言葉の曲がりくねった変遷を辿ることも可能である。

「対抗宗教改革」という語はゲッティンゲンのある法学者（ヨハン・シュテファン・ピュッター）が、宗教戦争期（一五五五―一六四八年）に帝国領内でなされた強制的な再カトリック化を述べるために案出した。（複数形の）「対抗宗教改革」の軍事・政治行動とは、改革派のドイツにおいてカトリックへの回帰を強要するための手段だったのだ。ピュッターの次の世紀には、カトリック復権の可能性とルネサンスのヨーロッパにおけるその政治的・宗教的エネルギーが省察され、親プロテスタント的・自由主義的な歴史叙述の代表者のうちの数人、その中でも特にレオポルト・フォン・ランケは、以下のような思想を懐いた。彼によれば、公会議とその時代のカトリック世界は、プロテスタント改革に対する専らネガティブで暴力的な反対によって駆り立てられていただけではなく、実は自発的かつ独自の宗教思想と宗教運動によって活力を与えられていたというのである。聖なる愛の小礼拝堂、これは一五二〇年代にローマのクーリアの主だった人々が集った宗教サロンであるが、このエピソードを分析することで、ランケはそこにルター派の活動の宗教的な着想との類似点を認めたのである。より長く、より奥深いエネルギーに突き動かされたプロセスの遺産と見すことで、一六世紀におけるカトリック復興の遠い起源を考察する道はこうして開かれたのである。

とあるプロテスタント（ヴィルヘルム・マウレンブレッシャー、一八八〇年）は、ルター派の運動以前から存在していた運動と思想に根ざした「カトリック改革」がその頂点を迎える瞬間を公会議の中に見た。カトリックの側の歴史叙述は、最初のうちは公会議の時期の教会が、伝統的な遺産に何らかの新要素を付け加えたのだということを認めようとはしなかった。次いで「復興」（ルートヴィヒ・フォン・パストール）という概念と結びつけつつ、カトリック改革という言葉が使われる。この言葉は公会議の成果の実現とも結びつけられたため、「トレント改革」とも言われ、革命的な出来事たるルター、ツウィングリそしてカルヴァンの改革に対する対抗が強調されたのである。

信仰に関する論争と反目を越えて、教会の歴史という枠組みの中にトレント公会議をいかに位置づけるのかという問題が残っている。異端による亀裂に対抗するために教義と規律という古き遺産をただ確認したことに留まるのか？　それとも新しい方向への衝動が刻みつけられたのか？　公会議とは刷新プロセスの出発点なのか、それとも過去に根ざした力、趨勢そして動揺が行き着いたところだったのか？　これらは容易には解けない両義性をもった問題だが、特にこの手の問題については、歴史家の価値判断に重くのしかかる科学以前の前提と選択というバイアスもあるだけに、なおさらである。トレント公会議とともに、それを理解しようとする大きな歴史的プロセスが存在する。しかしながら、サルピの鋭い視線は既に総括的で議論を呼ぶ定義を行うのではなく、数世紀来の西方キリスト教会の変遷を追う際に、トレントで頂点に達する「ゆがみ」の開始をずっと遡り、西方教会と東方教会の一一世紀における不和と、教皇グレゴリウス七世が教皇権を完全無欠な権力と宣言し始めた点に最初の決定的な始まりを認めている。今日でも教皇権の歴史的変遷と教会の統治形態を研究する歴史家は、後の改革の時代に頂点に達する歴史プロセスの真の出発点を、この瞬間に求めている。つまりクーリアの制度整備の起源を定めるため彼は、「教皇権の革命」を論じたのである。そしてこのクーリアこそが、後にヨーロッパの一部の地域で、教会が国家権力の下にある状態に対して異議を申し立て、それに反抗したのである(14)。

ところで、政治的な分裂のために教皇権が決定的なファクターであった歴史的経験は、イタリアの史学史の伝統に重くのしかかっていた。イタリアでは、統一以前の国家の中で改革派を受け入れた国はなく、むしろ全ての政治的権威は、教義上の不一致や聖職者批判のあらゆる芽を抑えつけることで、自分たちがローマの意向にどれほど忠実であるのかを競って示そうとした。もちろんイタリアでも、宗教問題に関して暴力が用いられた。イタリアの文化が再びそれを経験するのは、一八世紀の啓蒙改革期、そしてフランス革命期からたびたび起こった聖職者の横柄さが引き起こした危機とその拒絶の瞬間のことである。イタリアの国家統一のプロセスと「ローマ問題」は教皇権との距離を広げ、プロテスタントの文物の自由な流通に道を開き、またカトリックがヘゲモニーを握るトレントという瞬間を、信仰と偽善を強制的に押し付けた瞬間として、そして「近代文明」化のプロセスを捨て去った瞬間として、批判的に読み直すことにもつながった。自由な思想とその自由な流通というこの「近代文明」を、ピウス九世は「誤謬表」で糾弾している。イタリアにおいて対抗宗教改革について語るということは、それゆえ、トレント公会議とローマ異端審問所の時代からのカトリックによる宗教的支配のネガティブな面の総体を指し示すことと同義であり、知識人の追従、大衆の迷信、偽善、強いられた信仰、不寛容、少数派の抑圧といったものを語ることに他ならなかったのである。

事態はファシズム体制下でも変わらなかった。むしろ、教会とムッソリーニの政治同盟を前にして、北方の改革派による合理主義的で冷たい運動に対置され、イタリア精神の起源の誕生の瞬間として対抗宗教改革がファシズムによって称揚されたという事実が、端的にそれを語っている。これに対してベネデット・クローチェは自由主義と親プロテスタントの伝統に立脚し、対抗宗教改革へのネガティブな評価を繰り返した。つまり対抗宗教改革は、彼の最も雄弁な表現に従えば、教会という一制度の防御運動であり、精神史の「永遠で理想の」瞬間という真の価値は、対抗宗教改革には存在しないというのである。

イタリア以外の他の諸国はより高尚な系譜を書き出すこともできた。ドイツ、イギリスそしてフランスの歴史叙述では、ルターの改革は正当にその中に組み込まれ、近代世界の開始や良心の自由の原則の確立の瞬間として解釈された。だが、まさにフランスから、歴史家リュシアン・フェーブルは、非常に明晰かつ長い命脈を保つことになる論考の中で、この系譜には、一九二九年当時かつてないほどに脅威となっていたナショナリズムの貌が隠れていることを喝破した(15)。一六世紀の分裂から生まれた両教会の記憶は、過去に遡るかたちで、カトリックと改革派、一六世紀には既に武装して双方が対立していた、この二つの教会を対置してきた。そして国民国家はこの対立の周囲に先駆者と後継者というシステムを作ってきたのである。こうして一八七〇年以後のフランス人の「復讐」精神は、宗教改革の発端におけるドイツ人に対するフランス人の優位性を主張するに至ったというのである。フェーブルによれば、これらのことには全く何の意味もない。彼によれば、宗教改革とは、様々な国家や様々な教会の枠に収まるようなものではない。一六世紀の神学の決まり文句の裏にひそむ、その時代に息吹を与える感情と思想こそを研究するべきなのである。信仰のみによる義認と俗語の聖書は「思想上の革命」であり、「感性の革命」というさらに重要な革命へと人々を誘う。カルヴァンが死者のための祈りを冷たく嘲笑した時、彼はある「大きな転換」に賛成したことになる。すなわち「死者に自分自身の未来を投影することをやめた人生」という転換である。[16]フェーブルの論考は、研究における根本的な転換点となった。「アナール学派」の国際的な成功のおかげもあって世界中の歴史学研究から題材を集めながら、フェーブルは死や罪、心性や宗教生活の諸形態を描き出す感性の歴史に関する研究を創始した。[17]

イタリアでは、歴史家カルロ・モランディがフェーブルの論考に鋭く言及しているという例外を除けば、ドイツの影響の優位、概念や用語法に関する問題は議論されないままであった。かくして、かつてファシズムとカトリックに彩られており、少し以前から反ファシストの共和国になっていたイタリアにおいて、フーベルト・イェディンのカトリック改革なのか対抗宗教改革なのかという問いは、即座かつ広範な反響を引き起こしたのである。イタリア文化と対抗宗教改革との関係は古い。この議論の別の局面でもそうだったように、イタリアでは、歴史家の間での議論から、政治党派や対立する文化と宗教の選択の間での対立へと素早く移行した。国家の首都に教皇権が存在していること、そして民衆の圧倒的大部分の文化にカトリックが根づいていることによって、このテーマに関する歴史学的議論に特別な側面が与えられ、起源を異にする概念にもイタリア的な特別な「彩り」が入り込んでくる。この観点から見れば「対抗宗教改革」という用語がその代表的な例であり、イタリアという枠組みを越えていく。イタリアは、ドイツによる占領と内戦の暗い時代の後に、そのアイデンティティの奥深い性格を再発見していくのだが、このイタリアでは対抗宗教改革に関する議論は、イェディンというドイツ人カトリックであり人種的な理由から亡命した人物によって再度口火を切られたのである。当時彼の論考にデリオ・カンティモーリがよく練られた肯定的な反応を返したのは、示唆的であった。カンティモーリはマックス・ウェーバーとエルンスト・トレルチの影響下に研鑽を積み、一六世紀イタリアの異端者たちの伝統に関する研究を行ったが、彼らを宗教的自由の近代的な価値の証言者であり不寛容の犠牲者と見なした(18)。

状況は急速に変わっていった。イェディン自身が長い労苦の末に再構成したように、トレント公会議の成果は今や、カトリック改革（Reform）というスポットライトのもとにあるようである。このカトリック改革はプロテスタントのそれ（Reformation）とは異なるが、それに劣らないばかりか、おそらくはプロテスタント改革以上に、当時の必要性に呼応し、純粋にネガティブとばかりは言えない、未来に対する有効で豊かな解決策を提示することができたのである。これに続いたのは呼称に関する激しい闘いであり、枝葉末節の議論であったが、ここに少なからず入り込んできたのは、近代性の香りをさせる全てのものに対するイタリア・カトリックの不信感だった。近代主義に対する一連の糾弾はあまりに直近の出来事であり、「改革」（Riforma）という言葉も社会的な意味、さらに言えば社会主義的な意味であまりに個性が際立ち過ぎていた。このため、主にカトリック世界の内側で一つの議論が生じたが、そこでは「カトリック改革」という言葉の支持者と「復興」などの語彙を支持してきた者との対立が見られた。一方でカトリック世界の外側では、イタリア観念論的かつ親プロテスタントでリベラルな思想の伝統がお墨付きを与えた「対抗宗教改革」という言葉が好んで使われた。用語法に関する議論の傍らで、事実も研究されていた。慈善事業の実践やカトリック自身とその他の宗教が刷新されるなかでカトリックが演じた役割に対する肯定的な側面を強調することで、兄弟会、信心会そして修道会が行った援助活動や慈善活動の歴史の研究が推進された。小教区と司教区の広い組織網の存在が注目されたが、これは、一九四三年にイタリアが経験した国家の根本的な消滅の瞬間にこの組織網が決定的な重要性を見せつけたからである。そしてこの組織網への注目は、トレント式の司教区と小教区支配の研究へと次第に転換していった。さらにまた、英雄的な衝動と宣教師たちの殉教への希望のおかげで展開したキリスト教のヨーロッパ外への波及にも光が当てられた。近世初期のカトリック信仰に関する史料の研究において、預言者や神秘主義者の幻視と信仰、さらに女性の宗教性が新たに果たした中心的な役割に重要な意味が認められた。

対抗宗教改革の抑圧的な側面は脇に置かれ、さほどの興味を持たれなくなった。対抗宗教改革は存在した。それは確かであり、どうしてそれを否定できようか？　だが、ジャン・ドリュモーが考察したように(19)、遠方から至り遠方へと赴くカトリックの変容と刷新のプロセスに比べれば、対抗宗教改革はさほど重要ではなくなった。もっともこの方向性の中で、カトリックの歴史叙述においては、変化という新しい発想が確立した。

改革派との論争の時代とさらに近年の「近代主義」との闘争の時代において、カトリックの歴史家の間で扱うことを許された唯一の言葉は「復興」であった。その生来の性質に変わることなく忠実であると考えられていた教会にとって許容できる唯一の変化は、人々の悪徳によって擦り減ってしまった古代の相貌を復元することであった。しかしながら、二〇世紀後半には、この防塁は取り崩されていき、トレント期の変化が歴史的な変化であるという思想が突破口を開いていった。イェディンの研究によって、カトリック改革やトレント改革といった概念や用語の使用が、カトリック世界で（歴史学上の）市民権をついに得たのだ。それは、次のような運動に対する歴史認識の結果でもあった。その運動とは、社会的な後進性と文化的閉鎖性という古い特徴を消し去りつつ、宗教としてのカトリックをもたらすとともに、諸国を新しい状況の中で経済的・社会的な現実を伴ったカトリック文化へと導いた運動である。

一方、別の研究の伝統では、トレント公会議の成果に何らの特別な注目も払わなかった時代の歴史認識の枠組みに従って、歴史家ヘンリ・アウトラム・イーヴンネットが「対抗宗教改革」という用語を提案している[20]。彼の研究は、改革派であれ対抗宗教改革であれ、その時代を特徴づけ、「近代性」にとって意味深い文化や宗教の傾向がはっきりと表れたものを集めようと努めており、改革と対抗改革という言葉をカトリックとプロテスタントの二つの陣営を指すために使ったが、格付けされた価値やある理想的な「形式」に対する肯定的あるいは否定的な判断をこれらの言葉に込めることはなかった。この時代の近代性に関する研究の中では、公会議ではなくイエズス会こそが、見取り図の中心に位置していた。

この道を継いだのは、彼の弟子であったジョン・ボッシィであり、彼は儀礼や制度そして文化の中に姿を見せる根本的な変化を研究した。彼にとっては、宗教改革という思想に結び付けられた用語はあまりに使い勝手が悪かったので、彼は歴史的変化がもたらした差異を強調する別の用語をこれと取り換えようとした。すなわち一方には「伝統的なキリスト教」が、もう一方には「転換もしくは変容したキリスト教」が、一四〇〇年から一七〇〇年にかけての変化の道程に存在したのだ。一方には喧嘩好きなコミュニティの世界が、他方には階層的秩序の強制が存在する。あるいは一方にあるのが自発性であれば、他方には強制があるといった具合である[21]。この研究方針を進みながら、ボッシィは改革派の諸国における和解の儀式と対抗宗教改革の国々におけるそれとを比較し、平和という言葉の社会的意味が上からの強制へと変容していくその変化の中に、両ケースにパラレルな展開を見出したのである。このように、教会や正統信仰の対立の色彩を帯びない用語を支持するというシグナルがアングロサクソンの世界から届いたのは何も偶然ではない。そしてこのシグナルは、まさにその脱イデオロギー性ゆえに歴史の変化をよりよく摑み取ることができたのだ。あるカトリック研究者は、完全にニュートラルな用語をまさにこうした目的のために使うことを提案したが、同時にこのニュートラルな用語によって、公会議の時代、つまり「近世初期のカトリック」の時代を新たに特徴づけたものに注意が向けられたのである(22)。

トレント公会議の時代の見取り図は、この数年大きな変化を経験した。公会議を全体として描写しようとする最近の試み二例を挙げてみよう。ニューヨーク大学の歴史学教授ロニー・ポー・シャは一五四〇年から一七七〇年までのカトリック世界の歴史を論じた本に『刷新されたカトリックの世界』という題をつけた(23)。ポー・シャによれば、カトリックの刷新はトレント公会議からイエズス会の廃止まで続き、特にここに含まれるのは、プロテスタントがそれを否定したのに対し聖職者の権威を再確認したこと、単なる俗人特に女性を聖性へと駆り立てたカトリックの新しい宗教熱、新しい宗教性を制度上、文化上そして芸術上で表現したこと、そして非キリスト教・非ヨーロッパ世界へ向かう宣教運動である。

ポー・シャがその激しさとその重要さを認めながら、自らは制度の輪郭を示すに留まった宗教生活について、オッタヴィア・ニッコリが本を上梓している(24)。その総論にも関わらず、このテクストは、人々が行った変化を強く意識した視点からはっきりと書かれている。だが、結果として描き出されたのは、トレント公会議前からイタリア社会に根付き、旧体制の境界線を越えて持続した現実だった。ここでは一例を挙げるだけで十分である。聖体行列、あるいは例えばいわゆる「聖体安置所」の祭りのような聖週間という決められた時期に、儀礼的に教会に詣でるという信仰の実践を再構成する中で、境界として設定されたはずの一八世紀を越え、ほんの数十年前までイタリア社会ではこの信仰の実践が生きた現実であった様をニッコリの本は描き出しているのである。

この二つの見取り図を一緒にすれば、遠くから始まったある方向性の結果が評価できるが、この方向性は少なくとも二つの構成要素を持っている。一方には、近代世界のプロテスタント的系譜学に対する論争があり、もう一方にあるのは、全てのイタリア人が「我らの失いし世界」に向き合うということである。オッタヴィア・ニッコリの描き出したこの世界の中では、時間の間隔と生活のリズムは聖人の祭りと宗教的な行事によって区切られていたのだ。二つのプロセスはいわば同じリズムを刻むことになる。つまり第二次世界大戦と「経済の奇跡」、これは他のもっと伝統的な奇跡を消し去ることはなかったが、これらによってイタリアが転換点を迎えたのなら、まさにこの時期から、イタリアと近代世界の形成にカトリックが占めた位置とその重要性に関する新しい研究に触発され、歴史学研究の激しい論争が始まったのである。かくして我々は、ポー・シャが拡大したカトリックの刷新というテーマの進展を目の当たりにするのである。

同じようなことはヴォルフガング・ラインハルトもまた一九七七年の研究の中で唱えていたが、そのトーンはやや異なっている。この著者は対抗宗教改革を「近代化の過程」のカトリック版として見るように提案した。ここでいう「近代化の過程」とは、ブルジョワ的な色彩の濃い一九世紀に繋がるのではなく、我々の生きる現代に繋がるため、その過程に必ずしも危険信号が灯るようなものではない(25)。ラインハルトにとっては、宗教改革と対抗宗教改革の時代は、「福音の時代」という短く騒然とした刷新の衝動と「宗派化」の長いプロセスに分けられ、この二つのはっきり分かれた瞬間は、カトリック世界でもプロテスタントのヨーロッパでも見つけることができ、さながらプロテスタントとカトリック両世界が似たような動きとともに進んでいくパラレルな線路のように見えるのだ。ラインハルトの提示した見取り図の中で力点が置かれているのは、二つの瞬間の分かれ目である。運動の段階とそれへの反動の間、言い換えるならば、宗教生活における福音主義的な革新への最初の衝動が一方にあるならば、他方には、それに続く権力の新しい秩序が近代的な合理性の実践を伴いながら構築されていく長いプロセスがあり、その両者の境界線に力点が置かれている。彼のいう「近代性」とは国家や教会権力の近代性であり、国家や教会は、従属と「規律化された」社会のルールを大衆に教え込むに際して、厳格な教育を行うことができた。ラインハルトによれば、これは避けがたい近代性ではあったが、だからといって望まれた近代ではなく、つまるところ、「肯定的な含意を持たない」近代化だったのだ(26)。

ラインハルトの提案は、議論を呼び、研究を触発した。ローマ教会の中枢における権力の形態だけでなく、宣教を伴ったキリスト教ヨーロッパの植民地拡大を長年探求していた歴史家の研究キャリアの中で総括的になされたこの提案は、第二次世界大戦後のドイツ歴史学界の研究の歩みが生み出した産物でもあった。またこの歩みは、権力と社会との関係という問題に対してドイツ文化が行ってきた省察の極致たるマックス・ウェーバー以来展開されてきた歩みでもあった。

宗教、とりわけカルヴァン派の苦行が近代世界の誕生に果たした役割に関する彼の高名な論を表明する際に、マックス・ウェーバーはあるテーマを提案したが、これは二〇世紀後半の移り変わってしまった歴史的条件の中で「近代」という問題を再び取り上げた際に、ドイツの歴史学が熱心に取り組んだテーマだった。大衆に対する国家の規律は、習慣を内面化させることで服従させ、抵抗する気をなくさせるように仕向ける。近代に関するあまりに悲劇的な経験をしてしまった国の歴史文化という視点からすれば、「近代」を定義するに際して、規律化は最も意義深い現実であった。ゲルハルト・エストライヒの提案した表現は、「社会的規律化」だった。この表現は、「近世における絶対国家の権力と権威」を現実のものとするための社会変化の装置として、民間・軍事・経済の諸部門における国家奉仕の諸形態をよく言い表している。[27] この時期に、権威や高次の目的のために規律に従う能力が確立し、それは民主的な社会の中でも機能し続けたはずである。従属への慣れは、近代化の両義的な成果である。近代には、理論的には自由が保証されたため、同時期に非人格的で非人道的な近代化が行われた事実が隠されてしまうのである。

こうした基礎の上に、かつて宗教改革と対抗宗教改革の時代と呼ばれたこの時代の歴史と対峙しながら人々は進んでいく。宗教改革と対抗宗教改革の両者を総合しつつ一般化することで信仰告白の時代と定義されたこの時代には、宗教は集団で行われる儀礼であることを止め、信じるべき全ての条項を含む「信仰の告白」に応じて、自発的に引き受けるアイデンティティとなったのである。この見取り図の中にカトリック教会も改革派教会も含まれる。[28] 全てのキリスト教会は、大衆の統治という分野で国家の進撃の先払いの役を務め、集団の振る舞いを規律化する規定を差し込み、実践した。例えば告解、キリスト教の教義を教える学校、よき習慣を教育すること、日常生活の儀礼化、男性、女性そして子供の役割を定義することなどである。

この用語と解釈の提案の重要性を強調したのは、パオロ・プローディである。彼は、特にその著作においてこの分野の研究を牽引してきたのはもちろんであるが、同時に他者の研究を組織・指導する長い作業を通じてこの分野の研究のイタリアにおける推進者の役目を果たしてきた。[29] 二〇世紀末の研究状況全体の中では、史学史上非常に広い意味を内包してきた「近代性」という言葉が強調されなくなったことによって、プローディが強調した提案は、歴史研究を刷新していこうとする意志とも、カトリックの歴史叙述が孕む自己弁明の意図ともうまく手を結びつつあるように見える。原初の形態への回帰という「改革」の原義と、使徒の手を介して聖霊が描き出した完璧な教会が人間の悪しき行いによって腐敗し堕落していく過程としての歴史というキリスト教思想、この二つから生じた古くからの論争が、こうして最終的に幕を閉じたと見なすことができるかもしれない。

「改革」という単語をルターやカルヴァンをはじめとする教会の創立者だけでなく、イグナティウス・ディ・ロヨラあるいはカルロ・ボッロメーオの行いにも用いることを、カトリックが渋ったのは、中世のカトリック教会が腐敗した団体であり、外科手術的な介入を必要としていたと暗に認めてしまうからだった。実際のところ、ルターは彼の行いを「改革」と呼ぶことを受け入れず、むしろ「福音の発見」と呼んだが、「改革」という言葉は、まずローマへの従属という「腐敗した」キリスト教に対する反旗として、次いで近代文明の象徴として掲げられたのである。（プロテスタント）改革が放埓と教義・習慣の腐敗に対する抗議から生まれたのではなく、むしろこの時代特有の歴史的要求から生まれたのだという認識に達するには、数世紀にわたる議論が必要だった。リュシアン・フェーブルが示したように、改革の起源に見出されるのは、急速に変化するヨーロッパ社会の心性と要求なのである。個人という新しい心性、そして正義と罪に関する複雑な問題に対して、ルターは信仰による義認と聖書を個人で読むことという解答を与えたのだ[30]。

「改革」という言葉に関する論争を乗り越えたものの、諸研究が示すように「対抗宗教改革」という言葉は研究の場で使われ続けた[31]。実際の研究の現場では「対抗宗教改革の時代」が語られ続けている。習慣的にこの言葉を使っているのはスペインの歴史家たちであり、彼らは権力と宗教とを結びつける方法という意味でこの言葉を使うことを広めた。これはイタリア社会の研究者たちも同じである[32]。

ただし、他の起源や参照軸を持った研究の命脈が完全に枯渇してしまったのだと考えるにしては、あまりに広すぎる領域がここにはまだ残されている。根深い割にはあまり自覚されることのない不寛容さのおかげで宗教的な統一を守った国においては、打ち滅ぼされ、かき消された特徴とその伝統の移り変わりは決して忘却の彼方に置かれるべきではない。たとえ阻害され、打倒された諸文化にせよ、統一への道を逆に辿っていくとそれらが行き交い会う光景に出くわすのだが、打倒された側を自発的に選んだ異端者たちの視点からすれば、今のところ明らかになっている差異の見取り図は適切に探求されているというには程遠い状況にある。親プロテスタント的で自由主義的な歴史叙述は、イタリアの過去の集合写真のうち削り取られた部分を、幾人かの名前やテクストで埋めることで大きな貢献をなしてきたが、まだ多くのなされるべきことが残っている。

一方の他方に対する勝利はまた、敗者の記憶の抹消を意味しており、様々な教会が殉教者とした犠牲者の隣では、同様の熱意をもった者たちが何の痕跡も残さないまま忘れられているのである。一例を挙げるならば、分離的な欲求に屈することなく、そしてマイノリティの遺産という文脈のみで研究されないようにするために、近世におけるイタリアのユダヤ人コミュニティの歴史を我々はしかるべき方法でまだ語らなくてはならない。異なるコミュニティ間の商業や貸付の全体像は未解明のまま残されており、これらのコミュニティは相異なるものの、同じ領域から形成されていた。そしてそれはイタリア半島でも結束が固く、活力に満ちた社会領域だった。管理機構の歴史――監獄や司法――とイタリア近代におけるカトリックの勝利に貢献した思想の歴史の脇には、異端者と迫害者そして犠牲者の歴史が存在するのである。

終章　イリアスとオデュッセイアの間
――トレント公会議と非ヨーロッパの諸文化――

一　ヨーロッパのための公会議

数世紀に及ぶトレント公会議の歴史叙述は、批判者と擁護者の論争に支配されてきた。プロテスタントのマルティン・ケムニッツが即座に展開した敵意に満ちた検証とカトリック側の護教的な多くの著作は、公会議の成果を「歪み」ととるか、それとも「復興」あるいは「カトリック改革」と捉えるのかという二つの相反するテーゼを定めた。こうした見解は神学者や歴史家たちによって様々な形で何度も議論されてきた。この文脈の中で、修道士パオロ・サルピの作品は歴史上偉大な作品の位置を占めている。サルピの『トレント公会議の歴史』はトレントの教会会議の苦悩に満ちた推移を語り、公会議の成果がいかほどに予期しないものだったか、そして公会議を望んだ者だけでなく、それに反対した者の前提や期待をどれほどに裏切るものだったのかを強調している。公会議は教会を統一するために開催されたのに、結局はその断絶を修復不可能にしてしまったのである。司教の権威を回復させ、教皇の力を削り取るべきだったが、サルピ曰く「ローマの側では、多方面での発展によって今やほとんど制限のない放縦へと至った自らの膨大な権力を、小君主たちが抑制するための有効な方法として公会議を恐れ、これを忌避していた。（中略）だが、公会議はローマの支配下に残った地域にかつてないほどに大きくかつ根深く、ローマの権力を定め、確固としたものにした。(1)」

実際、ファルネーゼ家のパウルス三世は公会議という思想そのものに教皇たちが向けてきた敵意をなくしてしまったのではなく、むしろそれをひた隠しにしていた。教皇ははっきりとした保証があったからこそ、ともかくも公会議の開催を受け入れたのであり、交渉が行われている間にも、異端審問所の設立という重要な選択をしていたのである。宗教戦争の道具たるこの機関は、対立の来たるべき調停までの臨時組織として巧妙にその姿を現したのである。公会議が始まり、義認の教義に関する決議という防塁が一旦築かれてしまうと、パウルス三世は、公会議を中断し、ボローニャへ移すための最初の口実をうまく利用した。これはカール五世の政策とのはっきりとした断絶でもあったが、その原因は宗教的であるというより政治的なものだった。対立の根源は、父であるパウルス三世からパルマ・ピアチェンツァ公に任じられたピエルルイージ・ファルネーゼが暗殺されたことにあった。続くユリウス三世のどっちつかずの政策やカラーファ家のパウルス四世によるはっきりとした公会議の否定がこれに続いた後、最終的に公会議の再開に対する肯定的な意志を示したのは、教皇ピウス五世と彼が信頼を置いたジョヴァンニ・モローネ枢機卿であった。ピウス五世の前任者パウルス四世は結局成功はしなかったものの、このモローネを異端者として死に追いやろうとしていた。サルピが歴史の歩みと人の意志との関係について疑念に満ちた落胆した結論を下したのは、長く劇的な瞬間に彩られた経緯と、そして全く予見できなかった結論へと至る多くの瞬間がそこにあったからである。これは、歴史を人間の行いと見る、サルピ以前の時代には支配的だった人文主義的であると同時にプラグマティックな概念の危機でもあった。

しかし他ならぬこの公会議の長さとそのドラマティックな一連の展開こそが、サルピをある文学的なイメージへと誘ったのである。すなわち、サルピによれば公会議のイメージとは、「我らの時代のイリアス」だった。

主役たち、犠牲者たち、勝者たち、そして何より定められた教義は、全くもってヨーロッパのキリスト教の内部にあるイリアスのものであり、教会間だけでなく骨の折れる歴史研究の間で議論されてきた対象もこのイリアスのものである。今のところほとんど注目もされておらずわずかしか研究されていないものは、トレントの形式のキリスト教がヨーロッパの情景の外へ広まっていく過程である。すなわち我々がオデュッセイアとも定義できるような歴史である。これは、航海と旅の歴史、異なる未知の人々との出会いの歴史であり、ヨーロッパ文化のために案出されたが、すぐに全く異なる異文化との対峙という試練に直面することになるトレント式のキリスト教の翻訳と改編の歴史である。このオデュッセイアは、西方のキリスト教会の教皇を全世界に広がる宗教の長に変質させるうえで決定的な役割をすぐさま担うことになる。まさにこの道を辿って、教皇の教会は、普遍を意味する「カトリック」という名を冠することができたのである。これは統一性、神聖さ、そして原初の使徒たちの教会に連なるという特徴と同じくらいに「真の」教会の性格を定義する際に必要不可欠な属性だった。(2) プロテスタント改革から生まれた異なる信仰告白の間の宗教対立の中で、ローマ教会は使徒の時代に起源をもつという真正さ、そしてそれ以来途切れることなくよき教義の伝道に努めてきたという性格が否定される様を目にしてきた。しかし、カトリック性、すなわち世界中に伝播していくその普遍性という点については、ローマに従う論争好きの神学者たちは、唯一ローマ教会のみがヨーロッパから外に伝道されるべきキリスト教の形式であると主張できる見込みがあった。すなわち、カール五世の帝国に日が沈むことはないように、ミサの奉献や秘蹟の実施は昼夜の別なくなされるというのである。一五三〇年代前半のイタリアで書かれた祈禱書の著者は既に同じような考察をしている。「世界に広がる神の教会では、常にミサや秘蹟が執り行われている。なぜなら丸い大地の上ではいつもどこかに朝がきているのであり、もし朝にしかミサを行わないにせよ、いつもどこかでミサは行われている。

そしてまた同様に、いつもどこかで福音書が読み上げられているのである。(3)」次いで、ドイツ世界とローマ世界との断絶がますます激しくなるにつれて、ヨーロッパ外の宗教の面での征服に関する楽観的な論調は鳴りを潜め、これに取って代わったのは、世の終わりを暗示するごとくヨーロッパ内の対立で振るわれた暴力に関する意気消沈した思弁だった。

宣教活動は、特にフランチェスコ会、ドミニコ会といった修道会によって開始され、一五四〇年からは新設のイエズス会の活動がそこに加わった。しかし、新たな西方の大地での宣教という大規模な事業は、トレントに集まった司教たちの会議にはそれほど多くの影響を及ぼすことはなかった。

もっとも、想起されるべき影響が少なくとも一つはある。一五六三年の待降節の最初の日曜日に開催された公会議に際して行われた演説の中、ポルトガル人のドミニコ会士フランシスコ・フォレイロは、当時イエズス会の宣教活動で好まれていた予言的・神秘的なテーマを再び取り上げた。すなわち壮大な可能性と歴史的展開に満ちた新しい時代の到来を伝えたのである。フォレイロは、バルガ大司教バルトロメウ・ドス・マルテイレスが信頼を寄せる神学者としてトレントに来ており、まさに同年の一五六三年に註を付したイザヤ書を出版していた。この本のなかで彼は、ヨーロッパの宗教的断絶とその他の世界における宣教師たちの伝道に関する神秘的で予言的な意味の解釈を提案している。すなわち、教会を捨てたヨーロッパに対置されるのは、福音にその港を開いたアジアなのである。「どの民も背いていないとしても、そのうち離反は起こります。もしヨーロッパが福音を拒否するとしても、アジアが信仰を告白するでしょう。(4)」したがって彼にとっては、ヨーロッパの反乱を打ち捨てて、新しいキリスト教に扉を開くことは、当時の教会に提案された選択肢だったのである。

東方教会との間の首位権を巡る対立が起こった一〇〇〇年前に、教皇権はヨーロッパとの間に決定的な繋がりを結んだ。近年触れられているように、ヨーロッパという名前が現れる最初の教皇文書は、五九五年に大グレゴリウス一世からビザンツ皇帝マウリキウス一世に宛てて書かれた手紙である。ここで教皇グレゴリウス一世は、まさにヨーロッパの名においてコンスタンティノープル総主教に対して彼が「普遍」という称号を称する権利に異議を唱えている。教皇グレゴリウスは、異教の民によって荒らされ、街には人気がなく、農村には農民の姿もまばらであり、蛮族の支配下にあるところとしてヨーロッパを叙述している。(5) しかし、このヨーロッパの名において、ローマ司教はローマ帝国のビザンツ側の後継者と袂を分かったのである。一五〇〇年代当時にあっては、ローマ教会にはプロテスタントのヨーロッパと縁を切る可能性が、別の方面に開かれた道とともに九〇〇年前と同じように示されていた。ルターの唱えたキリスト者の自由と万人祭司説によって中世的な儀礼と服従の統一が崩れつつあるヨーロッパの拡大を前にして、教皇は世界展開というゲームを行う。

実際、近世の前半において、トレントのカトリック主義こそが、特別な集中力をもって、キリスト教世界以外の人々にそのメッセージと秘蹟を届けようとする情熱を体験したのである。スペインとポルトガルという二つの植民地帝国が固くローマに忠誠を誓っていたという事実もこれに貢献した。宣教の伝道を使徒たちの原初の伝道の復興として見る意識は、生来、教皇権と強く結びついた修道会の活動を支配した一つの現実だった。フランチェスコ会からドミニコ会まで、あるいはカプチン会からイエズス会に至るまで、インド行きを自ら志願する運動が拡大し、発展していくのを目にすることができる。イエズス会士たちが「インディペターエ」(Indipetae)という名で分類したこうした志願者たちの書いた書簡は、驚異的なほどに表現力に富んだ文章である。イグナティウス・デ・ロヨラは、教皇に服従し、宣教に従事することを望むこの潜在的なエネルギーの解釈者であり、推進者でもあった。宣教に関するローマのヘゲモニーが布教聖省という形をなす前でさえ、こうした方向性の提案やイニシアティブそして計画は増えていった。ともあれ、宣教という現象が広範に及び、それをローマが指揮したことによって、ローマ教会を指す「カトリック」という言葉の新しい定義が成熟し、カトリックの「聖なる歴史」を形成していく。この「聖なる歴史」は、古の教会と近代の教会の連続性を主張するが、それはすなわち史料に裏打ちされた連続した叙述として教会の歴史を書く可能性があるということでもあった。カトリック世界の新しい「聖なる歴史」は、したがって使徒の真実を捨て去り腐敗した目に見える教会とは分かたれた、見えざる教会という観念に訴えなくてはならなかったプロテスタントのそれとは異なる。公会議の直後にチェーザレ・バローニオがとある草稿に傾けた情熱はよく知られている。この草稿は、「教会年鑑」という新しい歴史の草稿であるだけでなく、典礼暦の確実な土台となる聖人たちの記録を整理した殉教録の草稿でもあった。教皇の側の公会議の遺産を基礎として、カトリック世界においてはパオロ・プローディが「トレントのパラダイム」と定義したものが支配する時代が始まった。この遺産は、君主が任命するか、少なくとも君主と何らかの結びつきをもった司教たちだけでなく、教皇特使のネットワークによっても前に進められたのである。司教らに向けられた指示の中には、次のようなものもあった。「ご存じのようにトレント公会議は、教会改革の始まりであり、この改革の存続やそれに関する議論もまた公会議に関する省察に左右される。」これは言葉の上だけのことではない。スペインにおいて無原罪の御宿りの問題が勃発し、係争について公式の認可を下すようにローマに圧力がかけられた時、パウルス五世は公会議の議事録にある公会議の教父たちがこの問題について表明した意見を個人的に確認したいと望み、これを根拠にスペイン王の要求を拒絶した。しかし、こうした局面よりもずっと前から、公会議とその普遍的な権威の名において、教皇権はカトリックの信仰告白に関する文書を提案していたのである。まさに「トレントの信仰告白」と呼ばれたこの教皇への服従の誓いは、一五六四年一一月一三日の大勅書イニウンクトゥム・ノビスによってその少し前に幕を閉じた公会議に対して提案されたが、この大勅書によって教皇権は、ルター派やカルヴァン派、アングリカンと競合する中で、服従と恭順の固い誓いのモデルを提案したのである。より強力な教皇権が公会議から出現したのだとすれば、それは教皇権が公会議を自らの旗印とするという役目を担ったからでもあったのである。かくして、かつて教皇の権威が最も恐れた敵であったものは、「カトリック」の権力、すなわちローマ教皇権の普遍の権力を確立するための欠くべからざる装置へと変貌を遂げたのである。

こうして、公会議の場に集ったメンバーたちは徹頭徹尾ヨーロッパの地平を前提としたにも関わらず、ヨーロッパの外においてもトレント公会議は重要な役割を果たした。新しい教会や新しいキリスト教の宗派が確立していくことに対する戦い、あるいはまた人々の信仰を管理する領域へ進出する国家権力との戦いという二つの戦端がイタリアの境界を越えて開かれたのだということを教皇権が自覚したのは、公会議のおかげであった。しかし公会議の決議はもっぱらヨーロッパでの対立とプロテスタントとの対峙を念頭に置きながら、編纂されたものだった。公会議の議場では、ヨーロッパ外へのキリスト教の伝道についてはほとんど全く触れられることはなかった。むしろこの時までは、宣教の問題を管理していたのは政治権力だった。すなわちスペインとポルトガルというイベリア半島の王国の君主たちは、征服地の住人に対する庇護権を有していた。これは、彼ら君主こそが、その地で秘蹟を執り行い、宗教的に服属した人々を導くために、宣教師たる修道士を選んで、送り込むことができたということを意味していた。こうした慣行への反対意見は、隠遁してカマルドリ会士となった二人のヴェネツィア人貴族トンマーゾ・ジュスティニアーニとヴィンチェンツォ・クエリーニが一五一二年にレオ一〇世に提出した覚書に見出すことができる。「ある特定の小さな土地」に責任を負っているのではなく、広い意味での人々の「共同体」の「全体」に対する責任があるということを教皇に自覚するように促したのは、彼らだった。トレント公会議の幕が閉じようとしていたちょうど同じころ、事態は変わり始めていた。集権的モデルと世界中に広がる行動範囲は、神学的にも法の上でも「トレント的」と定義されるデザインを推し進めるために、それ以後教皇権の事業を特徴づけたのである。この時教皇権が行った戦略上の転換は、ある意味においては、教皇大グレゴリウスの時代に起こった転換に比肩するほどの重要性があった。

公会議の遺産は教皇権が担い、司教たちや、とりわけ教皇特使のネットワークやイエズス会のように教皇権にのみ忠誠を誓う修道会に頼りつつ前に進んでいった。その間にも、教会の信仰、儀礼そして記憶の統一を図るべく必要な組織が次々につくられたが、これらは教皇の権威に従う集権化された組織でもあった。

この一覧表は長くなってしまうので、主要なものに言及するだけで充分である。「トレントの信仰告白」は、少し前に終結した公会議に対して、一五六四年一一月一三日の大勅書イニウンクトゥム・ノビスで提案された教皇への服従の誓いであった。こうして教皇権は、ルター派やカルヴァン派、アングリカンと競い合いながら、服従と恭順の固い誓いのモデルを提案したのである。公会議の成果を承認する大勅書、トレント公会議のものと言われながら、実際にはローマで編纂されたカテキズモの原稿、パウルス五世のローマ式典礼による儀礼の統一的で集権的な改革、カトリックの殉教録、最後にはプロテスタントの歴史に対置されるカトリック教会の歴史の出版といったものが、世俗の領域でも急速な成功を収めていく。（チェーザレ・バローニオが開始した『教会年代記』を参照してほしい。）教皇権が新たに持った普遍的で拡大的な意識を示すこうした指標の中に、宣教活動を再び自らの統制下に置こうとする動きも差し込まれる。この時まで修道会の上層部に任されており、スペイン帝国の君主たちが注意深く管理してきたこの権限は、次第に都市ローマや教皇のもとにその基本的な参照軸を見出したはずである。いくつかの前提を作ったのはイエズス会であり、彼らはローマにその本部をもつだけでなく、そこから、宣教活動の様々な前線からもたらされる人や情報の流れを管理していた。イグナティウスは、教皇が指示したところであればどこにでも赴くという有名なイエズス会士の特別な服従宣誓とともに、宣教師を選んだ。たしかに、イエズス会においては宣教への情熱よりも、対抗宗教改革の開始により求められた闘争の方が優先されなくてはならなかった。かくして、「信仰の布教」を謳った一五四〇年の大勅書の最初のヴァージョンは、「護教と布教」が謳われた一五五〇年にユリウス三世によって出された承認の大勅書によって修正を加えられた上、これに統合されたのである。しかしながら、まさにこうした基礎の上に、宣教に従事する修道会の活動や、カトリックの宣教を受けた世界の様々な地域における特別な宣教戦略の構築に対して、ローマ側からの規律や教義の管理の実践が徐々に形を成していったのである。教皇が新たに主役の位置を占めたことを示すのは、教皇グレゴリウス一三世がアジア地域に関して、イエズス会に宣教の独占権を与えたという事実である。こうして、宣教に従事する聖職者を養成する特別な学校がローマで生まれた。例えば、コッレージョ・ウルバニアーノがこれである。イタリア文化の文脈では、世界におけるカトリックの進出状況と信仰されている他の全ての宗教の実際の信者の数を調査しようという元イエズス会士のジョヴァンニ・ボテーロの壮大な計画が熟していた。さらにローマの出版社からは、インドや日本、中国にキリスト教という木を植えようとした開拓者たちの栄光の事業を物語る書簡や布告の出版がスタートしていた。これを読むことは、強い呼びかけとなり、使徒たちの例に倣い殉教を求めるという英雄的でエキゾティックなモデルに倣いたいという若者たちの使命感の醸成にも手を貸した。こうした書簡のプロパガンダから、真の意味での宣教の歴史叙述を作り上げることへと移行していくが、この有名な例はこれから見ていくダニエッロ・バルトリの作品である。一六〇〇年代に、ローマの側から宣教活動の管理を組織しようとする試みは最後の仕上げの時期を迎える。かくして一六二二年に「布教に関する（di propaganda）」聖省が産声を上げたが、これは正式な名称である「信仰の布教に関する（de propaganda fide）」という名称を官僚的に簡略化してすぐに呼ばれ始めた名前である。こうして「プロパガンダ（propaganda）」という大きなまた同時に予測もできない成功を運命づけられた言葉とともに、この機関は生まれたのである。この機関は、これ以後宣教に関する全ての問題の先頭に立つべき統治機関だった。

二　宣教における順応戦略

新たな聖省の誕生を全ての教皇特使に伝えた書簡は、「使徒たちの作法」と「法的な」作法、すなわち宣教と異端審問とを区別している。

「教皇の至高の職務は、魂の健全さに関する全てのものごとを含んでいるが、その中でもカトリック信仰の監督ほど重大なものは他にない。この問題に関しては二つの事柄が必要である。一つは、罰をもって信者たちに信仰を固く守るように強制することで、信者のうちに信仰を保ち続けること。もう一つは、不信心者たちの間に信仰を広め、喧伝していくことである。このために、聖なる教会のなかにはこれらを行うための方法がまだ二つ保持されていた。一つは法的な方法であり、これによって聖なる異端審問の役所が設立された。もう一つは道徳的あるいはむしろ使徒的と言った方がよい方法であり、これによって宣教を必要としていた人々への宣教が継続的に行われている。そして新たな改宗者を支えるために派遣されるべき人々を養成するために、様々な神学校やコレージョが作られたのである。(6)」

要するにこの手紙では、二つの力点と二つの方策が区別されている。一つは「信者たち」と関係することであり、もう一つは「不信心者」を対象にしている。信者たちが、教皇の権威に従う君主たちの臣民たちだとすれば、不信心者はその他すべてである。すなわちキリスト教徒ではないアメリカ、アジアそしてアフリカの人たちであるだけでなく、プロテスタントの君主の臣民たちでもあった。

多様な事例を語り尽くすのに、この区分だけでは十分とは言えない。というのも、カトリックの君主たちの治める地にあっても、カトリックではないものの、さりとて異端として扱うわけにもいかない臣民たちがいたからである。すなわち「カトリックの地方にはユダヤ人たちがおり、港でも市場でも彼らと出くわすし、あるいは異端者や教会分裂者そして不信心者たちとの境界線上でも彼らと出くわすのだ。」ユダヤ人に対しては、異端審問の使用を諦めて、説得による術に甘んじなくてはならなかった。

後に三十年戦争の名で呼ばれることになる宗教戦争の恐怖がヨーロッパ全体を覆っていた時期にあっては、説得という言葉を見出すことは望むべくもなかった。むしろこの戦争こそが、宗教に関して暴力を用いるべきか否かという一六世紀に火ぶたを切られた論争の最も重大な結果だったのである。この論争は、ヨーロッパ外の不信心者が対象なのか、ヨーロッパの異端が対象なのかによって異なる歩みを辿っていたが、当時暫定的な作業仮説へと行き着いていた。長い期間にわたって、対象を注意深く区別していくことは忌避され、むしろ単純にカトリックの領域と「他者」の領域を対置し、全ての他者に対して強制という名の同じ暴力を適用しようとしてきたのである。

ほんの数十年さかのぼってみればよい。一六世紀の半ばにスペインの神学者アルフォンソ・デ・カストロは西インドをキリスト教化するための征服戦争を正当化するのと同じく、異端者に対する暴力の使用が正当であると主張していた。そして、教皇パウルス四世の神学的であるだけでなく実質を伴った圧力に呼応して、法学者マルカルド・デ・スザンニスは、(イベリア半島やスペインの支配領域は別として)宗教的なアイデンティティを保つことが認められていたはずのキリスト教社会内部にいるユダヤ人に対しても、暴力的に改宗を迫ることは合法であると主張したのである。

一六二二年の回勅においては、穏便な手段と暴力的な手段という二つの方法が並置され、それぞれの補完手段として示されている。しかし、一方は過去に属し、もう一方は未来を見据えていた。一六〇〇年代に宣教活動が盛んになってきた時、異端審問の方はその役目の最も重要な部分を事実上既に終えてしまっていた。カトリック諸国の内部では、異端はもはや喫緊の課題ではなかったのである。たしかに異端者たちは常に存在していたが、もはや重大な危険とはみなされなくなっていた。通常異端の問題はどちらかと言えば早急に棄教という手段で解決されており、そのために前もって印刷されたいかにも官僚的なフォームが準備されていた。もちろん魔女の問題も存在していた。しかし、この場合も次のように言えるだろう。すなわち真の宗教とその代替物たる悪魔の宗教との間の戦いが急を要したからこそ、異端審問官たちが持ち前の冷酷さと疑り深さで何とかそれを解読しようと努めたのだと。複雑な状況が最後まで残されたのであり、異端審問官たちが彼らに管理を任された人々と築いた関係は、また辛抱強く彼らのことを深く理解し、説得していくことでもあったのである。

つまり一七世紀の異端審問官たちの目には、プロテスタント改革派との激しい対立の時期に彼らの前任者たちが感じていたほどには、真実は明白なものとは映らなかった。

むしろ、疑念と混乱が世界を覆っていった。宗教改革時代の暴力的な争いの間、真実は明白であるとする麗しいほどの確信が世界を覆っていたが、それももはや雲散霧消してしまっていた。思想的な闘争から、人々の統治へと移る中で、全体の刷新へと向かう推進力は、さながら迷路の中で道に迷ってしまったかのようである。神学論争も今となっては専門家たちの問題となり、かつてのように純粋な、場合によっては混乱さえした情熱を喚起することはなくなってしまった。後に道徳を監督する者、あるいは道徳について顧みる者は、余りに曲がりくねってしまった道のために、福音書のモデルのような偉大であると同時に情熱的でもあるその単純明快さを諦めなくてはならなかった。人々の振る舞いは複雑で、それを理解することも、ましてやそれを導いていくことも困難に思われた。道徳神学は、実際の具体例という名の森の中で自らを見失い、善の探求は、小悪の同定という曲がりくねった水路の中でうろたえるばかりだった。事態はヨーロッパキリスト教世界のあちら側もこちら側もそれほどの違いはないように思われる。プロテスタント世界においても、正しい道の明晰さや良心の確かな声というものは、疑念や混乱によって亀裂が入ってしまっていたように思われる。道徳観念として、そして善悪の判断という迷宮の中で一本の糸を探す道としての決疑論は、カトリックの教会を越えてプロテスタント側でも受け入れられたのである(7)。

これは穏便な説得という選択が当時最も推奨されたと考えられるからであり、また宣教の仕事がより人々の心をとらえる結果になっていたからでもある。この仕事を常に特徴づけていたのは、平和な方法の行使であり、加えて言うなら、宗教改革期に見られた双方を摩耗させる複雑な論点に関する激しい神学論争が収まってしまった時代にあっては、遠き対話者、わけてもキリスト教徒の間の対立とは関係なく、いまだ信仰をもたない者たちに向き合う仕事は、抗い難い秘教的な魅惑をもっていたからだ。
説得の術としての秘教主義は第一に言葉の省察へと没入していく。言葉、すなわち「信仰を持たない」人々に向けて語られる宣教師たちの言葉と、ヨーロッパで布教する者が語り、広めた言葉を書き写し、印刷したもの。この二つが、この領域を議論の余地なく支配した。

宣教について語ることと、実際に宣教を行うこととの間にあったのは、海、すなわち世界中の海と大洋であったが、言葉の力はこの距離を消し去ってしまう。そして新しい世界のイメージを黙想することに注がれた言葉の力がその頂点を迎えるのは、宣教に従事した修道会が生み出した作品の中でのことである。例えば、イエズス会士ダニエッロ・バルトリの本を思い出してほしい。バルトリは自らの書いたものごとをついぞ直接目にすることはなかった。彼の生涯は、「三〇年以上にわたって（中略）小さな部屋の中で、磔刑像と本や手稿や資料の積み上がった柱の間で、固い忍耐をもってものを書き続けつつ」過ぎていったのである。

しかし、彼の本は読者の空想を広大な地平に解き放ってくれる。彼の仕事のやり方については、彼自身が幾度か我々に語ってくれている。すなわち彼のペンから紡ぎ出されることは全て、証言者や当事者たちが書いた信頼のおける報告書にもとづいているのだ。多くの人々の場合とこの点は変わらない。当時、旅行記や冒険記に魅了される人々は多く、人々の幻想という炎は他人の報告書によって油を注がれ、人々は宣教師たちの肩越しにエキゾティックな国々をスパイしていた。

「しかし、いったいどのようにして私は、モデナに囚われ、一度たりともイタリアの外に出たこともないのに、かくも遠い異郷の地を論じることができるのか？」という、一世紀後にルドヴィコ・アントニオ・ムラトーリが提起した修辞的な問いに、バルトリも向き合うことはできていただろう。そして「私は次のように答える、私の足ではなくとも、他人の足で私はパラグアイに赴いたのであり、他人の目を通して私はかの幸いなる宣教を目にしたのである。これによって、私はこれから話すことに関する多くの証言を得ることができるのだ(8)」という、ムラトーリの答えと同じ答えを、バルトリもまた答えたことだろう。

バルトリも他人の足で歩いたのである。

「そして、私もその点については、他の者たちと全く同じく、中国に生きた人々の敬虔な記憶の上に立っていることだろう。中国に赴いた人々は、幸いにも、流刑囚のごとくに宮城の中に一〇か月も一五か月も閉じ籠もるのではなく、かの王国にある全てのものに慣れ親しんでいた。二〇年、三〇年あるいはそれ以上の歳月を費やして、使徒の勤めに従事するだけでなく、夜にはその地の文物に関する探究に耽り、かの国の師たちに教えを説くほどにまで至った。私は彼らの書いたオリジナルの文物を利用すべく、それらを所持しており、マカオから北京まで、すなわち中国の隅々から届く生の声だけでなく、こうした見聞録も利用できるのである(9)。」

宣教について述べることは、したがって宣教活動と切り離されて誕生したのではない。多くの困難を伴いながら、かの霊的な征服活動に従事した人々は、書き物も生み出したのだ。バルトリの時代には、この両者の結びつきは想起する必要すらないほどに当たり前のものになっていた。数十年前から印刷業者たちは、休む間もなく書簡や通信の新しいコレクションを生み出しており、これらはあらゆるカテゴリーの読者によって旅行報告や世界におけるヨーロッパの宣教の体験記として利用されていた。

ところで史料が「オリジナルの手稿」であるということにバルトリが注目したのは、決して偶然ではない。というのも印刷されて世に出たものは、実際宣教師たちが送った書簡の生のテクストではなく、むしろ編集者による複雑な仕事の結果であり、選択と検閲が行われ、ある確かなイメージを与えつつ、読者の反応を的確にコントロールしようとする傾向があったからである。要するにプロパガンダ用に作られた作品だったのである。だから、一五三八年から一五八四年にかけて二人の宣教師たちが中国から送ってきた四〇通の手紙は、注意深い選別の結果八通のみが印刷されるということも起こり得たのである(10)。

しかし、バルトリが文書館にしまい込まれた極めて豊かな史料に接した時、彼が歴史の主役たちと取り結んだ関係は、単なる歴史家とその史料との関連に還元することはできない。宣教活動と宣教の歴史家の活動は、バルトリが毎夜専心した「長く骨の折れる研究」を強調した時に表明したようなある深い関係をもっていたのだ。文字と科学の英雄的な営み、宣教の歴史家とその登場人物との真の出会いを示すには、この定型表現以上にふさわしい表現はない。終身の流刑囚のごとく小さな書斎に閉じ籠もり、バルトリが中国のイエズス会宣教師のなかに見出したのは、彼らの体験のそれぞれ半分を占める使徒的な営為と文筆の営みが調和を保ちつつ結びついている様だった。

使徒的な勤めの日中が多忙だとしても、本当に「多忙極まる」のは夜の勉学であった。本とは世界を理解するためにも、世界を人々に理解させるためにも必要な道具立てであった。トレント以後のカトリックの書物の一覧を造る際に書物のエキスパートだったもう一人のイエズス会士アントニオ・ポッセヴィーノによれば、神とは世界という本の著者であり、「天上の学問」を習得するための教師でもある(11)。

もっとも、世界を記述することは、古くからの問題であり、この道を進む者は一六世紀に俄かに復活したことが知られていた長い伝統とも折り合いをつけなくてはならなかった。問題は、世界を見るためには何が必要であり、世界をいかに叙述するのかを知ることだったのだ。そして、ここでの処方箋は、旅行者のタイプに応じて様々に異なっていた。ある者は徹底的な類型学を作り上げようとした。例えばドイツ人アルブレヒト・マイヤーは、一六世紀の終わりに『地域記述の方法』を編纂・刊行し、考慮するべき点を整理して指摘している。彼によれば、習慣、社会の慣行、経済交流、司法制度、税、祭礼、儀式やセレモニー、娯楽などを書き留めておく必要があったのだ。(12)彼が念頭に置いている旅行者たちは、実際のところイエズス会士アントニオ・ポッセヴィーノが彼の地理学の研究書の中で列挙していた人々と一致していた。すなわち「船乗り、商人そして兵士」(13)であり、また学究の徒や教養を望む紳士たちだった。つまり、地理的知識に関する疑問が広がり、それに応える必要があったのだ。しばらく前から、宣教師たちは「異なる」人々の歴史を話すことに慣れ親しんでおり、少なくともジョヴァンニ・ダ・ピアン・デル・カルピーネ(14)は『モンゴルの歴史』を著していた。儲けの機会や商品に目ざとい商人の視点を、キリスト教信仰の説教師たちが宗教的な信仰に対する特殊な興味に置き換えたというよりは、商人たちの視点に宗教的な興味を付け加えたに過ぎない。(『異世界の書』あるいはマルコ・ポーロの『世界の驚異』に書かれた織物や高価な石のうち商人の目に留まらなかったものなどいったいどれほどあっただろうか?)アメリカの発見に関する書物では、民俗誌に関する情報にはほとんど頁が割かれていない。これは、福音の働き手に捧げられた多くの「ミサ」を記述する必要性があったからであるが、人々や習俗のそれぞれの違いについては、一見した限りでは、否定的な形式でしか書くことができなかったせいでもある。要するに、見知っているものごとのなかで、そこに欠けている要素を列挙していくのである。すなわち、衣服、法、商業、貨幣、王、文字そして科学の欠如という具合である。最初の旅行報告からモンテーニュの随想、シェークスピアの再構成に至るまで、これがアメ

リカの野蛮人を叙述するにあたって支配的な特徴だった(15)

しかし、書くべきシナリオが極東のそれになった時、事態は変化した。ここでは、たしかに異なる現実に対する読者の興味は存在したが、この興味は親近感のある枠組みに従って読み解くことができ、この興味によって宣教師たちは記録を蓄えることを促された。自身の希望を押し付けることのできた権威ある読者がこれには関係している。例えば、枢機卿マルチェッロ・チェルヴィーニはイグナティウス・ロヨラを通じて、次のような質問に書簡の形で答えるようにフランチェスコ・サヴェーリオに求めていた。「服装はどのようなものか、彼らの食べ物や飲み物、それから彼らが寝るベッドは何でできているのか、彼らの各々は何をしているのか？ そして、その地域については、気候はどのようなのか、習俗はどのようなのか？」(16)

その時以来、イエズス会はこの種の情報の収集と編纂、そしてその普及に特化した。イエズス会の手紙に含まれる膨大な情報をふるい分けることで生み出された豊かな印刷物を読むことで、イエズス会と人々との間に長く続く絆が生まれ、驚異やエキゾティズムに対する興味が育まれていった。この意味において、バルトリの作品はいくつかの書簡を組み合わせた作品の多かった世紀にあって、燦然と輝く例外事例だったのである。

この作品は、第一に冒険と信仰心による殉教を夢見る若者たちの夢想をかき立てた。宣教師志願者たちはその全世代にわたってこうしてリクルートされてきたのだ。たしかに聖ルイージ・ゴンザーガのようにこの夢を実現させようとはやるあまり、あまりにも早くに世を去ってしまった者もいた。しかし、とりわけ多くの宗教家たちは、ヨーロッパの拠点でもっと慎ましい仕事をこなしながら、両インドから届いた書簡の描き出すエキゾティックな情景に自分たちの行っている仕事を重ねて見つつ、自らを慰めていたのである。「私は他の本を読まない、……これらの手紙だけで私には事足りるのである。……これらの書簡は私に多くの安らぎを与えてくれたが、この安らぎによってこの世界における混乱が増えてしまうようなことはない。……私はこの神聖極まりない魂と比べながら、はるか遠くから自らを省みているのである。」イエズス会士シルヴェストロ・ランディーニの言葉の中に、このジャンルの文学の受容のされ方、逃避であると同時に推奨でもあるその多様な機能の一端を垣間見ることができる。

しかし、ダニエッロ・バルトリが執筆者としてのキャリアを歩み始めた時、信仰による殉教という思想は、かつてほど宣教文学の中心を占めていたわけではなかった。神秘的な熱情はしかるべく導かれ、コントロールされており、キリスト教徒の生活の革新運動が制度面では全般に凍結していくなかで、ユートピア的な計画を受け継いでいた人々は、（例えば「キリスト教を改革し、不信心者と異端者たちを改宗させる」ことを望んだかのパルマのイエズス会士のように）[17]締め出されていった。真の意味での宣教の地でも、人々は長く続くゆっくりとした忍耐を要する仕事に向き合っていた。この仕事は、日本や中国といった社会や文化の全体を説き伏せるために、宗教的な情熱や福音の模範といったものに頼るのではなく、むしろ知識に頼っていた。

したがって、この時代において理想的な宣教師の内面の奥深い本質とは、いかなるものなのかという疑問が育まれることはなかった。暴力的な手段によらない征服活動は、教え諭しながら、自らの優位な立場を確立し、教育的な関係を築き上げることを通じて行われたのである。バルトリの最初の著作以来、人文学者たちが「保護され、矯正されてきた」のは偶然ではなく、またこの世紀の有名な宣教師イエズス会のパオロ・セニェーリ師が、様々な複雑な知の百科全書となっていた信仰を「教え込まれた」異なる人々全てのモデルを提示することに自分の著作を捧げたのも偶然ではない。ここでいう人々とは、碩学の改悛者、教養ある告解者、知識ある教区司祭そして学識あるキリスト教徒である。バルトリの次の世代において、セニェーリは外部ではなくカトリック世界の内部へ向かう宣教の代表例であった。信仰に関する問題に力を用いることに反発し、説得と教示を用いるというモティーフが確立したところから辿り着いた極致を、彼の作品の中で目にすることができる。実際説教師として作家としての彼の活動の全てが注がれたのは、宣教の歴史に深く根差したある理念を実現することだった。すなわち、単に「信仰を持たない者」だけに信仰について教えるのみならず、全てのキリスト教徒にその必要があるのであり、わけても文字の読めない者、農民にこそ必要があるのだという理念である。

しかし、穏健な宣教方法が確立される前に、キリスト教の一体性への確信、キリスト教の真実は明白であり、そしてそれは一つであるという確信、すなわち異端審問を生み出した原理と宣教は折り合いをつける必要があった。反抗者たちを強制的に教会に連れ戻す必要性もこの確信から生じている。これは、「強制改宗」という重大な問題に付随して生じた問題である。すなわちヨーロッパ外の人々を力ずくでもキリスト教に改宗させるべきか否かという問題であり、一六世紀にバルトロメウ・デ・ラス・カサスに代表される有名な議論を惹起した問題である。

アメリカの征服にあたって軍事力が使われたことは、所与の事実である。たとえ法学者や神学者そして哲学者がこの問題を巡って討議しようとも、キリスト教宣教がスペイン軍によってもたらされた平定に多くを負っていたことは誰の目にも明らかであった。一方、インド、日本、中国においては宣教師が恃むことができたのは、自身の力量のみであった。ではいかにそれを使っていくのか？　これこそ、しばしば激しい調子で大いに議論された問題であった。これに関するエピソードを見ていこう。

一五八三年の暮れ、ゴアのイエズス会コレージョでは大きなセンセーションが起こっていた。日本の大名の子弟からなる一団がヨーロッパに向けての旅支度を整えており、極東巡察師アレッサンドロ・ヴァリニャーノは慌ただしく準備に追われていた。

日本の若者たちの旅は大きなイベントだった。彼らは、日本におけるイエズス会の宣教の大きな成功を示す明白な証となるはずであり、同時に日本の目をヨーロッパのカトリックに向けさせることにもなるからである。ヨーロッパの諸都市で戦利品として好奇の目に幾度も晒された「野蛮な」アメリカ人の集団とは異なり、日本人たちはすぐに帰らなくてはならなかった。この件に関してヴァリニャーノの編纂した指示書は疑問の余地を残していない。すなわち彼らの証言は、日本における宣教を確実にするには不可欠であったのだ。このため、彼らがヨーロッパに対して懐く印象は注意深くコントロールされ、フィルターをかけられなくてはならなかった。少年たちは常にガイドに付き添われなくてはならなかったが、これはとりもなおさず、彼らが見るべきもの、すなわちカトリック世界の力、荘厳さそして豊かさだけを見せるためであり、逆に悲惨さやそのネガティブな側面を見せないようにするためだった。文化を受容していく手段としての旅は、ガイド、決められた旅程、旅行者に不快感を与えかねない全ての側面の隠蔽といったあらゆる要素を備えて誕生した。長く準備されたこの旅行は、立ち寄ったイタリアの町々での壮麗な儀式を伴いながら進んでいった。一五八五年の三月一〇日に日本人の一行はローマに足を踏み入れる。一〇年前の聖年にバロックの並外れた祭礼を目にしていたこの街は、カトリック世界において、教皇権こそが疑うべくもなく神聖であることを一層誇示するための舞台装置を使う機会を再び得たのである。旅人の目に焼きつくような豪華で荘厳な入市式と凱旋式が組織されただけではない。イエズス会が組織した出版キャンペーンはこの旅程を逐次追跡し、点描し続けた。この中で、一行は日本が教皇に臣従するための公式の外交使節として紹介された(18)。

既に達成されたものとして提示されたこの宗教的征服は、実際には全くもってこれから行われるべきものであった。そしてそれをいかに進めていくかを巡って、特にヴァリニャーノが日本に到着してからというもの、苛烈な議論が戦わされていた。日本の少年たちの出発を待っているまさにその頃、イエズス会の東方支部でこの議論は行われていた。この年の暮れ、ゴアにいるヴァリニャーノ神父とマカオにいるフランシスコ・カブラル神父という、イエズス会の東方における二人の最大の権威は、各々自室に引きこもって、イエズス会総会長クラウディオ・アクアヴィーヴァという同じ宛先に向けてそれぞれに書簡を書き始めた。[19] 彼らの手紙の内容から見えてくるのは、宣教のプランと方法に関する二人の間の根本的な対立であり、それが性格の基本的な違いや個人的な強い確執と結びついている様である。イエズス会士が書簡によるコミュニケーションを行う際の慎み深い形式をもってしても、二人がローマの総会長に宛てた手紙の中で相互に不満を吐露することを妨げることはできなかった。かくして、一枚岩のイエズス会という顔の裏側に、日本人の少年たちの大きなパレードの組織人たちの間にあった激しい対立を我々は知ることができるのである。

イエズス会の日本宣教の先頭に立った二人の不協和音がローマまで聞こえてきたのはこれが初めてではなかったが、この二つの書簡がほぼ同時に送られたのは、日本の武士たちの「外交使節」とともに、ヴァリニャーノが築いてきた宣教師と地域社会との関係が生み出した成果も運ばれてくるはずだったからである。すなわち、日本の「儀礼」に関する彼の論考である。[20] ヴァリニャーノはその内容について説明するべく、自らの手でローマまでこの論考を運ぶ準備をしていたが、彼を管区長に任命するという報がゴアに届いたので、彼は旅行を取りやめざるを得ず、書簡の形で自分の主張を展開せざるを得なかった。一方のカブラルは、その手紙の中で古くからの非難や不満を繰り返し述べている。既に別の機会に、彼はこのイタリア人の導入した方法について不満を述べ、心穏やかに考えられるよう職務を辞することとさえ求めていた。

対立は日本における宣教活動のあらゆる問題に及んでいた。ヴァリニャーノの意志で一五八〇年に豊後で行われた討論にこれを見ることができる。この訪問者によって当時提起された問題は、宣教の管理の体制や形式、財政、コレージョの創設、司教の必要な場合の任命、そして忘れてはならないのは「儀礼」に関してである。儀礼という名のもと、社会関係に関わる一連の規則が示されている。たとえば、服装、あいさつ、贈与などである。この対立はまさにこの点に集中していた。ヴァリニャーノは通常『儀礼書』と呼ばれる『規則の書』を定めた。この適用を巡ってすぐに対立が始まった。だからこそ、総会長の見解は、この問題に批判的な意見を封じるためには欠かせないものだった。ただし、まったく何の留保もない承認ではなかった。たしかに『職務規則』は一五九二年に最終的にその効力をもつに至るのだが、これは長い交渉の結果だったのである。大洋を渡ってローマに辿り着いたヴァリニャーノの手紙は、辿り着いたその瞬間から最初の宣教師たちの手になる民俗的・人類学的な興味を記した他の文書と似たような運命を担う。（例えば、有名な例としてフランチェスコ会士ベルナルディーノ・デ・サハグンの作品を想起してほしい）ヨーロッパと他の世界との関係において決定的な時期の忘れられた残滓は、一九四六年のヨーロッパによるアジア支配の終焉に至って初めて再び光が当てられた。これは、ヴァリニャーノが提案した規則が「単なる「短い実践入門」」に留まるようなものではないと思わせるには十分である。(21)

近世初期のイタリア文化の基本的側面は、よく知られているように、例えば宮廷などの決められたコンテクストの中で有効な振る舞い方を作り上げることから成り立っていた。（バルダッサール・カスティリオーネの『宮廷人』を想起してほしい。）異なる対話者たちに共有される実践的な規則の素地を特定しようとする努力は、ある成功によって実現されたが、この成功はそれだけで問題の重要性を示している。すなわち、社会に対する個人の義務の領域とその範囲を見分けることだった。そしてここから、他者に柔軟に適応していく能力を備えた名士という新しい概念も生まれてくるが、同時に同じくここから社会の支配を正当化していくための新しい論理も派生していく。というのもこうした適応の法則をうまく使える者だけが、エリートの一員であると認められるからである。そして逆に、この適応のための法則を実践しない者は「農夫」ないしは「野蛮人」という似たカテゴリーの中に押し込められるのである。こうして立居振る舞いの法則を認識し、それを実践していくことの周囲に生じた形式上のマナーと実際の権力とのもつれ合いによって、マナーによる二分法は抗い難いものとなった。よき作法あるいは文明 (civilitates) という、それらを指し示すべく作り上げられた言葉は、元来もっと格調高く使われていた言葉だったはずだが、近現代においてはこの言葉の名のもとに、（社会ないしは世界）の全体を一方の側が支配し、法を敷くことを可能とした。（イタリアではモンシニョール・デッラ・カーザの有名な作品の献呈者の名を取って、ガラテーオと呼ばれているが[22]）、これらの礼儀作法は、「文明」の基礎を形作るノルマとなった。ロッテルダムのエラスムスのような高名な著者の貢献によって、その運命は、教育的で要理的な文学と結びついた。モンシニョール・デッラ・カーザはたしかに『ガラテーオ』で著名だが、この有名な作品に比べればさほど知られてはいない小論考も著しており、その中では、支配の証、下位の者と上位者、すなわち支配される者と支配者との距離の証を同定するという目的を明示していた。実際、この論考は「配慮と社会的義務の問題について」と題されていた[23]。ヴァリニャーノの文書について議論し、これを修正する際にイエズス会においても言及されたのは、まさにこの「配慮の規則」なのである。

文明と義務、支配の確立と規則の尊重を全て担保するものは何かという問題は、明白であると同時に説明し難い。同時代を生きた人々にとってもこの問題が明白であることははっきりしていた。アレッサンドロ・ヴァリニャーノはこのつながりが広く知られていることを想起させつつ、論考を以下のような言葉から始めている。「教父たちが改宗やキリスト教に関して提案していることを行うために、日本において必要とされている主なものごとのうちの一つは、以下のような方法で日本人たちと付き合うことを知ることです。すなわち、権威あるように振る舞う一方で、親密さも欠かさず、この二つのものごとのうち一方が他方を妨げないように、しかしそれぞれが各々の役割を果たせるように気を配りながら、両者をうまく調和させることです。[24]」

イタリアついでヨーロッパの文化が、一六世紀から一七世紀に立居振舞いのマナーを洗練させたことは、様々な面で良く知られた有名な歴史的事実である。すなわち、「文明化」の規則の重要性は、この時期以後正しく教養ある階層の教育の一翼を確かな形で担うようになったとも言えるだろう。しかし、この議論や洗練が俗人の人文主義的な文化とは一見すれば異質な二つの領域に顕著な反響を引き起こしたことをまだ誰も明らかにはしていない。すなわち、改革派との宗教論争の領域と宣教の領域である。コリント人への手紙の中で聖パウロの一節は、「キリストに向かわせる」ために対話者たちに「順応する」ことを語っているが、この一節を導きの糸としながら、いくつかの痕跡を見出すことができる。すなわち、この一節は使徒たちの行いを完遂しようとした者に課された一節であるが、同時にキリスト教のうちにあって宗教の不一致による断絶を体験した人々が心に刻みながら、長く議論した一節でもあった。「弱者」の要求を尊重すべきであるという信仰上の「強者」の義務として当時順応は語られていた。聖パウロの書簡の一節（コリント人への手紙Iの九節）は、同じくパウロのガラテア人への手紙二章の一一から一三節と対置されながら読まれており、「順応」は容認できる「偽装」の形式として受容された。[25]理論上の問題は具体的な状況から生じる。概して、現実の状況の中では、力関係のために自身の信仰の「真実」をひた隠しにするか、あるいはそれを捻じ曲げざるを得なかった。

自らの信仰と異なる宗教思想を持っていた者と「妥協する」必要があるのか？　そして、もし順応していくとして、その中で（一時的に）陰に隠される自身の信念をどうすればよいのか？　宗教改革の時代の議論においてこの問題は繰り返し問われたテーマであり、その問題の側面もよく知られている。他方、あまり知られていないのは、「和解」と偽装のテクニックは世界中で経験されたということである。前者にとっては勝利を確実なものにするため、後者にとっては破滅的な敗北を可能な限り避けるために、征服者と被征服者はともにこの問題に向き合わなくてはならなかった。だが、理論的な問題は同一であった。すなわち自身の勝利を守るため、そしてまだ真理を知らないか、知っていてもそれを受け入れようとしない者を真理へと引き寄せるために、いかなる仮の装いが必要なのかということである。負けた側が敗北の翌日から生存の問題としてこの問題に着手しなくてはならなかったとすれば、勝者は、少し遅れて、勝利と説得との違いを身をもって学ぶや否や、この問題に取り組み始めた。実際ヨーロッパの内外でこの問題は同時に表れてきた。再洗礼派がヨーロッパで偽装の技法を見出したのとほぼ同じころ、あるナワトル語のテクストは征服者に「順応していく」必要性を説き、カスティーリャ人たちを迎えるための聖なる場所の建設を説いていたのである。(26)

他方、ヨーロッパの宗教対立の中で成熟した同化の経験を、ヨーロッパ外の人々の文化を征服する技法へと応用するための準備は既に整えられていた。

ヴァリニャーノはこの問題を理解していた。おそらく彼がパドヴァで学んでいた数年の間に、この問題に関する書物を読む機会があったのだろう。大学都市に生きる若者にはよくあることだが、勉学のためのこの数年間は、彼にとっては十分に波乱含みだった。むしろ、彼には特別な事情もあった。というのも激情に駆られて犯罪を犯したのに、単にナポリの有力貴族の家系の一員であるという理由だけから、重い罰を免れたからである。(27)

正規の手続きに則ってイエズス会へ加入することで彼は改悛の効力を体験し、またイェズス会士になった後、その宣教事業の中にパドヴァでの災難によって妨げられてしまった高い名声を求めたのである。そしてここで、彼は「貴顕」をいかに遇するのかという問題に直面することになる。日本に着いた後、ヴァリニャーノは世界の遠い地方における責任ある地位に急速に上り詰めていった。ヴァリニャーノは「最初のまるまる一年間は彫像のごとく黙ったままに過ごし」たと、彼が一五八一年にイエズス会の総会長に書き送っているように、この態度とフランチェスコ・サヴェーリオの言葉をほぼ実践した。(28)

そして、長い省察の後、彼の規則を提案するに至ったのである。「威厳を得ること」が第一の目的であった。このため、最も権威があると同時に最もヨーロッパの宗教家に近い社会モデルに合わせていく必要があった。ヴァリニャーノは禅僧のなかにそれを見出した。儀礼における成果の全てはこの同一視から引き出されている。すなわち、威厳、身分の低い者たちとの関係、客を迎えたり、客として来訪する際の立居振舞いである。したがって、キリスト教の説教も禅宗の瞑想に似せようと努力する必要があり、また「日本人の間での宗教の名声が傷つき、壊されてしまうので、……いかなる理由であれ屋外で侮辱することのないよう、さらに貧者のようなやぶれたひどい身なりで修道士たちを巡礼に行かせることのないように」努めなくてはならなかった。(29)

キリスト教の聖なる儀式にもまして、重要になったのは茶道の作法であった。そして無作法こそが許すべからざる罪になったのである。「ある人にはふさわしいことが別の者には場違いなことがあるので、ふさわしい謙虚さと教養とをもって人々と接する術を身につけ、その国で用いられている上品さと優雅さをもって各人に合うように彼らをもてなすことが」必要だったのだ。これが金科玉条であり、この上にヴァリニャーノはローマの同僚たちとの間に一致点を見出せると考えていた。実際、上層部から彼に対してなされた反対に返答するために書かれた儀礼に関する第一条項の二番目の草稿の冒頭では、この問題が扱われている(30)。ヴァリニャーノは「この方式がどこでも有効であるのだとすれば、日本ではもっと有効に機能する」と注記している。日本の礼儀作法は、既に彼らが知っていた他のどの作法とも異なっており、そのために、上記の原則を適用するためには、社会的な差異を正確に示すという原則にもとづいた日本独自の礼儀作法をよく理解する必要があったのである。したがって、イエズス会士たちが社会の上層に身を置きたいと望むのであれば、必要とされるあらゆるシンボルを利用する必要があったのだ。ここでいうシンボルとは、従者、馬、住居といった物質的なシンボルだけでなく、社会関係における決められたスタイルでもあったのだが、これらのスタイルは福音の教えと必ずしも完全に一致するわけではなかった。例えば、イエズス会士たちも、貧者や浮浪者など社会の下層に位置する人々を軽蔑しながら扱わなくてはならなかったのだ。しかし、ここから問題も生じた。

イエズス会の中で流通していた解釈においては、他者に「順応すること」は「キリストのもとに彼らを招き入れる」という目的を達成するための必要な手段だったが、ポランコ神父が彼の著書『諸方策』の中で書いているように、この方法は、「たとえよいと言われておらず、よい行いではないにせよ、認められるにふさわしいものを認め、いくつかの事柄を耐え忍び、偽装することで(31)」、自身の視点を定めることを放棄することにもつながる方法でもあった。かくも高貴な目的のために狡猾な手段と偽装を行うことを、もし誰かが非難したとしても、「人の抜け目のなさに訴えなくてはならないのは、神の沈黙の結果である」という返答が用意されていた。最初の使徒たちのために奇跡を行って道を整えてくれた神は、今や新しい使徒たちが自力で何とか難問を解決していくことに任せようと決めているようであった。すなわち、新しい世界の言葉のバベルにおいて、いかなる超自然的な助けも、宣教師たちが世界を理解し、自らを理解させることを可能にすることはないのである。であるならば、他に何ができるというのか？　イエズス会総会長クラウディオ・アクアヴィーヴァは、どこで道を間違えたのかを知ろうと儀礼のテクストを前にした時、こうした省察の全てを持ち出す必要があると感じたのである。

アクアヴィーヴァの反応は意義深い、というのも彼は逆説的にではあるがヴァリニャーノの試みが完全に成功したことを示したからである。すなわち「異なる」文化を完全に習得するという彼の計画は、彼の上長ですらそれと分からないほどにまで成功したのである。禅僧のスタイルを真似るという選択が方便であり、そしてこれがただ単に本心を偽るための仮面であるに過ぎないとすれば、この仮面の方が本来の相貌をかき消してしまったと言わねばならない。すなわちイエズス会の総会長という、他の者より偽りを見破る技法に精通している人物でさえ、自身の下につく者の性質を認識することができず、結果を前にスキャンダラスに手を引いたからである。

もっとも、ヴァリニャーノの敵であるカブラルの苛烈な反対がアクアヴィーヴァの心を打ったわけではない。たしかに、カブラルのような人物は尊敬に値する人物であり、彼らのキリスト教思想は、征服事業の根本的な原動力であった。しかし、二人のどちらを選択するのかという問題の中で、イエズス会の総会長は迷いを抱かなかった。カブラルにもヴァリニャーノにも共通するのは、二人とも間違いなく名誉ある家系の出身だったということである。カブラルという姓からは、彼がポルトガル帝国を築き上げた軍事エリートの家系に連なることは明らかである。宗教的な改宗の体験が、両名をイエズス会へと導いていったのも共通である。しかしカブラルが、長年身を置いた軍隊の指揮と軍事的な征服という経歴から、直接にイエズス会に参加したのに対し、ヴァリニャーノの方は、大学での勉学の間に起きた愛情と暴力の暗い歴史から押し流されるようにイエズス会に向かっていったのである。そして、自己形成のスタイルの違いは、この二人が対立した論争の中でも引き続き見てとることができる。カブラルは、一兵士のような苛烈さをもって他者との通信を行った。彼は日本におけるイエズス会の上長たちに鉄の人間であることを求め、日本に住んだ二九年のうち、上長の命令に従わざるを得なかったのはわずか三年間のみだったと自信たっぷりに述懐している。[32] 抜け目のない策略や「順応」ほどカブラルに無縁なものもなかった。彼のキリスト教は妥協を知らず厳しく、日本人から向けられた軽蔑に対しては、それがどういう結果を招くかを顧慮することなく、清貧と謙譲をもって応え、「貴顕」を引き付けるための価値とは明確に一線を引いていた。

ローマの総会長は曖昧な態度を取り続けることはできなかった。ヴァリニャーノの言葉はすなわち総会長の言葉だった。コリント人への手紙Ⅰの九節のパウロの言葉の引用が、すぐに返信の手紙の中に現れた。しかし、この手紙の内容は、数日をかけて熟慮されたものだったはずである。ローマが日本の少年使節のための荘厳な祭礼に熱狂している間、アクアヴィーヴァはサンタアンドレーア・アル・クイリナーレの隠遁所に引き籠らなくてはならなかった。たしかに、アクアヴィーヴァにとってもヴァリニャーノの原則は正しいと思われた。

「……なぜなら、我らの主たる神が既に奇跡や預言の授与によって力を貸すことがなく、これらの人々が外的なものごとによって動いているように、彼らに順応し、「我らとともに出るために彼らとともに中に入る」必要があるからです。わが神父よ、これはある点までは、つとめて慎重に推奨した方がよいように見えます、というのも使徒もあらゆる手段でもって、キリストに人々を導くために布教者となったからです。」

しかしながら、ある点まではということである。

「順応」は方法であり、宗教的な征服こそが目的である。そして目的は手段を正当化する。宗教に関して偽装することとは、一六世紀の宗教対立から人々が学ばざるを得なかったことである。そして次の世紀には、この教えは国家と政治の問題へと適用されていくことになる。(33) ここで問題になっているのは、常に権力との関係であり、分の悪い力関係をいかにしてひっくり返すのかという問題だったのだ。しかし形だけの受容がどこで終わり、実質的な敗北がどこから始まるのか？　そして「僧侶の習俗や概念に適応する」という選択の結果として生じる豪奢さを誇る行いと、十字架にかけられ嘲笑された人にして神たる者の宗教、すなわちキリスト教はどのように折り合いをつけるのか？　もちろん、磔刑像のシンボルにあまりに固執し過ぎるのも不都合であることもよく分かっていた。世界の様々な場所での宣教師たちの経験によって、この点については慎重に留保するか、曖昧なままにしておくことが推奨されていた。後に「順応」という手法の最も著名な代表者になるマッテオ・リッチがまさに当時経験していたのは、中国人にかの十字架に架けられた人物が誰であるかを説明することの難しさであり、彼はキリストを「我らの地上の偉大な聖人」として語るに甘んじていた。アクアヴィーヴァはこのことをよく知っていたはずである。しかし、だからといって不平を言うのを止めたわけではない。「今、この理論を説く者がいるが、それならば、なぜ彼らはくどくどと十字架の功徳や、神のために説教し、清貧と地上のあらゆるものを顧みないことを勧め、また自ら範としてそれを示されたキリストに倣うことを称揚する必要があるのか私には分からない。」(34) とも語っている。

アクアヴィーヴァの反応は個性的な証言である。「順応」というプロセスが切り開いた地平を前にしていかに人々が驚いたのかを示すとともに、同時にこの戦略に対する唯一の代案が、預言者たちのモデルに回帰すること、霊的な征服を「十字架、労苦そして世俗への無頓着」という福音書の英雄的な証言へと転化させることでしかなかったことの証言でもある。イエズス会の総会長の筆によって展開された議論は、したがって懐古的な香りを帯びている。「したがって私は多くの人々を我々がつかみ取れるよう願っている。もし我々が我らの誓願に従って生きていれば、私たちが慎重に布教した時に得られる信者以上の多くの人々が神の下に集うことでしょう。」
ただし、これは空想の代案に過ぎない。というのも、軍事力も文化の上での優位性も、ヨーロッパ人の側にはない場所で、キリスト教の布教者にいくらかでも耳を傾けることを保証する事実上唯一の可能性は、「順応」という戦略だったからである。たしかに、こうした戦略は、即座に結果を得られるようなものではない。「猊下、私が何千人を改宗させたのかと尋ねないでください」と一五九五年に中国からマッテオ・リッチは書き送っている。これは痛烈な皮肉の一節である。リッチはついうっかりと成果を挙げられていないことへの不平をこぼしてしまったのである。「それらの労苦をもたらす受難によって神は私を罰し、あまつさえ、荒れ果てきった荒野における恵みさえも罰されたのです。」[35]この類のフレーズは、もちろん印刷には付されなかった。むしろ、印刷された記録集の中では、人々を鼓舞するかのように日本と中国におけるキリスト教の驚異的な発展に関する情報が掲載されていた。神の奇跡的な介入を垣間見させることにも躊躇はなく、神の介入によって道のりは平坦になり、宣教師たちは他の言語を理解できるばかりか、人々の側も宣教師の言葉を理解できるようになるのだ。もちろん実際には、状況は全く異なっていた。リッチは以下のように告白していた、「彼らの文字を習得することは難しく、このために我々は活動を広げることができません、そして別の場所に赴くべく、二度にわたって私は仲間にかの文字を教え込んだのですが、神は死をもって仲間を私のもとから引き離してしまいました。したがって、別の仲間を待つ必要があるのです。」[36]
こうした苦い思いこそが、しばしば夢の形をとって現れた。マッテオ・リッチは、南京に赴く途中で出会った人物について語っている。

「布教の進行具合は悲しむべきほどに乏しい成果しか挙げておらず、旅の苦難も相まって私はすっかりふさぎ込んでいたところ、私は一人の知らない人に出会ったようである。あなたは、古い律法を破壊し、神の律法を打ち立てるためにかの地に赴こうとしているのかと彼は尋ねた。私は、かの者がかくも見事に私の心の内を見透かしたことに驚きながら、答えた。「あなたは、悪魔なのでしょうか、それとも神なのでしょうか?」と。かの者は、「悪魔ではない、神である。」と。私は彼の足元に身を投げ出し、泣きながら直接申し上げました。「では、主よ、あなたはこの状況をご存じなのでしょう、であるなら、どうして今まで私を助けて下さらなかったのですか?」と。(37)」

要するに、奇跡は起こらなかったのである。福音を述べ伝え、改宗について考える前に、この社会に居場所を見つけ、受け入れてもらうことこそが当時必要とされていた。その場合、修道士にとって服装こそが決定的となった。実際、キリストの徳について公衆の前で説教することよりも、様々な人々の前に現れる際の服装こそがより重要だった。

したがって、ここで修道士の服装は急速に変化していく。リッチは「中国風の」服装をしていたが、当初は「十字架を記念した四角い帽子は残していた」ものの、すぐにこれさえも取り去ってしまい、「全面的に中国に溶け込むために司教の冠に似た、風変わりで角張った帽子」を着用するようになった。(38)ヨーロッパの読者にとっては枠外のことだった。というのも中国人にとっては、これは非常に正確に何かを意味していたはずだからである。

つまりリッチは文人として自らを紹介する決意を固めたのである。柔軟な同化戦略には現地の規則を常に注視しておく必要があった。ヴァリニャーノが日本で僧侶をイエズス会士と同一視させることを確信していたのに対し、ここ中国では同じ選択は誤りであった。なぜなら、リッチがすぐに気づいたように「中国では僧侶という名前は非常に低い階層にあった」からである。それゆえに彼は以下のように書いている。「私は僧侶の名を捨て、説教師の服装と地位を手に入れることにしました」[39]と。おそらく「説教師」という名詞は、リッチが伝えようとした現実とはやや隔たりがあっただろうが、イタリアでこの選択を知り、これに承認を与えるべき人々にこの選択を受け入れてもらうにはもっとも適した言葉だったのだろう。反映されたイメージ、偽装そして言葉のフィルターといったゲームは今や東洋と西洋で同時に繰り広げられていたのである。ヴァリニャーノの儀礼に関する手紙がローマで引き起こしたような対立が再燃することはできる限り避けなくてはならなかったが、かの著名な「典礼問題」を巡っては多くの対立が惹起されたはずである。

多くの人々は同様のやり方を偽善であると批判した。しかし、異なる文化を学び、受容する中で得た特別な偽善であり、何の基準もなかったわけではない。

日本でヴァリニャーノが、中国でリッチが試みた提案は、間違いなく有望であった。当時彼ら以上に対話者の側の論理に注意を払った者もいなければ、文化間の差異の境界線を引くにあたって柔軟だった者もいなかった。その関心の広さは、それを促す用意もあった同意というより、おそらくはむしろヨーロッパ同様に中国でも直面していた抵抗に由来していた。アクアヴィーヴァの当惑は、ヨーロッパにおける反応の苦難に満ちた歴史の前兆に過ぎなかった。フランチェスコ会やドミニコ会といった他の修道会が、正統教義の擁護者という旗を掲げつつ、もう一つの嵐を引き起こすのは、イエズス会の中国における選択を一六四一年に布教聖省に告発した時である。

いわゆる「中国式典礼」の問題は、極度に単純化して有体に言ってしまえば、イエズス会士によれば、「宗教の」領域ではなく、単に「世俗の」領域に属するとされた儒教の伝統の中で、要請される儀礼や儀式を死者に対して捧げることはキリスト教徒として正当なのか否かということであった。だが、宣教活動の主導権を争う制度的な競合関係だけではなく、教義の純粋さや正当教義の譲れない一線を踏み越えてしまうのではないかという警告も、この問題が辿った苦難に満ちた歩みを悲惨なものにしていった。長い間ヨーロッパ人たちはこの歴史について自分たちに関連する側面のみを知っていたに過ぎない。すなわち、その当時にイエズス会と他の修道会の双方が様々な関心のもとで様々なジャンルについて怒濤のように書いたパンフレットや山のような文書によって、典礼問題の歴史は、神学上の激しい諍いの歴史であり、また同時にローマのクーリアと大修道会の総会長の家の奥深くで繰り広げられたあさましい対抗心の張り合いの歴史として再構成されてきた。（宣教に従事する人間に対するコントロールを失いたくなかったポルトガルも注意深くこれを見守っていた。）最終的な危機に至るまでローマでますます高まっていった動揺とイエズス会への反抗、すなわち「典礼」の問題に関してイエズス会士が行った選択に対して聖省と教皇が繰り返し批判を加えたことが、この展開に降ろされた唯一の幕引きというわけではなかった。中国側の史料を検証した時から分かってきたのは、もう一方の側でも宣教に対して門を開き、これと対峙していくためには、根深い抵抗と折り合いをつけなくてはならなかったということである。[40] 結局、正統信仰という要塞を守るための権力間の内部対立において異端審問を道具として用いることで、宣教において試みられた柔軟さに対して異端審問の強硬さが最後には勝利を収める結果となったのである。いわゆる教皇特使メッツアバルバの記録に収められた中国の皇帝と教皇特使との間で交わされたマッテオ・リッチの犯した過ちに関する対話を読めば、次のような印象を抱く。[41] 皮肉な笑みを浮かべつつ、皇帝は頑なではあるが恭しい聖職者たちに対して、どうして例えば天使の羽のように実在しないものを好きに描かせているのか、そして一度も中国の地を踏んだことのない教皇が、いったいどのようにして中国の典礼に関することを決定し、裁治することができるのかと聞いて、彼らが当惑するのを見て喜んでいた。これは「順応」という思想や、もはや遥か過去のものとなってしまったその擁護者たちのために、運命が与えてくれたわずかな意趣返しだったのである。

A・プロスペリと近世イタリア宗教史研究

本書は、Adriano Prosperi, *Il concilio di Trento: una introduzione storica*, Torino, Einaudi 2001 の全訳である。ただし、「イリアスとオデュッセイアの間　トレント公会議と非ヨーロッパの諸文化」(Capitolo ultimo: Tra Iliade e Odissea: il Concilio di Trento e le culture non europee) のみは今回の翻訳にあたって書き下ろされた新章である。

著者のプロスペリはカラーブリア大学、ボローニャ大学、ピサ大学を経て、ピサ高等師範学校で宗教改革と対抗宗教改革史を講じ、イタリア宗教改革研究を長年牽引してきた泰斗である。イタリアにおいては、既に十分な知名度を得ている著者であるが、近世イタリア史研究やカトリック研究の蓄積の薄い日本においては残念ながらほぼ無名の存在である。

そこで本稿では、やや迂遠ではあるが、近世イタリア宗教史研究を紹介した後、その中でのプロスペリの研究の位置、そして本書へと話を進めていきたい。

近世イタリアにおける宗教史研究ないしは、対抗宗教改革といった時、日本の読者がただちに想起するのは、カルロ・ギンズブルグであろう。『チーズとうじ虫　一六世紀の一粉挽屋の世界像』(1)、『夜の合戦　一六―一七世紀の魔術と農耕信仰』(2)など、対抗宗教改革期の異端審問記録を史料としつつ、ユーラシア規模の民衆文化を炙り出した彼の研究は、日本の読者にも既に馴染み深いものだろう。だが、彼の出世作『チーズとうじ虫　一六世紀の一粉挽屋の世界像』の日本語版がイタリア語原著からの翻訳ではなく、フランス語版からの重訳であることが端的に示しているように、ギンズブルグの一連の研究はフランス・アナール派の心性史・文化史の一端、ないしはイタリア版の変奏曲として紹介され、彼が本来根ざしてきたイタリア宗教史研究の文脈とはやや切り離された形で受容されてしまった。

日本の西洋史研究が、おそらくは一九世紀の導入以来伝統的に持ってきたカトリック軽視の傾向、イタリア近世史の軽視という風潮ともあいまって、イタリア宗教史研究がまとまった形で日本に紹介されることはなかった。だが、本国イタリアにおいては事情は全く異なっている。近世における宗教史、特に対抗宗教改革期の研究は、イタリアではポピュラーなテーマの一つであり、現在も陸続と新たな研究が発表されている。少なくとも近世に限ってみれば、教会史・宗教改革史は政治史、制度史、社会経済史などとは比較にならない研究の蓄積を既に有している。

トレント公会議や対抗宗教改革が、イタリアの歴史叙述全体の中で重視されてきたのは、この時期が近世以降のカトリックの出発点であり、近世・近代のカトリックのあり方、ひいてはイタリア社会のあり方を決定的に規定したからだろう。実際トレント公会議以後、第一ヴァティカン公会議（一八六九—七〇年）まで三〇〇年以上公会議が開かれることはなく、トレント公会議で定められた決議の多くは、二〇世紀半ばの第二ヴァティカン公会議（一九六一—六五年）において決定的な変更を被るまで、その有効性を保ち続け、カトリック諸国の信仰のあり方を規定し続けたのである。

したがって、多くの知識人・歴史家にとってはトレント公会議とは、現在とは隔絶された遠い過去のエピソードではなく、自らの生きる今に連なる歴史であり、トレント公会議や対抗宗教改革をいかに捉えるのかという問題は、すなわちイタリア近現代をどのように捉えるのかという問題と密接不可分だったのである。著者のプロスペリ自身がここで触れているようにポスト・トレント時代とは、一六世紀の現実ではなく、彼自身が幼い日々に体験した在りし日の姿そのものなのである。とりわけ、イギリス・ドイツなどのプロテスタント諸国の一九世紀以後の近代化と発展を目の当たりにしてきたイタリア知識人たちからすれば、これらの国々とイタリアが異なる道を歩み始めた一六世紀に目を向けることはいわば当然であっただろうし、プロテスタンティズムと資本主義の発展との間に関連性を見出すならばなおのこと、イタリアにおけるカトリックの問題は解決すべき喫緊の問題と映ったことは想像に難くない。また、二〇世紀前半のカトリック教会がファシズムと手を結び、ファシズム支配体制の一翼を担っていた事実に鑑みるならば、対抗宗教改革にはじまるカトリシズムの歩みを再考することは、イタリアの歴史家にとってはいわば自然な流れだった。

近世の宗教史がイタリア史学史の中で際立った重要性を担ってきた理由をもう一つ付け加えるとするならば、宗教史が国民国家形成史にとっての補完要素として機能してきたという点である。周知のように近世イタリアは、多くの小国に分割されており、後にイタリア統一を果たすことになるサヴォイア家も近世にはまだフランス国境沿いの小国の君主に過ぎない。したがって、サヴォイア公国の国制史・政治史を辿ることで近世イタリアの国民国家形成の一端と見なすことは不可能とは言わないまでも、非常にいびつな叙述に陥らざるを得ない。逆に、教皇国家、トスカーナ大公国、ヴェネツィア共和国、ナポリ王国など、イタリア半島内の諸国の政治史は、イタリア半島の近世史を見る上では重要な視点を提供するのかもしれないが、イタリア統一の過程で結局は消え去っていくのであり、一九世紀以後のイタリア史とは切り離された歴史に留まらざるを得ず、基本的に地域史の枠組みの中で研究されている。

一方宗教史の場合、フランス、スペイン、神聖ローマ帝国の影響からある程度離れ、ローマ教皇がイタリア半島全体に強い影響力を行使し、異端審問の受け入れなどイタリア半島各国がほぼ同じ制度下に置かれ、同じような経験をしてきたため、スペインでもフランスでもない「イタリアの」宗教史というものを描きだす余地が残されている。高等師範学校のようにイタリアを代表する研究教育機関の、歴史学のポストが宗教史家によって占められていることもこうした事情によるのだろう。

こうしたイタリア宗教史研究の実質的な開始点となったのは、デリオ・カンティモーリ（Delio Cantimori）である。第二次世界大戦中に出版され、戦後増補改訂を繰り返しつつ版を重ねた『一六世紀イタリアの異端者たち』の中で、彼が扱ったのは宗教改革の時代にカトリックの主流派にも、プロテスタントにも合流することのないまま、歴史の波に呑み込まれ消えていった異端者たちである。(3) 今日ピサ高等師範学校図書館に所蔵されている彼の旧蔵書、特に一五―一六世紀の多数の貴重書が示す広範囲かつ入念な史料調査、さらにイタリアの歴史学に特徴的な精緻な文献読解が紡ぎ出したこの本は、宗教改革期のイタリアに改めて目を向ける契機となり、イタリア宗教史学の嚆矢であるとともに今なお基本文献たり続けている。

もう一つ、カンティモーリが力を注いだのが、後進の育成である。戦後すぐにイタリア屈指の名門校ピサ高等師範学校で教鞭を取った彼は、イタリア中から集う若き俊英たちに、自らの精確な文献読解の方法、史料調査の方法を教えていく。毎年文理合わせて数十名しか入学者のいない高等師範学校ならではの教育方法ではあるが、宗教改革を専門としない彼の弟子でも、カンティモーリのセミナリオを自身の研究姿勢の原点であると回想する者は多い。このカンティモーリのもとに集った学生たちの中に、若きギンズブルグも含まれており、彼が師であるカンティモーリの勧めに従って、後に『チーズとうじ虫』に結実する異端審問の史料をウーディネ司教区付属文書館に探しに行ったエピソードは有名である。

ところで、ギンズブルグとちょうど同学年にピサ近郊からやってきた貧しい農民の子供がいた。ユダヤ系の家系に育ち、両親ともに小説家であったギンズブルグとは、あらゆる意味で対照的なこの人物こそ、本書の著者アドリアーノ・プロスペリである。(4)

一九三九年ピサから北東に進んだチェッレート・グイーディに生まれたプロスペリは、先述のようにピサ高等師範学校に入学し、同校とピサ大学で学ぶ。アルマンド・サイッタのもとピサ大学で卒業論文を執筆した彼は、そのまま高等師範学校の博士課程に進む。一九六八年からしばらく助手としてボローニャ大学に勤務した後、一九七五年にカラーブリア大学、次いでボローニャ大学で勤務した後、一九八五年から二〇〇二年までピサ大学で近世史を講じる。二〇〇二年から二〇一二年まで同じくピサの高等師範学校で近世史を講じ、名実ともに師であるカンティモーリの後を継ぐことになる。

ギンズブルグとは異なり、イタリア国内でキャリアを積み、イタリア語読者向けに研究を発表してきた彼は、多作であるにも関わらず、その主著のほとんどは、他言語には訳されていない。本書『トレント公会議』のスペイン語訳の他は、(5)ようやく近年になって『魂を与える』がドイツ語と英語に翻訳され、イタリア語圏以外でもその名が知られつつある。(6)

彼の研究は、自らの故郷であるヴァルディニエーヴォレ地方、特に二〇世紀初頭までそこに存在していたフチェッキオ沼を扱った編著『フチェッキオ沼　自然環境の長い歴史』(7)や、異端審問の裁判としての側面への着目から派生した近年の刑罰史に関する研究など多岐に及ぶが、(8)その研究の中心は師カンティモーリの学統を受け継ぎ、宗教改革と対抗宗教改革史である。この分野での彼の著作や論文は多いため、ここでは主著とされる四点のみに絞って紹介したい。

師であるカンティモーリや同輩でもあるギンズブルグが迫害され歴史の闇の中に葬られた異端者たちに目を向けたように、プロスペリも異端とされた人物の研究を行っている。特に主著の一つとされる『偉大なる書の異端ジョルジョ・シークロとそのセクトの歴史』は、本訳書の中でも言及されているジョルジョ・シークロを扱った研究書である。(9) そもそもカンティモーリによって始めて言及されたシークロについては、シチリア出身のベネディクト会士であったこと、一五五一年にフェッラーラで異端の罪で処刑されたことなど、残された情報は断片的でわずかであり、シークロの主著とされる『偉大なる書』さえ今日には伝わっていない。

このいわば忘れられた異端者の残された足跡を辿り、彼を取り巻く世界を再構成することで、シークロが奇抜な主張を展開した末に絞首台送りになった取るに足りない異端者などではなく、レジナルド・ポール、ガスパーレ・コンタリーニ、ドン・ベネデット・ダ・マントヴァなど義認の教義についてプロテスタントとの妥協点を探ってきた人々と近い考えを持っていたこと、したがって一五五一年に処刑されるまでの彼の歩みとはカトリック内部でプロテスタントとの対話・和解を試みた者たちが狩り立てられ、排除されていく過程の一コマであり、カトリックとプロテスタントの間に修復不可能な断絶が生まれていく過程でもあることを、描き出していく。

『偉大なる書の異端』がカンティモーリの研究手法と問題関心を受け継ぎ、発展させた成果であるとするならば、同輩でもあり高等師範学校でしばらく同僚でもあったギンズブルグの行った裁判資料の分析からその背後にある文化を省察するという手法を取り入れた研究が、『魂を与える　ある嬰児殺害の歴史』である。副題のとおり、一七〇九年にボローニャで起きた母親による生後間もない乳幼児殺害事件を扱った本書は、ギンズブルグがメノッキオの裁判で行ったように単なる裁判記録の分析を越え、その背後にある社会や文化の分析へと踏み込んでいく。ただし、ユーラシア規模の民衆文化といういささか茫漠としたものを描き出そうとしたギンズブルグに対して、イタリアの宗教史家たるプロスペリは、常にカトリックの長い伝統の中にこの事件を位置づけようと試みる。すなわちカトリックにおける女性の地位、裁判記録の中では全く言及されない子供の父親の存在という問題から、母親の行った嬰児殺害という行為の解釈に関する歴史へと分析は進む。胎児や乳幼児の命を奪う行為は、胎児の成長のどの段階から殺人とみなされるのか、言い換えるならばどの段階から胎児は人間と見なされるのかという問題を、多くの神学文献を紐解きながら、考察していく。

だが、異端者に着目することで対抗宗教改革期の思想的多様性を示したカンティモーリや異端審問の記録からユーラシア規模の民衆文化を探ろうとしたギンズブルグとは異なり、プロスペリが本格的に取り組み、独自の研究領域を切り開いてきたのは、イタリア社会を長きにわたって支配したカトリシズムそのものに関する研究である。プロスペリの代表作『信仰の審判　異端審問官、聴罪司祭、宣教師』(10)は、本書一〇章で触れられている異端審問と告解による規律化を詳述した七〇〇頁を超える大部の研究書である。カンティモーリとは異なり、彼が消え去った敗者の側ではなく、イタリア社会を規定したカトリックそのものに目を向けた背景には、もちろんプロスペリ自身が敬虔なカトリックであるという点も少なからず影響しているだろうが、それ以上に大きいのは置かれた時代背景の違いであろう。ポスト・トレントの時代のただ中で研究したカンティモーリとは違い、本書にも書かれているようにプロスペリは曲がりなりにもポスト・トレント期を過ぎ去った過去としてある程度距離を保ちつつ考察することが可能になった時代に研究を行うことができた。加えて、二〇世紀後半、それまで一部を除いて開放されてこなかったカトリック関係の文書館が研究者に開かれていったことも大きい。これによってポスト・トレント期の諸制度を歴史学の範疇で扱う素地が整ったと言ってよい。プロスペリは、これらの史料を用いつつ、異端審問、告解、宣教という三つの「信仰の審判」のイタリア半島への導入、その果たした機能、そして相互の対立という諸点を追いながら、「イタリア社会に対するローマ教会のヘゲモニーの歴史的理由とは何なのか?」[11]という問いに答えようとする。本書は、したがってポスト・トレント期のイタリアにおけるカトリック文配の構造を扱った本として、イタリア・カトリック研究を始めるに際して最初に参照すべき基本文献の地位を保ち続けている。

しかし、プロスペリ自身が同書の二〇〇九年版の序文の中で言及しているように、実はこの本の初版出版以後、研究状況はさらに大きな変化を被っている。特に画期となったのは、一九九八年に異端審問聖省の文書館が研究者に開放されたことである。以後新しく参照できるようになった史料を用いて、異端審問研究が大きく進みつつあるが、こうした近年の新しい知見を取り入れるべく、プロスペリはジョン・テデスキとともに『異端審問歴史事典』を編纂している。[12]

さて、ここまで紹介してきた彼の大部の編著書と比べれば、原著では二〇〇頁足らずの本書『トレント公会議』は、小著の部類に属する。本書のタイトルともなっているトレント公会議は、日本ではドイツ語読みのトリエント公会議としてよく知られているが、その知名度の割には、カトリックの教義を再確認し、対抗宗教改革の始まりを告げたという程度の理解しかなされていないことが多い。

一五四五年から四七年、次いで一五五一年から五二年そして一五六二年から一五六三年と長い中断を挟み、時に場所をボローニャにまで移しつつ行われた公会議の推移やそこでの議論と決議については、原著者自身が既に詳しく語ってくれているのでここでは繰り返さないが、本書はイタリア人向けに書かれたものであり、当時の時代背景やイタリアをはじめとするヨーロッパの政治状況については原著で必ずしも十分に語られているとは言えない。さらに舞台となっている一六世紀のイタリア半島は、日本の読者にとって必ずしもなじみ深い時代とは言えないので、ここではトレント公会議を取り巻く情勢を振り返っておきたい。

一六世紀前半のイタリア半島、さらにはヨーロッパを語る際に避けては通れない人物は、カール五世であろう。ハプスブルク家のフィリップとアラゴン家のファナとの間に生まれたカールは、母方の祖父フェルナンド二世の死に伴い一五一六年にスペイン王に即位し、続く一五一九年には父方の祖父マクシミリアン一世の死去によって皇帝の位を受け継ぐ。既に母方の祖父フェルナンド二世は一五世紀の後半にイタリア南部のナポリ王国と島嶼部のシチリア王国、サルデーニャ王国をアラゴン家の支配下に組み入れていたため、これらの領土もカールのスペイン王位継承に伴って、そのままカールに引き継がれた。このため、カール五世はスペイン、神聖ローマ帝国、ネーデルラント、さらにナポリとシチリア、サルデーニャという広大な領域を支配する君主となった。カールがイタリア半島南部を領有していたという事実は教皇の態度を考える際にも重要である。

注目すべきは、宗教改革はこのカール五世の登位とほぼ同時に起きているということである。九十五ヶ条の論題の発表は一五一七年、すなわちカールがスペイン王に即位した翌年であり、一五二〇年の公会議開催の要求はカールが帝位についたちょうど翌年になされ、以後ルターを支持する諸侯との間での内戦にまで至るので、カール五世の治世はこの宗教問題とともにあった。したがって、カールは一方では軍事力でルター派諸侯と対峙しつつ、他方で帝国内部の宗教対立を収束させる手段の一つとして、当初から一貫して公会議の開催を支持し続けた。

逆に宗教改革に伴う混乱を望んだ者も存在する。公会議の開催に最も強く反対し続けた人物は、時のフランス王フランソワ一世だろう。一五一五年に即位した彼がその後すぐさま目にすることになったのは、フランスがスペインや神聖ローマ帝国といったカールの支配地に包囲されていく様である。フランソワ自身もイタリアへの進出という伝統的な目標を踏襲し、しばしばミラノ公国の領有権を主張してイタリア半島に侵攻したため、カール五世とフランソワ一世は終生対立し続けた。

そして、いまだカルヴァン派の脅威が生じていなかった当時のフランスを治めたフランソワ一世からすれば、宗教改革とはあくまで神聖ローマ帝国内部で起こった諍いや内乱であったので、フランソワは帝国内部の不和を調停することにつながりかねず、またカールと教皇との連携に結びつきかねない公会議の開催に反対し続けるばかりでなく、しばしば帝国内部のルター派諸侯たちと同盟を結んでカールに対抗したのである。フランスの司教団が公会議に本格的に参加するのは、フランス内部でカルヴァン派の影響力が無視できなくなり、深刻な宗教対立を惹起した後の、第三会期においてのことである。

さて、この二者に比べて、ローマ教皇の態度はやや理解しにくいだろう。本文中でも述べられている公会議主義への警戒はあるにせよ、カール五世がプロテスタント勢力を攻撃する際でさえ援助を与えることを渋っているので、教皇の政治的な立ち位置は分かりにくいかもしれない。教皇の公会議に対する態度を読み解くには、教皇の多面的な顔を考慮に入れておく必要がある。

ローマ教皇と言われてすぐに思いつくのは、教会の長としての側面だろう。宗教改革まで西ヨーロッパのキリスト教世界を原理上統べ続けてきた教皇は、しかし歴史上全くその権威が疑問視されなかったわけではない。むしろ一四世紀から一五世紀初頭のシスマ（教会大分裂）時期には、教皇の権威は大きく傷つけられ、一時は三名の対立教皇が併立する事態にまで至っている。一四一七年のマルティヌス五世の登位によりシスマは収束を見るわけだが、フレクエンスを発し教会の最高の意志決定機関としての公会議の定期的な開催を定めたコンスタンツ公会議（一四一四―一八年）が、マルティヌス五世を選出したという事実が端的に示しているように、この時点での教皇権の失墜と公会議主義の隆盛は誰の目にも明らかであった。したがって、シスマ以後の教皇権が心を砕いたのは、第一に公会議主義を抑えつつ、トルケマーダなどの優れた神学者を用いて教皇権の首位性を理論的に固めていくことであり、第二に教皇庁で働く人々を司教などの聖職に叙階し、聖職録により彼らを経済的に支えつつ、教皇庁の組織を整備すること、さらに時には聖職売買や贖宥状の販売を通じてでも教皇庁の財政基盤を確立することだったのである。

したがって教皇権の目からすれば、ルターの公会議開催のアピールは、打倒したはずの公会議主義の復活につながりかねない事案であると同時に、シスマ以後に築き上げてきた教皇庁のシステムへの攻撃だと映ったのである。

公会議主義の脅威そして「頭の改革」への危惧が、教会の長という教皇の顔に由来するならば、「イタリアの自由」という政策は教皇国家の君主という教皇の顔に由来している。当時の教皇は、ローマを中心にイタリア半島中部に存在する教皇国家を治める世俗の君主でもあった。教皇国家の長としての教皇からすれば、神聖ローマ帝国とスペインを治めるカールが自国と境を接するナポリ王国やシチリア王国、サルデーニャ王国を領有していることは脅威であり、カール五世は常に教皇国家の存立を脅かしかねない存在だった。イタリア半島に何の足場もないフランスとの同盟にしばしば教皇が踏み切るのも、ハプスブルク家の影響がイタリア半島で過度に伸長することを避け、教皇国家を含むイタリア半島の諸国をある程度独立した地位に置いておきたかったからである。

こうした教皇国家の君主の観点から見るならば、神聖ローマ帝国内部で起こった宗教対立は、カール五世の力を削ぎ、彼の目をイタリア半島ではなく帝国内部へと向けさせるための格好の材料でもあったので、歴代のローマ教皇が自ら進んで宗教対立を早期に終わらせるように尽力することはなかった。

さて、フランス王が公然と反対し、教皇も開催には消極的である上に、イタリア半島の政治情勢も不安定な中では、カール五世がいくら公会議の開催を支持したところで、これが実を結ぶことはない。むしろ公会議開催の是非は、ヨーロッパ政治の動きに大きく左右されていく。フランソワ一世は、ミラノ公国の継承権を主張して一五二四年から二五年にかけてイタリア半島に侵入するものの、カール五世によって撃破され、フランソワ一世は一旦捕虜となる。しかし、釈放されたフランソワが即座に取った行動とは、カール五世の力を恐れた教皇クレメンス七世やイタリア諸国との間でコニャック同盟を締結することであった。この対ハプスブルクの同盟に激怒したカール五世は、一五二七年ローマに侵攻し、ローマ劫掠を引き起こす。もっとも一五二九年にオスマン帝国によるウィーン包囲に対応するため、カール五世はクレメンスとの関係を修復し、本文中にも見られるように「ヨーロッパ世界の平和」を条件に公会議開催の許可を得ることに成功する。もっともクレメンス七世は公会議開催には実質的に反対の姿勢を崩すことはなく、フランソワ一世も引き続き開催には反対し続けたので、公会議の開催までには、開催に難色を示し続けるクレメンス七世の死（一五三四年）と、イタリア半島情勢の安定とを待たなくてはならなかった。

一五三五年にカール五世がミラノ公国を自らの支配領域に組み込むと、フランソワ一世はこの措置に異を唱え再度イタリアに侵攻してきたものの、カールに敗北してしまう。この時に結ばれたクレピの和（一五四四年）によってカール五世がイタリア半島における覇権を確立することで、ようやく公会議開催へ向けた政治的な条件が整うことになる。

もちろんクレメンス七世の跡を継いだパウルス三世も、公会議の開催を承諾したものの、カール五世の権力が突出することを常に警戒しており、一五四二年にローマの異端審問所を設立したのもこの教皇である。かくしてローマで開催したかった教皇と、ドイツでの開催を望んだカールとの綱引きの結果、帝国領（すなわち「ドイツの地での」公会議開催という建前を守りつつ）でありながら、アルプス以南の都市であったトレントでの公会議の開催が実現した。

公会議の推移については、本文に譲るが、第一期の公会議は一五四六年に始まり、一五四七年にボローニャに移された後、中断されている。この理由を政治的な観点から見るならば、パウルス三世が出身家系であるファルネーゼ家のための領土を北イタリアで獲得しようと動いたことに対しカールが終始難色を示したこと、さらにカールが神聖ローマ帝国内部でシュマルカルデン同盟を撃破したことで、武力によるプロテスタント勢力壊滅というシナリオが現実味を帯び始めたことにある。後者は一見パウルス三世にとっては喜ばしい事態のように見えるが、神聖ローマ帝国の情勢がある程度落ち着いてしまうとカールの矛先がイタリア半島に向くことに教皇は危機感を懐いていた。ファルネーゼ家出身のパウルス三世とカール五世との確執は、結局パウルス三世の息子ピエルルイージの暗殺によって決定的になるので、パウルス三世が死去するまで、公会議が再び開催されることはなかった。

パウルス三世没後に即位したユリウス三世は、最初フランスとの関係強化を模索したが、パウルス三世没後も北イタリアに勢力を拡大させようとするオッタヴィオ・ファルネーゼにフランスが援助を与えたことに反発し、結局カール五世と協調しつつ第二期の公会議をトレントで再開させている。もっともカールが派遣したスペイン系の聖職者・神学者が教会の内部改革を強く主張したことにユリウス三世はすぐに不快感を示した上、シュマルカルデン戦争に勝利を収め、帝国内での軍事的な優位を保っていたカールが、フランスと密かに結んだザクセン選帝侯モーリッツの攻撃を受け、一五五二年に大敗を喫したことを受けて、教皇はすぐさま公会議を中断してしまう。

プロテスタント諸侯を軍事的に無力化した後、トレント公会議の場で教義問題の決着をはかるというカール五世の「グレート・プラン」はこの時点で実現困難となり、カール五世は神聖ローマ帝国を弟のフェルディナント一世に、スペインやシチリア、ナポリ、ミラノなどを息子のフェリペ二世に継承させ、自らは失意のうちに隠遁してしまう。帝国内で諸侯がカトリックかルター派のいずれかを選択することを認めた一五五五年の高名なアウグスブルクの宗教平和令は、フェルディナントのもとこうして発布され、カール五世の当初の目論見は名実ともに潰えたのである。

マルケルスス二世の短い治世を挟んで即位したパウルス四世は、もともとパウルス三世治下で異端審問所の設立に尽力した人物であり、ルター派をはじめとするプロテスタントにも厳しい姿勢で臨んだので、公会議が再開される可能性はさらに遠のいてしまう。むしろ、ハプスブルク家の支配下にあるナポリの高名な貴族カラーファ家の出身であるこの教皇は、イタリア半島からハプスブルク家を駆逐すべく、フランス王アンリ二世と結んで戦争を起こす。この戦争は、しかしながら黄金期のスペインを統べるフェリペ二世の前にフランス―教皇軍の敗北に終わり、一五五九年に結ばれたカトー・カンブレジ条約により一八世紀まで続くイタリア半島のスペイン支配を逆に決定的なものとしてしまう。同年パウルス四世も死去している。

かくして第三期の公会議は、パウルス四世の跡を継いだピウス四世によって一五六二年から一五六三年にかけて再度トレントの地で開かれるが、公会議を取り巻く国際情勢は既に様変わりしていた。公会議に対する立ち位置をもっとも変えたのはフランスであろう。一五二〇年以来ほぼ一貫して公会議には反対してきたフランスだが、本文中にもあるように第三会期にはロレーヌ司教の率いる司教団を派遣している。たしかにカトー・カンブレジ条約により公会議の再開が約束されていたものの、フランスの司教たちが参加した決定的な原因はフランス国内の事情である。

当初は宗教改革の影響を免れていたフランスも、この時期になるとユグノの存在が顕著になった上、一五四七年に死去したフランソワ一世の跡を継いだアンリ二世が一五五九年に急死した後、王権も安定しなかったため、結局宗教戦争へと至るからである。

もっともユグノに対応すべきフランスとルター派との融和に望みをつなぎたいフェルディナント一世が公会議のやり直しを求め、既に決議された事項についても再度一から議論し直すことを求めたのに対し、プロテスタントの影響を排することに成功していたスペインやローマ教皇をはじめとするイタリア諸国は、公会議の「再開」を主張した。またスペインとローマ教皇の間でも、司教の任地在住や教皇庁自体の改革を巡って対立は存在し続けたのである。

ピウス四世は甥である枢機卿カルロ・ボッロメーオやジョヴァンニ・モローネの外交手腕に助けられつつ、教皇庁の大幅な改革を迫るような改革を決議させることなく、一五六三年に公会議の閉会へと漕ぎつけるばかりか、禁書目録・カテキズモなど重要事項に関する多くの権限や、公会議に関する史料を保持し、その解釈を管理する権利を手にすることになる。

さて、トレント公会議はカトリック世界に及ぼしたその影響ゆえに、早くからこれに関する書物が書かれてきた。カトリック側に限ってみても、一七世紀に教皇庁と対立したヴェネツィアの貴族パオロ・サルピが著した『トレント公会議の歴史』が、公会議の推移とそれによる教皇権の強化を批判的に論じたとすれば、パラヴィチィーニは教皇庁擁護のための反論を著している。しかし、利用できる史料が制限されていたこともあって、トレント公会議に関する研究は、歴史学の研究というよりも、教義論争の色彩が強かったことも否めない。

こうした研究状況を一新したのは、本文でも何度も言及されているフーベルト・イェディンである。ヴァティカンの文書館に収蔵された史料を利用した彼の研究は、トレント公会議研究の水準を一気に引き上げ、今日でもこの分野における基本文献の地位を保ち続けている。

では、イェディン以後の研究は停滞しているのかと言われればそうではない。何が公会議の場で議論され、何が決議されたのかを詳細に追ったイェディンの研究は、同時に何がそこで語られず、また何が結局は決まらなかったのかということにも目を向ける契機となった。したがって、イェディン以後の研究は、トレント公会議そのものと「トレント公会議主義」（Tridentinismo）を明確に区別しつつ、トレント公会議の決議が「トレント以後」の時代にいかに受容され、カトリック社会の現実を変えていったのか、あるいは「トレント的」とされながら実際にはトレントでは決まらなかった禁書目録・カテキズモなどがどのように編纂され、トレントの決議同様に、あるいは決議そのもの以上に、カトリックの信仰のあり方に深い影響を及ぼしたのかを探求し続けている。

本書もトレント公会議の推移そのものを詳述するというよりは、公会議の閉会後の問題に多くの頁が割かれているのは、上で述べたような研究動向を反映したものであり、また忘れてならないのは、イェディン以後の対抗宗教改革期の研究をリードし続け、トレント公会議や「トレント公会議主義」が二〇世紀に至るまでのイタリア・カトリックに及ぼした影響を解明する研究を牽引してきたのは、他ならぬ著者アドリアーノ・プロスペリ自身であるということである。

したがって本書は、トレント公会議という我々にはなじみ深い題材を通じて、対抗宗教改革やその時期のイタリアを知るための手引きであるとともに、日本ではほとんど知られていないイタリア宗教史研究の入門書としての役割も果たすことだろう。

近世イタリアの宗教史あるいは対抗宗教改革は、日本の読者には一見すれば関係のない、縁遠いテーマに思われるかもしれないが、フランシスコ・ザビエルや終章で論じられたアレッサンドロ・ヴァリニャーノなど初期の日本とヨーロッパとの交流を担ったイエズス会士を突き動かし、彼らを東アジアにまで向かわせたのも、ここで扱われているローマ・カトリックであり、対抗宗教改革という時代であることを考えれば、トレント公会議とそこで下された諸決定も、あながち日本に生きる我々とも関係のない話ではない。

幸い近年この分野での研究も、日本では盛んになりつつあるので、対抗宗教改革のイタリア側での事情を理解する際の何らかの助けになれば幸いである。

冒頭でも述べた通り、この本の原書は二〇〇一年に刊行されているため、文献案内や引用されている文献は今日からみればやや古いものもある。幸い著者プロスペリは二〇一五年にも「ローマ教会　一五〇〇年代における教皇権とトレントの改革」と題した短い論文を書いており、簡単な文献目録もそちらに掲載されているので、関心のある方は合わせて参照いただければ幸いである。(13)

また、これも繰り返しになるが、終章のみは二〇一六年に執筆された書下ろしの新たな章であり、したがって読書案内などでは言及されていない文献や、原書刊行後に新しい校訂版の出た文献が引かれていることもある。例えば、終章以外では、パオロ・サルピの『トレント公会議の歴史』を引用するに際しては、コッラード・ヴィヴァンティの校訂による一九七四年の版が用いられているが、二〇一一年に同じ校訂者による新版が出版されているので、終章では新版の方が註に引かれている。こうした差異については、訳者の判断で修正することはせず、最小限の表記の統一のみに留めている。

一八世紀トスカーナの啓蒙改革を専門とする訳者が、この翻訳を行ったのはひとえにピサ高等師範学校で受け入れ教員、次いで指導教員の役を引き受けていただいたのが、本書の著者アドリアーノ・プロスペリ教授であったという縁による。多忙にも関わらず終章を書き下ろしていただいた著者アドリアーノ・プロスペリ教授、さらに留学に際して同教授を紹介していただき、本書の翻訳においてもお世話になった京都大学大学院文学研究科の福谷茂教授にもここに改めて感謝の意を表したい。また、引用されたラテン語やスペイン語、ドイツ語の翻訳・表記については、向井伸哉氏、佐藤正樹氏そして斉藤恵太氏の貴重な助言を賜った。記して感謝したい。もちろん訳文に関する全責任を訳者が負うことは言うまでもない。

大西 克典（おおにし・かつのり）

1982年生まれ。2005年3月東京大学文学部歴史文化学科西洋史学専修課程卒業。2015年1月ピサ高等師範学校博士課程修了。現在日本学術振興会特別研究員（PD）。博士（歴史学）

〔主要業績〕「18世紀トスカーナ大公国における統一土地台帳編纂計画とその挫折：ピエトロ・レオポルド期の改革路線対立」『西洋史学』258号，2015年。「ピエトロ・レオポルド期トスカーナ大公国における土地税政策（1772-1783年）」『史学雑誌』第124編6号，2015年。

〔トレント公会議〕　ISBN978-4-86285-258-8

2017年 7月25日　第1刷印刷
2017年 7月31日　第1刷発行

訳　者　大　西　克　典
発行者　小　山　光　夫
製　版　ジ　ャ　ッ　ト

発行所　〒113-0033 東京都文京区本郷1-13-2　電話03(3814)6161 振替00120-6-117170　http://www.chisen.co.jp　株式会社 知泉書館

Printed in Japan　印刷・製本／藤原印刷

索　引

ア　行

アウグスティヌス（聖）Agostino, santo 4, 5, 21, 43, 70, 71, 75
アウグスブルクの宗教和議 pace religiosa d'Augusta 83, 113
アウグスブルク仮信条協定 Interim di Augusta 53, 57, 80
アクアヴィーヴァ, クラウディオ Acquaviva, Claudio 218, 225–27, 230
アメリカ America 165–68, 207, 213, 216, 217
アヤラ, マルティン・ペレス・ド Ayala, Martín Pérez de, vescovo di Cadice 138, 139, 178
アラゴンのカテリーナ Caterina d'Aragona, regina d'Inghilterra (1509-33) 15
アリギエーリ, ダンテ Alighieri, Dante 3, 14, 170
アルトエッティング Altötting 173
アルフォンソ一世 Alfonso I (Alfonso Henriques), detto il Conquistatore, re del Portogallo (1139-80) 22
アルボリオ・ダ・ガッティナーラ, メルクリオ Arborio da Gattinara, Mercurio 14
アレアンドロ, ジローラモ Aleandro, Girolamo, arcivescovo 29
アンリ二世 Enrico II di Valois, duca d'Orléans, re di Francia (1547-59) 58, 80, 246, 247
イーヴンネット, ヘンリ・アウトラム Evennett, Hery Outram 190
イエズス会 Compagnia di Gesù 95, 99, 100, 108, 123, 124, 128, 133, 136, 139, 140, 143–46, 166–68, 173, 179, 190, 191, 200, 201, 204, 205, 210, 212–18, 220, 223–26, 228, 230, 231, 249
イェディン, フーベルト Jedin, Hubert 32, 101, 155, 180–83, 187–89, 248
イギリス Inghilterra 14, 15, 21, 42, 99, 111, 135, 166, 186, 235
イシドーロ・クッキ・ダ・キアーリ Cucchi, Isidoro da Chiari, abate benedettino 48, 65
イタリア Italia 4, 5, 13–15, 17, 21–23, 26–28, 30, 31, 33–37, 42, 43, 47, 50, 51, 55, 63, 70, 72, 74, 78, 80, 84, 93, 94, 100, 101, 111, 112, 122, 124, 125, 128, 130, 132, 133, 139, 140, 144, 156, 157, 160, 162, 164, 168, 180, 185–89, 191, 192, 194–96, 199, 203, 205, 210, 217–21, 230, 233–37, 239–41, 243–49
異端審問 Inquisizione 37, 45, 65–67, 73, 79, 82–84, 88, 89, 115, 118, 122, 123, 125, 131–33, 137, 139–44, 151, 153, 155–59, 161–64, 166, 168, 169, 186, 198, 206–08, 216, 231, 233, 236, 237, 239, 240, 244, 246
異端審問所 Inquisizione 82–84, 123, 133, 142, 151, 153, 155, 157, 161–64, 186, 198, 244, 246
「異端に関する三賢人」"Tre Savi sopra l'eresia" 158
イニウンクトウム・ノビス Iniunctum nobis 202, 204
イリアス Iliade 197–99, 233
イングランド Inghilterra 15, 83
インディペターエ Indipetae 167, 201
インド India 149, 167, 168, 201, 205, 208, 214, 216
インメンサ・アエテルニ・デイ Immensa aeterni 119

ヴァッラ, ロレンツォ Valla, Lorenzo 12, 89, 91
ヴァリニャーノ, アレッサンドロ Valignano, Alessandro 216–20, 222–26, 230, 249
ヴァルサッシーナ Valsassina 130, 131
ヴァルデス, アルフォンソ・デ Valdés, Alfonso de 14
ヴァルデス, フアン・デ Valdés, Juan de 72
ヴァルド派 Valdesi 124
ウィード, ヘルマン・フォン Wied, Hermann von 46
ヴィチェンツァ Vicenza 34
ヴィッテンベルク Wittenberg 9, 35
ヴィルヘルム・グンペンベルク Gumppenberg, Whilhelm 173
ヴィルヘルム・マウレンブレッシャー Maurenbrecher, Wilhelm 184
ウェーバー, マックス Weber, Max 188, 193
ウェストファリア Westfalia 15
ヴェネツィア Venezia 4, 14, 18, 27, 28, 32, 34, 68, 111, 158, 159, 161, 162, 203, 235, 247
ヴェルジェーリオ, ピエール・パオロ Vergerio, Pier Paolo, vescovo di Capodistria 49, 50, 170
ヴェローナ Verona 132
ウォルセイ, トマス Wolsey, Thomas, cardinale 14
ウォルムス Worms 19, 29
ウルガタ訳 Vulgata 68, 69, 117, 118
エウゲニウス四世 Eugenio IV(Gabriele Coldulmer), papa (1431-47) 22
エクゼクラビリス Execrabilis 28
エストライヒ, ゲルハルト Oestreich, Gerhard 193
エック, ヨハン Eck, Johann 66
エラスムス Erasmo da Rotterdam, Desiderio 14, 30, 37, 65, 66, 89, 116, 117, 170, 220
エリザベス一世 Elisabetta I Tudor, regina d'Inghilterra (1557-1603) 111
オキーノ, ベルナルディーノ Ochino, Bernardino da Siena, frate 37, 72, 160, 162
オデュッセイア Odissea 197, 199, 233

カ　行

カーヴァ・デイ・ティッレーニ Cava dei Tirreni 65, 72, 73
カール五世 Carlo V d'Asburgo Imperatore del Sacro Romano Impero (1519-58), I come re di Spagna (1516-56) 6, 13–15, 19, 30, 31, 33, 34, 36–39, 45, 46, 48, 53–56, 69, 71, 73, 77, 78, 80–82, 161, 198, 199, 241–46,
ガエータ (カイエタヌス)、トンマーゾ・デ・ヴィーオ Tommaso de Vio, detto Caietano o Gaetano, cardinale di Gaeta 11
カシナ Cascina 151
カスティリオーネ, バルダッサール Castiglione, Baldassar 219
カテキズモ catechismo 115–18, 136, 204, 247, 248
カトリーヌ・ド・メディシス Caterina de' Medici, regina di Francia (1509-33) 112
カトリック改革 Riforma cattolical 36, 47, 155, 181, 184, 187–89, 197
カブラル, フランシスコ Cabral, Francisco 218, 225, 226
カマルドリ会 Camaldolese 27, 29, 203
カメリーノ Camerino 56
カラーファ, カルロ Carafa, Carlo 113
カラーファ, ジャン・ピエトロ Carafa, Gian Pietro, cardinale, vedi anche Paolo IV 18, 79, 82, 174 →パウル四世
カラーブリア Calabria 124, 233, 237
ガラテーオ Galateo 220
仮信条協定 Interim →「アウグスブルク仮信条協定」
カルヴァン, ジャン Calvino, Giovanni (Jean Cauvin, Jean Calvin) 17, 66, 80–82,

84, 103, 111, 113, 114, 116–18, 129, 131, 133, 170, 182, 184, 187, 193, 195, 203, 204, 242
カンティモーリ , デリオ Cantimori, Delio 188, 236–39
カンペッジ , ジョヴァンニ Campeggi, Giovanni, vescovo 133
キオッジャ Chioggia 65, 74
ギスリエーリ , アントニオ・ミケーレ Ghislieri, Antonio Michele, cardinale, vedi anche Pio V 93, 140, 141, 162 →ピウス四世
「気取った神聖さ」“affettata santità” 135
義認 giustificazione 34, 35, 37, 46, 52, 53, 57, 65, 70–77, 80, 108, 136, 143, 187, 195, 198, 238
教皇書記局 Cancelleria papale 25
教皇庁会計院 Camera Apostolica 24, 25, 97
教皇権 papato 4–7, 13, 16, 17, 21–27, 29–31, 38, 55, 57, 61, 64, 65, 82, 84, 87, 89, 90, 94, 95, 97, 98, 100, 104, 105, 111, 113–15, 118, 121, 123, 126, 127, 157, 166, 175, 181, 182, 185–87, 200–04, 217, 242, 243, 247, 249
禁書目録 Indice dei libri proibiti 61, 82, 83, 101, 115, 116, 118, 155, 156, 169, 247, 248
クーリア curia 24, 26, 28, 31, 33, 35, 43–47, 49–52, 56, 58, 60, 61, 65, 69, 84, 87, 90, 91, 95, 97, 104, 105, 107, 119, 121, 159, 179, 184, 185, 231
クエリーニ , ヴィンチェンツォ Querini, Vincenzo 27, 28, 92, 203
グラーツ Graz 119
グラナダ Granada 83, 98, 104, 139, 143, 144
クリスポルディ・ダ・リエーティ , トゥッリオ Crispoldi, Tullio da Rieti, chierico 132
グレゴリウス一三世 Gregorio XIII (Ugo Boncompagni), papa (1572-85) 127, 205
グレゴリウス一世 Gregorio I Magno 201
グレゴリウス七世 Gregorio VII (Ildebrando di Soana), papa (1073-85) 185
クレシェンツィオ , マルチェッロ Crescenzio, Marcello, cardinale 81
クレピ Crépy 38, 244
クレメンス七世 Clemente VII (Giulio de' Medici), papa (1523-34) 13, 27, 31, 244
グロッパー , ヨハン Gropper, Johann 47
「君主たちの改革」“riforma dei principi” 60, 61
啓蒙改革 Riforma illuminata o Riforma Illuministica 185, 249
ゲオルギウス（聖）Giorgio, santo 170
ゲッティンゲン Gottinga 183
ケムニッツ , マルティン Chemnitz, Martin 108, 197
ケルン Colonia 46, 119
ゲレーロ , ペドロ Guerrero, Pedro, arcivescovo di Granada 83, 98, 104, 122, 123, 139, 143, 144
ゲレス協会 Görres-Gesellschaft 179
クローチェ , ベネデット Croce, Benedetto 186
原罪 peccato originale 70, 71, 74, 75, 108, 137, 142, 143, 145, 202
ゴア Goa 216, 218
公会議主義 concilialismo 5, 23, 24, 27, 35, 61, 104, 128, 242, 243, 248
コジモ一世 Cosimo I, granduca di Toscana 36
告解 confessione 8, 16, 18, 35, 80–82, 88, 89, 93, 99, 125, 130, 131, 136–45, 164, 168, 169, 194, 215, 239
コッホレウス , ヨハン Cochlaeus, Johan detto Dobneck 66
コッメンドーネ , ジョヴァンニ・フランチェスコ Commendone, Giovanni Francesco, cardinale 114
コニャック Cognac 14, 244
コペル Capodistria 49, 171

コロンナ, ヴィットリア Colonna, Vittoria 76, 174
コロンナ, ポンペオ Colonna, Pompeo, cardinale 14
婚姻 matrimonio 8, 38, 78, 91, 92, 124, 130, 131, 138, 145–48
コンゴ Congo 112
ゴンザーガ, エルコーレ Gonzaga, Ercole, cardinale 56, 64, 83
ゴンザーガ, ルイージ Gonzaga, Luigi, santo 214
コンスタンツ Costanza 4, 11, 29, 51, 242
コンスタンティヌス Costantino 6, 12, 91
コンタリーニ, ガスパーレ Contarini, Gaspare, cardinale 18, 27, 32, 35, 37, 46, 47, 71, 160, 238
コンタリーニ, ジュリアーノ Contarini, Giulio, vescovo di Belluno 73

サ　行

再洗礼派 anabattista 15, 18, 70, 150, 157, 162, 222
サヴェーリオ, フランチェスコ Saverio, Francesco 214, 223
サヴォナローラ, ジローラモ Savonarola, Girolamo, frate 11, 28
ザクセン Sassonia 5, 11, 13, 16, 80, 245
モーリッツ（ザクセン選帝侯）Maurizio, elettore di Sassonia (1541-53) 80, 245
サクロサンクタ決議 Sacrosancta 27
ザネッティーニ, ディオニーゾ Zanettini, Dinoisio 73
サラマンカ Salamanca 32
サルデーニャ Sardegna 146, 241, 243
サルピ, パオロ Sarpi, Paolo 39, 41, 95, 114, 128, 143, 175, 177–80, 182, 185, 197, 198, 247, 249
サルメロン, P. アルフォンソ Salmerón, P. Alfonso 139
サン・ジョルジョ・ディ・ピアーノ San Giorgio di Piano 151
三十年戦争 Guerra dei trent'anni 114, 207
サンフェリーチェ, ジョヴァンニ・トンマーゾ Sanfelice, Giovanni Tommaso, vescovo di Cava dei Tirreni 65, 72, 73, 77, 156
シークロ, ジョルジョ（ジョルジョ・リオーリ）Siculo, Giorgio, Giorgio Rioli 49, 50, 238
シクトゥス五世 Sisto V (Felice Peretti), papa (1585-90) 119
シチリア Sicilia 49, 238, 241, 243, 246
シモネッタ, ルドヴィコ Simonetta, Ludovico, cardianle 106
ジュスティニアーニ, トンマーゾ Giustiniani, Tommaso 27, 28, 92, 203
シュトルム, ヤーコプ Sturm, Jacob 19
主任司祭 curato 116, 130, 131
ジュネーヴ Ginevra 37
シュパイアー Spira 19, 38
シュマルカルデン Smalcalda 33, 39, 48, 52, 53, 73, 159, 245
ジュリオ・ダ・ミラノ Giulio da Milano 162
掌璽院 Dataria 90, 97
ジョヴァンニ・ダ・ナヴァッキオ Giovanni da Navacchio 151, 153
ジョヴァンニ・ダ・ピアン・デル・カルピーネ Giovanni da Pian Del Carpine 213
信心会 130, 134, 139, 173, 189
スコットランド Scozia 166
ストロッツィ, ピエロ Strozzi, Piero 36
スペイン Spagna 13, 15, 21, 30, 36, 37, 42, 58–60, 68, 81–83, 95, 98, 99, 101, 111–13, 121–24, 139, 143, 144, 148, 149, 155, 156, 158, 164–68, 195, 201–04, 208, 216, 235–37, 241, 243, 245–47, 250
聖画像 immagine devota 101, 170–72
聖人崇敬 venerazione dei santi 101
聖体会 Compagnia del Santissimo Sacramento 130

聖体拝領 comunione　8, 16, 17, 35, 71, 79–81, 84, 125, 130–35, 145, 173
セグラ・ダバロス , フアン Segura Davalos, Juan　148
セニェーリ , パオロ Segneri, Paolo　215
セバスティアン一世 Sebastiano I di Aviz, re del Portogallo (1559-78)　112
セリパンド , ジローラモ Seripando, Girolamo, arcivescovo di Salerno, cardlinale　43, 59, 72, 77, 83, 139

タ　行

対抗宗教改革 controriforma　116, 160, 165, 180–84, 186–90, 192, 194, 195, 205, 233–35, 237, 239, 240, 248, 249
ダ・ヴィテルボ , エジーディオ Da Viterbo, Egidio　4
ダ・キアヴァッソ , アンジェロ da Chiavasso, Angelo　87
大西洋 Atlantico, ocesano　27, 112
代父 padrino　92, 149–54
チェルヴィーニ , マルチェッロ Cervini, Macello, cardinale, vedi anche Marcello II　22, 48, 52, 58, 59, 72, 79, 178, 214 →マルケルス二世
中国 Cina　167, 205, 211, 212, 215, 216, 227–32
チューリヒ Zurigo　17
チョーサー Chaucer, Geoffrey　89
ツウィングリ Zwingli, Huldrych (Huldreich, Ulrico Zuinglio)　17, 18, 80, 131, 182, 184
ディーニ , マリアーノ Dini, Mariano　151
低地地方 Paesi Bassi　46, 155, 156
ティロル Tirolo　74
デ・カストロ , アルフォンソ De Castro, Alfonso　208
デ・スザンニス , マルカルド De Susannis, Marquardo　208
デ・ソート , ペドロ De Soto, Pedro　48
デ・ドミニス , マルカントニオ De Dominis, Marcantonio, arcivescovo di Spalato　128
デ・ラス・カサス , バルトロメウ De las Casas, Bartolomé　216
デル・モンテ , ジョヴァンニ・マリア Del Monte, Giovanni Maria, cardinale, vedi anche Giulio III　22, 49, 79, 80, 178 →ユリウス三世
ドイツ Germania　9, 11–19, 21, 22, 24, 26, 29, 33–38, 42–47, 52, 53, 55–58, 63, 64, 67, 69, 73, 74, 77, 78, 80, 81, 83, 87, 93, 101, 105, 111, 113, 114, 119, 157, 159, 165, 166, 180, 182, 184, 186–88, 193, 200, 213, 235, 237, 240, 244, 250
ドイツ農民戦争 guerra dei contadini　93
トゥーロン Tolone　38
ドゥムラン , シャルル Dumoulin, Charles　113
「瀆聖に対する警吏」esecutori contro la bestemmia　158
トスカーナ Toscana　36, 51, 149, 153, 235, 249
トマス・モア More, Thomas, (Tommaso Moro)　33
ドミニコ会　200, 201, 230
トリノ Torino　33
ドリュモー , ジャン Delumeau, Jean　189
トルシェッス , オットー Truchsess, Ott, cardinale　64
トレルチ , エルンスト Troltsch, Ernst　188
トレント Trento　1, 3, 5–9, 21, 22, 30, 34, 36, 37, 39, 41–44, 46–49, 51–53, 55–59, 63, 64, 66, 70, 72, 74, 77–80, 82, 83, 91–94, 96–101, 103, 104, 106–09, 111–32, 134–36, 138–40, 143, 145–49, 151, 154–56, 163–69, 171–75, 177, 179, 180, 182–86, 188–91, 197, 199–204, 212, 233–35, 237, 239–41, 245–49
ドン・エンリケ Enrico di Aviz, detto

il Cardinale, reggente (1557) e re del Portogallo (1578-80)　112

ナ　行

内赦院　24, 25, 90, 97
ナッキアンティ, ジャコモ Nacchianti, Giacomo, vescovo di Chioggia　65, 74
ナポリ Napoli　18, 156, 161, 222, 235, 241, 243, 246
南京 Nanchino　228
ニコラウス五世 Niccolò V (Tommaso Parentucelli), papa (1447-55)　22
ニコラス・ド・ペルノ Nicolas Perrenot de Granvelle　36
二重義認 doppia giustificazione　35, 46, 71
ニッコリ, オッタヴィア Niccoli, Ottavia　191, 192
日本 Giappone　167, 205, 215–19, 221, 223, 224, 226, 228, 230, 233, 234, 240, 248, 249
ニュルンベルク Norimberga　44
任地在住義務（司教の）obbligo di residenza　69, 95–100, 126, 247
ネーピ Nepi　56

ハ　行

バーゼル Basilea　4, 11, 23, 27, 29, 51
ハウスマン, ニコラス Hausmann, Nikolas, vescovo　16
バローニオ, チェーザレ Baronio, Cesare　202, 204
バイエルン Baviera　173
パウルス三世 Paolo III (Alessandro Farnese), papa (1534-49)　32, 36–38, 44, 51, 56, 64, 73, 157, 165, 198, 244–46
パウルス四世 Paolo IV (Gian Pietro Carafa), papa (1555-59)　31, 82, 83, 113, 115, 116, 140, 143, 162, 163, 198, 208, 246,
パウルス五世 Paolo V (Camillo Borghese), papa (1605-21)　202, 204
パウロ（聖）Paolo, santo　71, 221
パスクイッリ pasquilli　64
パストール, ルートヴィヒ・フォン Pastor, Ludwig von　184
バッティスタ・ダ・クレモーナ Battista da Cremona, frate domenicano　132
パッラヴィチーノ, ピエトロ・スフォルツァ Pallavicino, Pietro Sforza, cardinale　179, 180
パドヴァ Padova　222, 223
ハドリアヌス六世 Adriano VI (Adrian Florensz Boeyens di Utrecht), papa (1522-23)　13
ハプスブルク Asburgo, dinastia　6, 13, 15, 17, 30, 38, 48, 56, 57, 73, 82, 112, 113, 241, 243, 244, 246
パラグアイ Paraguai, o Paraguay　211
パラティン選帝侯 principe elettore del Palatinato　114
バルトリ, ダニエッロ Bartoli, Daniello　206, 210–12, 214, 215
バルナビーティ修道会 ordine dei Barnabiti　132
バルバロッサ海賊団 Barbarossa o Khair-al-Dīn　38
パルマ Parma　37, 56, 58, 78, 198, 215
パレオッティ, ガブリエーレ Paleotti, Gabriele, cardinale　109, 121, 123, 174
ハンガリー Ungheria　18, 114, 166
ピアチェンツァ Piacenza　33, 56, 58, 78, 198
ピウス九世 Pio IX (Giovanni Maria Mastai Ferretti), papa (1846-78)　186
ピウス五世 Pio V (Antonio Michele Ghislieri), papa (1566-72)　119, 162, 198
ピウス二世 Pio II (Enea Silvio Piccolomini), papa (1458-64)　28
ピウス四世 Pio IV (Giovanni Angelo Medici di Marignagno), papa (1559-65)　59, 61, 83, 97, 98, 105, 116, 118, 246, 247
東インド Indie orientali　167

ピサ Pisa　4, 23, 151, 153, 233, 236, 237, 249
ピション，ジャン Pichon, Jean　136
ピュッター，ヨハン・シュテファン Pütter, Johann Stephan　183
ピンチーノ（あるいはピンツィーノ），フランチェスコ Pincino (Pinzino), Francesco, frate　141
ピンナス，バルダサレ Pinnas, Baldassarre　146
ファエンツァ Faenza　124, 172
ファルネーゼ，オッターヴィオ Farnese, Ottavio, duca di Parma e Piacenza (1547-86)　73
ファルネーゼ，アレッサンドロ Farnese, Alessandro, duca di Parma e Piacenza (1586-92)　32, 38, 45, 178
ファルネーゼ家 Farnese, famiglia　30, 38, 55, 56, 73, 198, 245
ファルネーゼ，ピエルルイージ Franese, Pierluigi, duca di Parma e Piacenza　38, 56, 78, 198, 245
フィエーゾレ Fiesole　68
フィッシャー，ジョン Fisher, John, vescovo di Rochester　33
フィレンツェ Firenze　4, 13, 15, 36, 111, 169
ブールジュ Bourges　23
フェーブル，リュシアン Febvre, Lucien　186, 187, 195
フェッラーラ Ferrara　4, 17, 50, 238
フェリペ二世 Filippo II d'Asburgo, re di Spagna (1556-98)　31, 59, 112, 118, 122, 246
フェルディナント一世 Ferdinando I d'Asburgo, imperatore del Sacro Romano Impero (1531-64)　59, 97, 98, 246, 247
フォスカラーリ，エジーディオ Foscarari, Egidio, vescovo di Modena　139
フォレイロ，フランシスコ Foreiro, Francisco　200
フォンタニーニ，ドン・ベネデット Fontanini, Benedetto, abate benedettino　76
フォン・ボーラ，カタリーナ Von Bora, Caterina　17
プソム，ニコラ Pseaume, Nicolas, vescovo di Verdun　120
ブッセート Busseto　37
ブーツァー，マルティン Buzter, Martin　35, 66
フラカストロ，ジローラモ Fracastro, Girolamo　53
フラミニオ，マルカントニオ Flaminio, Marcantonio　76
フランケンハウゼン Frankenhausen　15
フランシスコ・デ・ビトリア Francisco de Vitoria, frate domenicano　32
フランス Francia　4, 13, 14, 17, 21–23, 30, 32–34, 36–38, 42, 47, 49, 55–60, 77, 80, 82, 93, 95, 97, 98, 101, 104, 105, 111–13, 116, 118, 124, 136, 157, 175, 185–87, 233–36, 241–43, 245–47
フランス革命 Rivoluzione francese　185
フランス国民議会 Assemblea nazionale frances　49
フランソワ一世 Francesco I di Valois, re di Francia (1515-47)　17, 32–34, 36, 38, 42, 57, 82, 241, 242, 244, 247
フランチェスコ会　21, 70, 123, 140, 144, 157, 200, 201, 219, 230
フレクエンス決議 Frequens　27
ブレッサノーネ Bressanone　49
プローディ，パオロ Prodi, Paolo　194, 202
プロテスタント protestante　5, 8, 22, 31, 33, 35, 39, 45, 48, 52, 53, 58, 59, 65, 66, 68–71, 73, 74, 77–81, 83, 101, 108, 111, 113, 115, 126, 129, 137, 149, 155, 157, 164, 170, 172, 181–84, 186, 188, 190–92, 195–97, 199, 201–04, 207–09, 235, 236, 238, 242, 245–47
北京 Pechino　211
ベッラルミーノ，ロベルト Bellarrmino, Roberto, cardianale, Santo　178
ベネディクス・デウス Benedictus Deus

104
ペラギウス Pelagio, monaco bretone 70, 71, 75
ベルナルディーノ・デ・サハグン Bernardino De Sahagùn 219
ヘンリー八世 Enrico VIII Tudor, re d'Inghilterra (1502-47) 15, 33, 42, 57
ポー・シャ, ロニー Po-chia Hsia, Ronnie 191, 192
ポーランド Polonia 111
ポール, レジナルド Pole, Reginald, cardinale 22, 37, 42, 48, 76, 77, 79, 82, 99, 156, 174, 238
ボッカッチョ, ジョヴァンニ Boccaccio, Giovanni 89
ボッシィ, ジョン Bossy, John 150, 190
ポッセヴィーノ, アントニオ Possevino, Antonio 212, 213
ボッロメーオ, カルロ Borromeo, Carlo, arcivescovo di Milano, santo 61, 100, 106, 120–24, 130, 131, 138, 145, 171, 179, 195, 247
ボテーロ, ジョヴァンニ Botero, Giovanni 205
ポランコ Polanco, padre 224
ポルトガル Portogallo 17, 22, 101, 111, 112, 122, 124, 138, 164, 165, 167, 200, 201, 203, 225, 231
ボローニャ Bologna 3, 15, 33, 35, 53, 54, 56, 57, 78–80, 121, 133, 156, 160–62, 198, 233, 237, 238, 240, 245

マ　行

マイヤー, アルブレヒト Meier, Albrecht 213
マインツ Mainz 43
マウリキウス一世 Maurizio I 201
マウローリコ, フランチェスコ Maurolico, Francesco 115
マカオ Macao 211, 218
マクシミリアン一世 Massimiliano I d'Asburgo re di Germania e imperatore del Sacro Romano Impero (1493-1519) 173, 241
マクシミリアン二世 Massimiliano II d'Asburgo, re di Germania e imperatore del Sacro Romano Impero (1564-76) 113
マッサレッリ, アンジェロ Massarelli, Angelo, vescovo di Telese 106, 108, 178, 179
マドルッツォ, クリストーフォロ Madruzzo, Cristoforo, vescovo-principe di Trento (1539-78), cardinale 48, 49
マヌツィオ, パオロ Manuzio, Paolo 106
マネルフィ, ピエトロ Manelfi, Pietro 162
マルクス, カール Marx, Karl 16
マルケルス二世 Marcello II (Marcello Cervini), papa (1555) 82
マルコ・ポーロ Marco Polo 213
マルティレス, バルトロメウ・ドス Martyribus, Bartolomeo de (Bartolomeu dos Martires), vescovo di Braga 98, 120, 122, 123
マルテッリ, ブラッチォ Martelli, Braccio, vescovo di Fiesole 51, 68
マントヴァ Mantova 28, 33, 34, 44, 76, 238
マンレーザ Manresa 132
ミケランジェロ・ブオナローティ Michelangelo Buonaroti 37, 76, 173, 174
ミニャネッリ, ファビオ Mignanelli, Fabio 48
ミュンスター Münster 15
ミラノ Milano 4, 22, 100, 120–22, 131, 145, 162, 241, 244, 246
ムッソリーニ, ベニート Mussolini, Benito 186
ムッツァレッリ, ジローラモ Muzzarelli, Girolamo, frate domenicano 133
ムラトーリ, ルドヴィコ・アントニオ Muratori, Ludovico Antonio 210, 211

メキシコ Messico　149, 155
メッツアバルバ Mezzalba, cardinale　231
メランヒトン, フィリップ Melantone, Filippo, Philippi Schwarzerd detto　19, 34, 48, 66
メンドーサ, ペドロ・ゴンザレス・デ González de Mendoza, Pedro　122, 139
メンドーサ, フアン・デ Mendoza, Juan de　53
「もう一つのインド」altre Indie od otras Indoas　168
モデナ Modena　139, 160, 210
モニコ, アンブロージョ Monico, Ambrogio, curato in Valsassina　130
モハーチ Mohàcs　18
モランディ, カルロ Morandi, Carlo　187
モリージャ, パオロ Morigia, Paolo　136
モローネ, ジョヴァンニ Morone, Giovanni, cardinale　45, 46, 60, 61, 82, 83, 95, 98, 101, 106, 111, 133, 156, 174, 179, 198, 247
モンシニョール・デッラ・カーサ Monsignor della Casa　220
モンテーニュ, ミシェル・ド Montaigne, Michel de　213

ヤ　行

ユリウス三世 Giulio III (Giovanni Maria del Monte), papa (1550-55)　58, 82, 84, 162, 198, 205, 245
ユリウス二世 Giulio II (Giuliano della Rovere), papa (1503-13)　4, 23, 27, 31
幼児洗礼 battesimo degli infanti　8, 18, 125
ヨーロッパ Europa　4–6, 13, 15, 21–24, 26, 29–31, 33, 36, 38, 42–45, 47, 49, 55, 57, 59, 61, 63, 71, 82, 88, 90, 111, 112, 122, 123, 125, 149, 155, 156, 165–69, 172–75, 184, 185, 189, 191–93, 195, 197, 199–201, 203, 207, 209–11, 214, 216, 217, 219, 221–23, 228–31, 233, 240–42, 244, 249

ラ　行

ライネス, ディエゴ Laynez, Diego　139, 146
ラインハルト Reinhard, Wolfgang　192, 193
ラインラント　16
ラウレオ, マルコ Luareo, Marco, frate domenicano　166
ラエターレ・イェルサレム Laetare Jerusalem　38, 47
ラテラーノ Laterano　3–5, 7, 23, 28, 29, 67, 81, 82, 84, 137
ラファエッロ, サンツィオ Raffaello, Sanzio　14
ランケ, レオポルト・フォン Ranke, Leopold von　15, 181, 184
ランディーニ, シルヴェストロ Landini, Silvestro　215
リー, ヘンリー・チャールズ Lea, Henry Charles　137
リケット・アブ・イニティオー Licet ab initio　37, 155
リッチ, マッテオ Ricci, Matteo　227–31
リマ Lima　166
ル・ロワ・ラデュリ, エマニュエル Le Roy Ladurie, Emmanuel　153
ルイ一二世 Luigi XII, re di Francia (1498-1515)　23
レージョ, ウルバーノ Regio, Urbano　137
ルター, マルティン Lutero, Martino (Martin Luther)　6, 9, 11–19, 22, 24, 26, 28, 29, 33–38, 44–49, 52, 57, 63–67, 70–76, 82, 87, 88, 93, 103, 108, 113, 129, 131, 136, 155–57, 159, 160, 168, 182–84, 186, 195, 201, 203, 204, 217, 230, 241–43, 246, 247
ルチアーノ・デリ・オットーニ Luciano degli Ottoni　77

ルッカ Lucca　161
レーゲンスブルク Ratisbona (Regensburg)　18, 35, 46, 71, 160
レオ一三世 Leone XIII (Vincenzo Gioacchino Pecci), papa (1878-1903)　179
レオ一〇世 Leone X (Giovanni de' Medici), papa (1513-21)　5, 22, 23, 27, 28, 92, 203
レナータ伯婦人 Renata di Francia, duchessa di Ferrara　17
レパント Lepanto　163
煉獄 Purgatorio　101, 169, 170
ローマ Roma　3–7, 12–18, 22–27, 29–31, 33, 34–37, 41–43, 45–47, 49–53, 56–58, 60, 61, 63, 65, 67–69, 71, 73, 75, 77–79, 82, 83, 87, 90, 91, 94, 95, 98, 99, 104, 106–08, 111, 112, 114–22, 127, 128, 133, 140, 155, 157–67, 172, 173, 177–79, 182, 184–86, 193, 195, 197–206, 217–19, 223, 226, 230, 231, 235, 240–47, 249
ロッティ , オッタヴィアーノ Lotti, Ottaviano　63
ロヨラ , イグナティウス Loyola, Iňigo de Oňez y, santo　132, 133, 195, 201, 205, 214
ロルツ , ヨーゼフ Lortz, Joseph　181
ロレーヌの枢機卿 Guisa, Carlo di, detto il Cardinale di Lorena　98, 101, 104
ロンドン Londra　99, 128, 179

原注／訳注

序　トレント

1）（訳注）天国篇第 31 歌 135-36 行。

第１章　公会議をめぐる論争

1） H. JEDIN, *Geschichte des Konzils von Trient*, 4 voll., Freiburg 1957-77［イタリア語訳 *Storia del Concilio di Trento*, 4 voll., Brescia 1973-81, I, p. 273.］

2） M. LUTHER, Formula Missae et communioni pro Ecclesia Wittembergensi 1523, in E. SEHLING, *Die evangelische Kirchenordnungen des XVI. Jahrhunderts*, l'Abt., Leipzig 1902, pp. 4-9.

第２章　教皇権の勝利

1） データは下記による。H. JEDIN, *Geschichte des Konzils von Trient*, 4 voll., Freiburg 1957-77 [イタリア語訳 *Storia del Concilio di Trento*, 4 voll., Brescia 1973-81, I. p. 637.]

2） これについては，以下の論考を参照。A. GARDI, La fiscalità pontificia tra Medioevo ed età moderna, in *Società e storia*, 1986, n. 33, pp. 509-57.

3） 1529 年 1 月 2 日の教皇との対話についての報告より（F. DITTRICH, *Regesten und Briefe des Cardinals Gasparo Contarini(1483-1542),* Braunsberg 1881, pp. 41-46, 特に p. 43）。

4） H. JEDIN, *Storia del Concilio di Trento* cit., I, p. 229 nota.

5） クレメンス７世の印のある 12 月 29 日付のジャン・マッテオ・ジベルティの書簡。これについては，以下を参照のこと。A. PROSPERI, *Tra evangelismo e controriforma. G. M. Giberti 1495-1543*, Roma 1969, p. 77.

6） H. JEDIN, *Storia del Concilio di Trento*, cit., I, p. 255.

7） *Ibid.*, p. 339.

8） P. SARPI, *Istoria del Concilio Tridentino*, a cura di C. Vivianti, 2 voll., Torino 1974, I, pp. 5-6.

第３章　公会議における最初の問題

1） P. SARPI, *Istoria del Concilio Tridentino*, a cura di C. Vivianti, 2 voll., Torino 1974, I, p. 6.

2） H. JEDIN, *Geschichte des Konzils von Trient*, 4 voll., Freiburg 1957-77［イタリア語訳 *Storia del Concilio di Trento*, 4 voll., Brescia 1973-81, I, p. 637］.

3） 1541 年 7 月 10 日付アレッサンドロ・ファルネーゼ宛て書簡，以下を参照のこと。F. DITTRICH, *Regesten und Briefe des Cardinals Gasparo Contarini (1483-1542)*, Braunsberg

1881, pp. 261-62.

4) 2人の教皇特使の枢機卿については，cfr. D. FENLON, *Heresy and Obedience in Tridentine Italy. Cardianl Pole and the Counter Reformation,* Cambridge 1972. そして W. V. HUDON, *Marcello Cervini and Ecclesiastical Government in Tridentine Italy,* DeKalb 1992.

5) P. PASCHINI, *Pier Paolo Vergerio il giovane e la sua apostasia,* Roma 1925, p. 117.

第4章　公会議という地震計を通して見るヨーロッパ政治

1) H. JEDIN, *Geschichte des Konzils von Trient*, 4 voll., Freiburg 1957-77, III [trad. it. *Storia del Concilio di Trento*, 4 voll., Brescia 1973-81, III, p. 167].

2) （訳注）教会と国家の関係を見直し，聖職者や教会に及ぶ君主の権力を制限する計画。君主による教会財産への課税の禁止，君主が過去に獲得した全特権の放棄などを含む提案の一覧は，公会議の場で提案すべくパレオッティ枢機卿とモローネ枢機卿により準備が進められていた。しかし，この計画は皇帝や他の君主たちの強い反発を招き，公会議が長期にわたって中断しかねない事態に一時陥る。結局，長い外交交渉の末，危機は回避され，いくつかの妥協案は承認されたものの，計画全体は放棄された。

第5章　教義に関する諸問題

1) F. CHABOD, *Lo Stato e la vita religiosa a Milano nell'epoca di Carlo V*, Torino 1971, p. 307 nota.

2) 1546年3月14日付の手紙（引用した史料は以下で公刊されている。*Concilium Tridentinum. Diariorum, Actorum, Epistolarum, Tractaruum nova Collectio*, a cura della Görres-Gesellschaft, Freiburg im Breisgau 1901 sgg., X (1916), a cura di G. Buschbell, pp. 417, 423 sg. e 431.)

3) P. SARPI, *Istoria del Concilio Tridentino*, a cura di C. Vivianti, 2 voll., Torino 1974, I. p. 260.

4) A. TALLON, *La France et le Concile de Trente 1518-1563*, Rome 1997, p. 227.

5) 公会議での議論とその結果については以下を参照。J. M. DE BUJANDA, *Introduction historique a Index de Rome 1557, 1559, 1564. Les premiers index romains et l'Index du Concile de Trente* («Index des livres interdits», VIII), Genève 1990, pp. 51-99.

第6章　改革に関する諸問題

1) とりわけ，ミシェル・ド・モンテーニュがそのエセーの中でこれを述べている。これについては，F. WAQUET, *Le latin ou l'empire d'un signe, XVIe-XXe siècle*, Paris 1998, p. 67.

2) G. FRAGNITO, *La Bibbia in volgare. La censura ecclesiastica e i volgarizzamenti della Scrittura(1471-1605)*, Bologna 1997, p. 56.

3) シエナの事例を再構成した近年の研究成果として，M. SANGALLI (a cura di), *Chiesa, chierici, sacerdoti. Clero e seminari in Italia tra XVI e XX secolo*, Roma 2000.

4） H. JEDIN, *Geschichte des Konzils von Trient*, 4 voll., Freiburg 1957-77 [trad. it. *Storia del Concilio di Trento*, 4 voll., Brescia 1973-81, IV, I, p. 129] アラン・タロンは「システム全体の破壊」は政治的，経済的，社会的諸理由から不可能だったと考察している。(A. TALLON, *Le Concile de Trente*, Paris 2000, p. 69.)

5）「公会議の最後の二会議で定められた教会改革は，中世後期に形成されたクーリアの制度には実質的に手をつけなかった，（中略）「トレントの改革」と慣習的に定義されるものごとは，単なる改革の機会に過ぎず，現実の改革ではなかったのだ。」(*ibid.*, 2, p. 263)

第７章　公会議の解釈

1） P. プローディも同じような考察を加えている。P. PRODI, *Una storia della giustizia: dal pluralismo dei fori al dualismo tra coscienza e diritto*, Bologna 2000, pp. 277-78.

2） この会議が扱った題材とその文書の状態については，以下を参照。*La Sacra Congregazione del Concilio. Quarto centenario dalla fondazione (1564-1964). Studi e riceche*, Città del Vaticano 1964, e P. Caiazza, *L'archivio storico della Sacra Congregazione del Concilio (primi appunti per un problema di riordinamento)*, *Ricerche di storia sociale e religiosa*, 1992, n. 42, pp. 7-24.

3） 公会議枢機卿会議の決定の集成は，この機関自身の監修のもと出版された。Sacra Congregatio Cardinalium S. Concilii Tridentini, *Collectio omnium conclusionum et resolutionum quae in causis propositis apud Sacram Congregationem cardinalium S. Concilii Tridentini interpretum prodierunt ab eius institutione anno MDLXIV ad annum MDCCCLX*, Roma 1867-93.

第８章　改革決議の実行

1） M. CAETANO, *Recepção e execução dos decretos do Concilio de Trento em Portugal*, in *Revista da Faculdade de direito da Universidade de Lisboa*, XIX(1965), pp. 7-87, in particolare p. 11 nota.

2）この側面については下記の論考を参照。K. REPGEN, Impero e Concilio (1521-1566), in *Il Concilio di Trento e il moderno*, a cura di P. Prodi e W. Reinhard, Bologna 1996, pp. 55-99.

3） このシチリアの科学者の知見には，新しい点が見受けられる。異端を個別に打倒するだけでなく，（都市と地方の大部分），つまりはその領域全体を打倒するべきであるというのだ。そして，エラスムス，メランヒトン，ツウィングリその他のドイツの異端者の書いた作品を読むという「ペスト」がアブルッツォまで拡大していると述べている。彼の定義によれば真の「人喰い鬼」たる彼らは，自らの書いた作品の中に潜んでいるだけでなく，他人のテクストの序文であったり，版そのものの中にも見出せると述べている。マウローリコの提案は，パオロ・マヌツィオのローマ版の出版を可能にした雰囲気を醸し出している。彼の提案は，学者を最もよき出版人とともにローマに召集し，聖なる祭式，教育そして聖なる歴史に関係する一切のものの出版を進めるという

ものだった。F. MAUROLICO, *Ad reverendissimos Tridentinae synodi legatos et antistites*, in Sicanicarum reum compendium sive Sicanicae historiae libri sex, Lugduni sumptibus Petri Vander s. d. pp. 322-23, citato in M. R. LO FORTE SCIRPO, Francesco Maurolico: autobiografia e sapienza alla fine del Medioevo, in *L'autobiografia nel Medioevo, Atti del convegno storico internazionale*, Spoleto 1998, pp. 307-330, 特に p. 318. マウローリコについては以下を参照。R. MOSCHEO, *Francesco Maurolico tra Rinascimento e scienza galileiana. Materiali e ricerche*, Messina 1988.

4） Memoriaes para o S. Concil. Bracarense Provincial, que publicou o R.mo sôr Dom frey Bartholomeu dos Martires(1566), edito in *Cartorio Dominicano Portugués*, Bartholomeana Monumenta II, Porto 1972.

5） 下記の重要な研究を参照のこと。W. DE BOER, *The Conquest of the Soul. Confession, Discipline, and Public Order in Counter-Reformation Milan*, Leiden 2001.

6） 1569 年 12 月 19 日付パレオッティからジョヴァン・バッティスタ・カステッリ殿下への書簡。（cfr. P. PRODI, *Il Sovrano Pontefice. Un corpo e due anime: la monarchia papale in età moderna*, Bologna 1982, p. 279. 特に第 7 章，pp. 251-93.）

7） Cfr. ID., *Note sul problema della genesi del diritto della Chiesa post-tridentina nell'età moderna*, in *Legge e Vangelo*, Brescia 1972, pp. 191-223.

8） Cfr. S. PASTORE, Roma, il Concilio di Trento, la nuova Inquisizione: alcune considerazioni sui rapporti tra vescovi e inquisitori nella Spagna del Cinquecento, in *L'Inquisizione e gli storici: un cantiere aperto*, Atti dei Convegni Lincei, n. 162, Roma 2000, pp. 109-46.

9） Cfr. P. BROUTIN, *La réforme pastorale en France au XVIIe siècle: recherche sur la tradition pastorale après le concile de Trente*, Paris 1956.

10） ファエンツァについては，F. LANZONI, *La Controriforma nella città e diocesi di Faenza*, Faenza 1925. カラーブリアのヴァルド派については，今や下記の重要な研究を参照すべきである。P. SCARAMELLA, *L'Inquisizione romana e i Valdesi di Calabria (1554-1703)*, Napoli 1999.

11）庇護教会は共同体の支配的な家系から資金の援助を受けており，この家系が自らの成員を司祭として置くか，あるいは司祭の指名と罷免を決めていた。(G. DE ROSA, Per una storia della parrocchia nel Mezzogiorno, in ID., *Chiesa e religione popolare nel Mezzogiorno*, Bari 1978, pp. 21-46)

12） この研究はフランスで非常に進展している。フランスでは国立文書館に教会関係の史料が集中しているため以下の研究が可能となった。*Répertoire des visites pastorales de la France*, a cura di D. Julia e M. Venard, I.a serie, Paris 1977-85. また次の文献も参照のこと。M. FROESCHLÉ-CHOPARD, *Atlas de la Réforme pastorale en France de 1550 à 1790. Le évêques en visites dans les diocèses*, Paris 1986. ドイツでは，こうした試みは，多くの困難を伴いながら，異なる素材を用いながら進められた。cfr. *Repertorium der Kirchenvisitationsakten des 16. und 17. Jahrhunderts aus Archiven der Bundesrepublik*

Deutschland, a cura di E. W. Zeeden, P. Th. Lang e altri, Stuttgart 1982 sgg. イタリアの研究状況はより散発的である。ここでは Gabriele De Rosa の指揮の下，史料の体系的な刊行，あるいは多少なりとも広範な記録の刊行が進行した。特にジョヴァン・マッテオ・ジベルティの視察（*Riforma pretridentina della diocesi di Verona*, a cura di A. Fasani, Verona-Vicenza 1989）が刊行されている。中世から19世紀に至るその他の多くの巡察記録については，下記に収録されている。*Thesaurus Ecclesiarum Italiae*, a cura di E. Massa e G. De Rosa, Roma 1966 sgg. 他の企画も始まっており，データの電子化作業もますます進んでいる。方法論については，cfr. *Fonti ecclesiastiche per la storia sociale e religiosa d'Europa: XV-XVIII secolo*, a cura di C. Nubola e A. Turchini, Bologna 1999. 様々な研究と企画がさらに散在しているのは，スペインとポルトガルの巡察に関する研究状況である。この点に関する重要な考察は下記に収められている。A. M. HESPANHA, *Da «iustitia» á «disciplina»: textos, poder e politica no antigo regime*, Coimbra 1989.

13） Cfr. D. BARATTI, *Lo sguardo del vescovo. Visitatori e popolo in una pieve svizzera della diocesi di Como: Agno, XVI-XIX secolo*, Comano 1989.

14） こうした記録の混交は，特に最初の段階においていくつかの例が見出せる。cfr. D. タリッリの日記については，*Notizie dal Cinquecento*, a cura di D. Petrini e T. Petrini, Locarno 1993, そしてジョヴァンニ・マーニの日記については，*Il diario del Pievano Girolamo Magni. Vita, devozione e arte sulla montagna pistoiese nel Cinquecento*, a cura di F. Falletti, Pisa 1999.

15） これは唯一 A. Torre が行った独自の提案である。A. TORRE, *Il consumo di devozioni. Religione e comunità nelle campagne dell'Ancien Régime*, Venezia 1995. シチリアについては，L. SCALISI, *Ai piedi dell'altare. Politica e conflitto religioso nella Sicilia d'età moderna*, Roma 2001.（訳注：「神聖なる消費」は本文中にあるようにトッレが提唱した言葉であり，宗教的な場所，行事内での集団での消費行為を指す。具体的には俗人の信心会などが構成員から寄付を募り，守護聖人のための祭礼の機会に会食や踊りなどを行ったことを指している。教会側はこうした行為を問題視し，これらを可能な限り制限しようとした。）

第9章　トレント公会議の秘蹟と社会の習慣

1） 以下を参照。S. KARANT-NUUN, *The Reformation of Ritual. An Interpretation of Early Modern Germany*, London-New York 1997.

2）以下を参照。J. BOSSY, *Peace in the Post-Reformation*, Cambridge 1998.

3） 以下の論文には非常に興味深い省察が含まれている。M. COLLARETA, «Forma Fidei». Il significato dello stile negli arredi liturgici, in *Ori e Argenti dei santi. Il tesoro del Duomo di Trento*, a cura di E. Castelnuovo, Trento 1991, pp. 21-33.

4） Biblioteca Ambrosiana, ms G 29 inf., cc. 114v-115r, 下記に引用されている。A. TURCHINI, Il governo della festa nella Milano spagnola di Carlo Borromeo, in A. Cascetta e R. Carpani, *La scena della gloria. Drammaturgia e spettacolo a Milano in età spagnola*,

Milano 1995, pp. 509-44.

5) 以下を参照，M. RUBIN, *Corpus Christi: The Eucharist in Late Medieval Culture*, Cambridge 1991, *passim*; 聖体拝領が年に一度しか行われない文化において，聖体奉挙がもっていた聖体拝領と同等な代替的な価値について言及している。*Ibid*., p. 73.

6) BATTISTA DA CREMA, *Via de aperta verità*, per Bastiano Vicentino, Venezia 1532 (ma la prima edizione è del 1523), c. 49rv. 下記の基本的な研究も参照のこと。E. BONORA, *I conflitti della Controriforma. Santità e obbedienza nell'esperienza religiosa dei primi Barnabiti*, Firenze 1998.

7) J. O'MALLEY, *The First Jesuits*, Cambridge (Mass.)- London 1993, p. 152.

8) *Alcune interrogationi delle cose della fede et del stato overo vivere de Christiani*, per Tullio Crispoldo da Riete, per Antonio da Portese, Verona 1540, c. E IV *r*.

9) BENEDETTO DA MANTOVA, *Del beneficio di Cristo, con le versioni del secolo XVI, documenti e testimonianze*, a cura di S. Caponetto, Firenze-Chicago 1972, pp. 453-55.

10) *Ibid*., pp. 60-61.

11) 以下を参照。P. DUDON, Le «libellus» du P. Bobadilla sur la Communion fréquente et quotidienne, *Archivium historicum Societatis Jesu*, II(1933), pp. 258-79.

12) ことの推移とその主要人物たちについては，G. Zarri の浩瀚な研究を参照のこと。G. ZARRI, Il carteggio tra don Leone Bartolini e un gruppo di gentildonne bolognesi negli anni del Concilio di Trento (1545-1563), *Archivio italiano per la storia della pietà*, VII(1976), pp. 337-885.

13) 以下を参照。G. BARBIERO, *Le confraternite del Santissimo Sacramento prima del 1539*, Treviso 1949.

14)「日々の糧たるかのパンのごとく頻繁に拝領することができる。」(sess. XIII, «Canones de Eucharestia», cap. VIII, Conciliorum Oecumenicorum Decreta, a cura di G. Alberigo, G. Dossetti, P.-P. Joannou, C. Leonardi e P. Prodi, p. 697)

15)（訳注）原語は affettata santità。「気取った神聖さ」ないしは「偽の神聖さ」の意であり，15 世紀から 16 世紀に出現した女性神秘家たちを指す際に用いられる表現。彼女たちは自らの聖性を信じ，神との直接の合一を求めて，聖別されたホスティア以外を口にしようとしなかった。彼女たちにとっては，聖体拝領はもはや単なる儀式ではなく，神との特別な関係を取り結ぶ上での極めて個人的な行為であった。

16) Cfr. A. HUNT, *The Lord's Supper in Early Modern England*, *Past and Present*, CLXI (1998), pp. 39-83.

17) C. WALKER BYNUM, *Holy Feast and Holy Fast: the Religious Significance of Food to Medieval Women*, Berkeley 1987 [trad. it. *Sacro convivo sacro digiuno. Il significato religioso del cibo per le donne del Medioevo*, Milano 2001, p. 55].

18) 引用は下記による。L. CHÂTELIER, *La religion des pauvres: les missions rurales en Europe et la formation du catholicisme moderne*, Paris 1993 [trad. it. *La religione dei poveri*, Milano 1994, p. 152.]

19） P. MORIGIA, *Opera chiamata stato religioso, et via spirituale*, stampata in Venetia per Nicolò Bevilacqua trentino 1559, p. 343.

20） *Catechismus ex decreto concilii Tridentini ad Parochos*, Manutius, Roma 1566, c. 172.

21） *Dottorina verissima, et hora nuovamente venuta in luce, tolta dal cap. quarto a' Romani a consolare fermamente le afflitte conscienze dal peso de i peccati gravato*, autore U. R. 1547, pp. 5 sgg. テクストについて，そして「義認に関するルターの教義を読者の心に入り込ませる」に際しての効率性については，下記を参照。S. CAVAZZA, Libri in volgare e propaganda eterodossa: Venezia 1543-1547, in *Libri, idee e sentimenti religiosi nel Cinquecento italiano*, Modena 1987, pp. 9-28, 特に pp. 22-23.

22） *Dottorina verissima* cit., p. 11.

23） カトリックの歴史家 Jean Delumeau は「集合心性」の現象として罪の意識を研究した。(*Le péché et la peur*, Paris 1983 [trad. it. *Il peccato e la paura. L'idea di colpa in Occidente dal XIII al XVIII secolo,* Bologna 1987])「ローマ教会が是認した言説」が告解でこの罪の意識に答えたとするなら，改革派は信仰のみによる義認でこれに応じたのである。(J. DELUMEAU, *L'aveu et le pardon. Les difficultés de la confession*, Paris 1990 [trad. it. *La confessione e il perdono. Le difficoltà della confessione dal XIII al XVIII secolo*, Cinisello Balsamo 1993, p. 40]). 一方で下記の文献において言及された告解の実践についてのデータも参照のこと。W. D. MYERS, *"Poor Sinning Folk". Confession and Conscience in Counter-Reformation Germany,* Ithaca-London 1996.

24） H. CH. LEA. *A History of Auricolar Confession and Indulgences in the Latin Church*, Philadelphia 1896; TH. N. TENTLER, *Sin and Confession on the Eve of the Reformation*, Princeton 1977, 上記の基本文献に加えて，下記の鋭く示唆に富んだ文献も参照のこと。H. D. KITTSTEINER, *Die Entstehung des modernen Gewissen*, Frankfurt am Main- Leipzig 1995.

25） Cfr. A. DUVAL, *Des sacrements au Concile de Trente*, Paris 1985, pp. 209 sgg., P. Angelo Amato の学位論文の議論を参照（*I pronunciamenti tridentini sulla necessità della confessione sacramentale nei canoni 6-9 della sessione XV (25 nov. 1551). Saggio di ermeneutica conciliare*, Roma 1975) これによれば「神の法」とは告解の清廉潔白さを指している。

26） 下記の正確な指摘を参照。P. PRODI, *Una storia della giustizia: dal pluralismo dei fori al modermo dualismo tra coscienza e diritto*, Bologna 2000, pp. 286-87. とはいえ，この論点については，この著作全体が重要である。

27）「しかしながら，残酷で重い罪が各聖職者ではなく，高位の聖職者のみによって赦されるためには，我々のうちの最も敬虔な部分に関する告解は信徒の教化に大いに役立つと思われた。それゆえ，至上の教皇たちは，全教会の中で自らに委ねられた至高の力により，重大な罪に関する事件を自身固有の法廷に留保することができたのである。破壊のためではなく，教化のために全ての司教たちも自身の司教区において同じことが可能であったことは疑いがない。というのも，彼らはその他の下位の聖職者たちに優越する

権威を与えられていたからである。」（第 14 総会で承認された教義の第 7 章，「留保案件について」を参照のこと。Conciliorum Oecumenicorum Decreta, p. 708.）

28）「モデナ司教と私がそれを作り上げた。そしてある重要案件と留保されていた案件に関する教義が変更されたが，これは代表たちの意志に反してのことだった。私は代表たちの一人であるとともに，これに反対するべきと主張した者でもあった。すなわち，教皇は教化に関わる案件ついては留保を行いうるのだというのである。この不遜さと横暴さが不愉快だったので，結局は行われることのなかった修道会に関する部分を扱うべく私がやってきたとき，彼らは私を代表に指名したものの，私はそれを受け入れたくなかったのだ。」バルガスを介して皇帝に「この条項が異端の問題にとっていかに有害で，いかにスキャンダラスなことか」と通告していたアヤラにとって，問題は重要だった。（アヤラの自叙伝は，M. Serrano y Sanz の校訂で，以下に収録されている。NBAE, II, Madrid s. d. [1927], pp. 211-38. ただしここでは以下から引用している M. PÉREZ DE AYALA, Discurso de la vida, in P. GONZÁLEZ DE MENDOZA, *El Concilio de Trento*, Buenos Aires 1947, p. 43. Cfr. H. JEDIN, Die Autobiographie des Don Martin Pérez de Ayala, in *Kirche des Glaubens, Kirche der Geschichte*, Freiburg 1966, II, pp. 282-332.）

29） Cfr. J. CARVALHO e J. P. PAIVA, Les visites pastorales dans la diocèse de Coimbre aux XVIIe et XVIIIe siècles. Recherches en cours, in *La recherche en histoire du Portugal*, Paris 1989, pp. 49-55.

30） Cfr. W. DE BOER, *The Conquest of the Soul. Confession, Discipline, and Public Order in Counter-Reformation Milan*, Leiden 2001.

31）「同様に異端の罪においては，審理に際し，彼らの代理人たちによってではなく，彼自身によって赦されるべきである。」(*Conciliorum Oecumenicorum Decreta*, p. 764.)

32）「第 6 条について言うならば，異端審問所の権限は認められなかったのだが，これは当時以下のようなことが大きな問題になっていたからである。すなわち，司教こそが司教区において異端を裁く権限を持つ司法官であり，また最も正当な魂の牧者であるにもかかわらず，過ちを悔いた足取りで彼らのもとへ許しを乞いながらやってくる異端者たちを，司教たちは赦すことができないという点である。」M. PÉREZ DE AYALA, *Discurso de la vida*, P. GONZÁLEZ DE MENDOZA, *El Concilio de Trento* cit., p. 144).

33） A. PROSPERI, *Tribunali della coscienza*, Torino 1996, pp. 230-31.

34）「肉を食べた者に関しては，聴罪司祭はいかなる区別も行うべきではありませんが，それは彼らがこの問題に関する裁判官ではないからです（中略）。同じ類のことは，世俗の裁判官によって常に行われています。彼らは，自らの身の安全を守るために人を殺してもよいと知ってはいますが，それでも，まずは殺人者を出頭させ，殺人が何の過失もなく行われ，世俗の法と自然の法に許されていることが分かった場合に，殺人者を放免することを裁判官たちは望み，そして習慣として行っています。告解者がその服従の義務をなす際には，我々もまた同じようになそうではありませんか。」（ポルトガル異端審問所総代理フランチェスコ・ピンツィーノ修道士からポルデノーネ長官への書簡，1559 年 3 月 9 日付。下記も参照のこと。A. PROSPERI, *Tribunali della coscienza* cit., pp.

232-33.）この総代理は書面による告発の可能性についても触れている。「例えば体の麻痺した者の場合，真実に則して行ったことを書かせて，本人の代わりに別の者が届けなくてはならない。」

35） サンディスの『報告』の章を参照のこと。これはサルピが再構成した上で下記の書物の脚注で言及している。P. SARPI, *Istoria del concilio Tridentino*, a cura di C. Vivianti, 2 voll., Torino 1974, I, pp. 565 sgg.

36） A. CH. LEA, *A History of Auricolar Confession* cit., I, p. 385. 1561 年 4 月 16 日の大勅書「クム・シクト・ヌペル」（cum sicut nuper）は以下に収録されている。*Bullarium Romanum*, t. 4, II, p. 77. スペインにおける問題の歴史については，さしあたり以下の研究を参照のこと。A. SARRIÓN MORA, *Sexualidad y confesiòn. La solicitaciòn ante el Tribunal del Santo Oficio (siglos XVI-XIX)*, Madrid 1994, pp. 59 sgg.

37） 以下を参照。W. DE BOER «Ad audiendi non videndi commoditatem». Note sull' introduzione del confessionale soprattutto in Italia, *Quaderni storici*, 77, agosto 1991, pp. 543-72.

38） J. BOSSY, The Social History of Confession in the Age of the Reformation, *Transactions of the Royal Historical Society*, XXV(1975), pp. 21-38 [trad. it. in ID., *Dalla comunità all'individuo. Per una storia sociale dei sacramenti nell'Europa moderna*, Torino 1998, pp. 59-85].

39） Cfr. J. GAUDEMET, *Le mariage en Occident*, Paris 1987 [trad. it. *Il matrimonio in Occidente*, Torino 1989].

40） 目下進行中の研究の示唆的な先行報告は以下でなされている。G. ZARRI, Orsola e Caterina. Il matrimonio delle vergini nel secolo XVI, *Rivista di storia e letteratura religiosa*, 1993, pp. 527-54, ora in *Recinti*, Bologna 2000. もう一つは霊的結婚で，下記の研究がこれを扱っている。D. ELLIOTT, *Spiritual Marriage. Sexual Abstinence in Medieval Wedlock*, Princeton 1993. この研究は婚姻における性的節制の習慣に限定している。

41）この仮説は以下の研究による。G. ZARRI, Orsola e Caterina cit.

42） Cfr. A. MARONGIU, Nozze proibite, comunione dei beni e consuetudine canonica (a proposito di documento sardo del 1568), in ID., *Saggi di storia giuridica e politica sarda*, Padova 1975, pp. 163-83. e R. TURTAS, Missioni popolari in Sardegna tra '500 e' 600, *Rivista di storia della Chiesa in Italia*, XLIV(1990), pp. 369-412.

43） これに関するよい定義づけは，D. LOMBARDI, Fidanzamenti e matrimoni dal Concilio di Trento alle riforme settecentesche, in *Storia del matrimonio*, a cura di M. De Giorgio e Ch. Klapisch-Zuber, Bari 1996, pp. 215-50. 結婚に関する特に正確な規則を制定した 1517 年の地方教会会議の舞台となったフィレンツェにおける結婚の歴史については，cfr. M. FUBINI LEUZZI, *«Condurre a onore». Famiglia, matrimonio e assistenza dotale a Firenze in età moderna*, Firenze 1999.

44） これの見解は以下に記されている。J. SEGURA DAVALOS, *Directorium iudicum ecclesiastici fori*, Venetiis apud Matthaeum Valentinum 1596, c. 95v.

45）「禁じられた結婚は禁じられているが，結婚の前段階の婚約も同様である。」（*ibid.*）

46） Cfr. A. P. LANCELLOTTI, *Institutiones iuris canonici*, Romae ex typographia Georgii Ferrarii 1583, pp. 151-61.

47） このイメージとその史料は下記に再録されている。*Il testamento di Luca Riva, 9 settembre 1624*, a cura di F. Chiappa, Milano 1970.

48） Cfr. *Coniugi nemici. La separazione in Italia dal XII al XVIII secolo*, a cura di S. Seidel Menchi e D. Quaglioni, I. *I processi matrimoniali degli archivi ecclesiastici italiani*, Bologna 2000.

49） この情報は，アンドレア・ザノット（Andrea Zanotto）博士のご指摘による。彼は目下この問題に関する研究書を刊行しようとしている。

50）この点については，次の研究が注目を集めた。E. BRAMBILLA, Battesimo e diritti civili dalla Riforma protestante al giuseppinismo, *Rivista storica italiana*, CIX(1997), pp. 602-27.

51） 名前の歴史については，cfr. 目下のところ，M. MITTERAUER, *Ahnen und Heilige. Namengebung in der europäischen Geschichte*, München 1993, [trad. it. *Antenati e santi: l'imposizione del nome nella storia europea*, Torino 2001.] とはいえ，H. Usener（*Götter-namen*, Bonn 1895）が切り開いた偉大な伝統の中でも，近世に関する適切な研究はいまだ待ち望まれている。

52） J. BOSSY, e Gianna Pomata Padrini e madrine: un'istituzione sociale del cristianesimo popolare in Occidente, *Quaderni Storici*, 41, maggio-agosto 1979, pp. 440-49, 特に p. 447. さらに下記も参照。ID., Sangue e battesimo, in ID., *Dalla comunità all'individuo* cit., pp. 37-58.

53） Cfr. CH. KLAPISCH-ZUBER, *La Maison et le nom*, Paris 1990, chapitre *Le «comparatico» à Florence*, これに加えて，A. FINE, *Parrains, marraines. La parenté spirituelle en Europe*, Paris 1994, chapitre *La bonne mort*, pp. 225 sgg.

54） Archvio Arcivescovile di Pisa, *S. Uffizio*, f. 17, 1664-70, cc. n. n. この告発のテクストは次の研究によって報告された。G. ROMEO, *Aspettando il boia*, Firenze 1993, p. 341.

55） Aarne-Thompson の寓話モティーフの分類では 332 番「死神代父」である。（A. AARNE-THOMPSON, *The Types of the Folktale, Folklore Fellows Communications*, Helsinki XXV, 74, 1928, p. 59, favola n. 332, Godfather Death; nuova edizione Helsinki 1961, pp. 123-24）. 寓話としては，この物語はヤコブとヴィルヘルム・グリム兄弟によって収集されている。彼らのヴァージョンはトスカーナの農民が語ったものよりももっと話に広がりがあるが，基本的な部分では一致している。

56） E. LE ROY LADURIE, *L'argent, l'amour et la mort en pay d'oc*, Paris 1980 [trad. it. *Il denaro l'amore la morte in Occitania*, Milano 1983].

第 10 章　トレント，過ぎ去らない歴史

1） J. W. O'MALLEY, *Trent and All That. Renaming Catholicism in the Early Modern Era*,

Cambridge(Mass.) - London 2000, p. 60.

2） P. PRODI, *Una storia della giustizia. Dal pluralismo dei fori al moderno dualismo tra coscienza e diritto*, Bologna 2000, p. 96 nota. の巧みな表現に従えば，ローマの異端審問は中世の異端審問の「最後の飛躍」に過ぎず，いまだ教皇権の従属下にある領域において既存の法廷を再び活性化させたのだ。ローマの聖省の各文書館が近年開かれたことによる恩恵を受けた下記の充実した文献も参照のこと。A. PROSPERI, *Tribunali della coscienza. Inquisitori, confessori, missionari*, Torino 1996, e E. BRAMBILLA, *Alle origini del Sant'Uffizio. Penitenza, confessione e giustizia spirituale dal Medioevo al XVI secolo*, Bologna 2000.

3） これこそが M. Firpo が注目したコンテクストである。M. FIRPO, *Inquisizione romana e Controriforma. Studi sul cardinal Giovanni Morone e il suo processo d'eresia*, Bologna 1992.

4） ボローニャでの異端審問の管理の長い歴史は，ボローニャ大学の存在と，ローマとの関わりにおいて重要であるが，下記の浩瀚な研究を参照のこと。G. DALL'OLIO, *Eretici e Inquisitori nella Bologna del Cinquecento*, Bologna 1999.

5） ルッカの出した独自の答えについては，S. ADRONI-BRACCESI, *«Una città infetta». La Repubblica di Lucca nella crisi religiosa del Cinquecento*, Firenze 1994.

6） しかし，J. Tedeschi による基本的な研究蓄積を見ておくべきである。J. TEDESCHI, *The Prosecution of Heresy*, New York 1991 [trad. it. *Il giudice e l'eretico. Studi sull'Inquisizione Romana*, Milano 1997].

7） こうした問題については今のところ下記を参照。O. DI SIMPLICIO, *Inquisizione, stregonia medicina. Siena e il suo Stato (1580-1621)*, Monteriggioni 2000, pp. 59-68.

8） Cfr. F. MATEOS, Ecos de América en Trento, *Revista de Indias*, 1945, n. 22, pp. 559-605.

9） この点についての結果としては，cfr. *Catolicismo y Extirpaciòn de idolatrías. Siglos XVI-XVIII. Charcas Chile México Perú*, a cura di G. Ramos e H. Urbano, Cusco 1993.

10） この点についての入念な再構成は，cfr. G. C. ROSCINI, *Il desiderio delle Indie. Storie, sogni e fughe di giovani gesuiti italiani*, Torino 2001.

11） Cfr. M. AZOULAI, *Les péchés au Nouveau Monde. Les manuels pour la confession des Indiens XVIe-XVIIe siècles*, Paris 1993.

12） イベリア半島世界については，いくつかの有望な研究がスタートしている。目下のところは下記を参照。M. L. COPETE e F. PALOMO, Des Carêmes après le Carême. Stratégies de conversion et fonctions politiques des missions intérieures en Espagne et au Portugal (1540-1650), *Revue de synthèse*, IV(1999), nn. 2-3, pp. 359-80.

13） Cfr. L. CHÂTELLIER, *La religion des pauvres*, Paris 1993 [trad. it. *La religione dei poveri*, Milano 1994].

14） （訳注）地獄篇第 26 歌 133 行。

15） Cfr. C. M. N. EIRE, *War against Idols. The Reformation of Worship from Erasmus to Calvin*, Cambridge 1986.

16）ヨハン・ホイジンガの行ったこの省察については，下記の文献も触れている。S. SLIVE, Notes on the Relationship of Protestantism to Seventeenth Century Dutch Painting, *The Art Quarterly* XIX (1956), pp. 3-15.

17）Cfr. F. TAVIANI, *La Commedia dell'Arte e la società barocca. La fascinazione del teatro*, Roma 1969. C. BERNARDI, Il teatro fra scena e ritualità in *Trento. I tempi del Concilio, supplemento a Economia trentina*, XLIV(1995), n. 1, pp. 197-209, in particolare p. 197.「トレント公会議の決議の中では，舞台については言及されていない。」と述べている。

18）Cfr. *Musica e liturgia nella Riforma tridentina*, a cura di D. Curti e M. Gozzi, Trento 1995.

19）Cfr. ドイツについては，下記の文献が包括的な像を提示してくれている。R. PO-CHIA HSIA, *Social Discipline in the Reformation: Central Europe 1550-1750*, London-New York 1989.

20）これは下記の革新的な研究のテーマの一つである。A. ARCANGELI, *Davide e Salomé? Il dibattito europeo sulla danza nella prima età moderna*, Treviso-Roma 2000.

21）Cfr. G. PALUMBO, L'uso delle immagini e la diffusione delle idee religiose dopo il Concilio di Trento, in *Trento. I tempi del Concilio cit*., pp. 157-71. この問題については，cfr. D. FREEDBERG, *The Power of Images*, Chicago 1989 [trad. it. *Il potere delle immagini,* Torino 1993].

22）以下を参照。M. CARROLL, *Veiled Threats. The Logic of Popular Catholicism in Italy*, Baltimore-London 1996.

23）Cfr. L. CHÂTELLIER, *L'Europe des dévots*, Paris 1987, pp. 168-69.

24）Cfr. P. PRODI, *Arte e pietà*, Bologna 1982.

25）下記を参照。S. G. ARMSTRONG, "Semper reformanda": The Case of the French Reformed Church, 1559-1620, in *Later Calvinism. International Perspectives*, a cura di W. F. Graham, *Sixteenth Century Essays and Studies*, XXII, Kirsville (Mo.) 1994, pp. 119-38, 特に pp. 133 sgg.

第 11 章　史料と研究史

1）刊本はミラノで出版された。cfr. S. KUTTNER, *Decreta septem priorum sessionum Concilii Tridentini sub Paulo III. Pont. Max.*, Washington 1945.

2）P. SARPI, *Istoria del Concilio Tridentino*, a cura di C. Vivianti, 2 voll., Torino 1974, I, p. 5.

3）これについては下記を参照。H. JEDIN, Die Autobiographie des Don Martin Pérez de Ayala, in ID., *Kirche des Glaubens, Kirche der Geschichte*, Freiburg 1966, II, pp. 282-92.

4）C. VIVIANTI, Una fonte dell'«Isoria del concilio tridentino», di Paolo Sarpi, *Rivista storia italiana*, LXXXIII (1971), pp. 608-32. 彼は的確な比較とともに，サルピがいかに叙述の中で原文通りに引用された教皇特使の手紙の一節を，史料上の正確さに対する細心の注意とともにつなぎ合わせているのかを示している。

5）下記を参照。J ŠUSTA, *Die römische Kurie und das Konzil von Trient unter Pius IV.*

Aktenstücke zur Geschichte des Konzils von Trient, 4 voll., Wien 1904-14.

6） *Istoria del Concilio di Trento.... ove insieme rifiutasi con autorevoli testimonianze un'Istoria falsa divolgata nello stesso argomento sotto nome di Pietro Soave Polano*, Roma 1636-37.

7） *Concilium Tridentinum. Diariorum, Actorum, Epistolarum, Tractatuum nova collectio*, 13 voll., Freiburg im Breisgau 1901-1985. 財政的な側面は，公会議の出納官，アントニオ・マンネッリの活動に関連している。彼の会計帳簿には支払いの記録が見出されるが，この支払いを通じて教皇権は最も貧しくかつ忠実な司教たちとのパイプを確かなものとしていた。史料状況と史学史については，下記の研究がまだ非常に有用である。H. JEDIN, *Das Konzil von Trient. Ein Überblick über die Erforschung seiner Geschichte*, Roma 1948; これは同じ著者による下記の大著のための予備的な作品である。*Geschichte des Konzils von Trient*, 4 voll., Freiburg 1949-75 [trad. it. *Storia del Concilio di Trento*, 4 voll., Brescia 1973-81]，この本はこの分野における基礎文献の地位を占めている。

8） 第一巻は，1949 年にイタリア版とドイツ版の二つのヴァージョンで出版された。最終巻である第四巻はドイツでは 1975 年にイタリアでは 1981 年に出版された。

9） H. JEDIN, Premessa a *Il Conclio di Trento, IV* cit., pp. II, 8-9.

10） ID., *Katholische Reformation oder Gegenreformation? Ein Versuch zur Klärung der Begriffe nebst ein Jubiläumsbetrachtung über das Trienter Konzil*, Luzern 1946 [trad. it. *Riforma cattolica o Controriforma?*, Brescia 1957, p. 49].

11） *Ibid.*, p. 43.

12） P. SARPI, *Istoria del concilio Tridentino* cit., I, p. 6.

13） 下記を参照。A. G. DICKENS e J. M. TONKIN, *The Reformation in Historical Thought*, Cambridge(Mass.) 1985.

14） Cfr. H. J. BREMAN, *Law and Revolution: the Formation of Western Legal Tradition*, Harvard 1983 [trad. it. *Diritto e rivoluzione. Le origini della tradizione giuridica occidentale*, Bologna 1998], e P. PRODI, *Una storia della giustizia. Dal Pluralismo dei fori al moderno dualismo tra coscienza e diritto*, Bologna 2000.

15） L. FEBVRE, Une question mal posée: les origines de la Réforme française et le problème des causes de la Réforme, *Revue historique*, CLXI(1929) [trad. it. in Id., *Studi su Riforma e Rinascimento e altri scritti di metodo e di geografia storica*, Torino 1966, pp. 5-70].

16） *Ibid.*, p. 58.

17） 例えば下記を参照。A. TENENTI, *Il senso della morte e l'amore della vita nel Rinascimento*, Torino 1956; PH. ARIÈS, *L'homme devant la mort*, Paris 1977, e J. DELUMEAU, *La peur en Occident*, Paris 1977.

18） この問題全般の検証のためには，P. G. Camaiani の校訂したテクスト選集を参照。Interpretazioni della Riforma cattolica e della controriforma, in *Grande Encicolpedia filosofica*, VI, Milano 1964, pp. 329-490.

19） J. DELUMEAU, *Le catholicisme entre Luther et Voltaire*, Paris 1971 [trad. it. *Il*

cattolicesimo dal XVI al XVIII secolo, Milano 1976].

20） H. OUTRAM EVENNETT, *The Spirit of the Counter-Reformation*, a cura di J. Bossy, Cambridge 1968.

21） J. BOSSY, *Christianity in the West, 1400-1700*, Oxford 1985 [trad. it. *L'Occidente cristiano, 1400-1700*, Torino 1990].

22） J. W. O'MALLEY, *Trent and All That. The World of Catholic Renewal 1540-1770*, Cambridge 1998.

23） R. PO-CHIA HSIA, *The World of Catholic Renewal*, Cambridge 1998.

24） O. NICCOLI, *La vita religiosa nell'Italia moderna. Secoli XV-XVIII*, Roma 1998.

25） W. REINHARD, *Gegenreformation als Modernisierung? Prolegomena zu einer Theorie des konfessionellen Zeitalters*, *Archiv für Reformationsgeschichte*, 1977, n. 68, pp. 226-52（イタリア語版では「対抗宗教改革」Gegenreformation という言葉に明確に対応する言葉はないことに注意されたい。 Confessionalizzazione forzata? Prolegomeni ad una teoria dell'età confessionale, *Annali dell'istituto storico italo-germanico in Trento*, 1982, n. 8, pp. 13-37).

26） R. DESCIMON, nell'*Introduzione* a W. Reinhard, *Papauté, confessions, modernité*, Paris 1998, p. 10.

27） 上記の表現は以下の論文に見出せる。Problemi di struttura dell'assolutismo europeo (1969), in E. Rotelli e P. Schiera (a cura di), *Lo Stato moderno, I. Dal Medioevo all'età moderna*, Bologna 1971, pp. 173-91.

28） 下記を参照。W. REINHARD e H. SCHILLING (a cura di), *Die katholische Konfessionalisierung*, Münster 1995.

29） 以下を参照。P. PRODI (a cura di), *Disciplina dell'anima, disciplina del corpo e disciplina della società tra Medioevo ed età moderna*, Bologna 1994. また同じ著者による以下の研究も参照。Controriforma e/o Riforma cattolica: superamento di vecchi schemi nei nuovi panorami storiografici, *Römische Historische Mitteilungen*, XXXI(1989), pp. 227-37.

30） L. FEBVRE, *Studi su Riforma e Rinascimento* cit., pp. 5-70.

31） 下記を参照。W. V. HUDON, Religion and Society in Early Modern Italy - Old Questions, New Insights, *American Historical Review*, CI (1996), pp. 783-804.

32） 下記を参照。W. DE BOER, *The Conquest of the Soul. Confession, Discipline, and Public Order in Counter-Reformation Milan*, Leiden 2001.

終章　イリアスとオデュッセイアの間

1） P. SARPI, *Istoria del Concilio tridentino,* ed. critica a cura di Corrado Vivanti, Einaudi, Torino 2009, vol.I, p.6.

2） G. THILS, *Les notes de l'Eglise,* Gembloux 1937. 1500 年代後半には，カトリック神学の中で，「cattolicità」という地理的な議論は広く使われた。Cfr. 特に Tommaso BOZIO, *De signis Ecclesiae Dei libri XXIV,* Romae 1591.

3）Tullio CRISPOLDI, *Pratica de li Sacramenti et incidentemente un poco del Purgatorio, et de la fede et de le opere*, Venezia, per Stefano da Sabio 1534, c. b V v. 下記も参照のこと。A. PROSPERI, *America e Apocalisse, e altri saggi,* Pisa-Roma 1999, p. 30.

4）*Iesaiae Prophetae vetus et novaex hebraico versio, cum commentario, F.Francisco Forerio...auctore,* Venezia, Ziletti 1563.

5）「見よ皆の者よ，ヨーロッパでは蛮族によって法は打ち捨てられ，都市は破壊され，宿営地は取り去られた。地方では人々の姿が消え，農夫はどこの土地にも住んでいない。信仰の死の中で，偶像の礼拝者たちが優先され，彼らが暴れまわっている。」(Reg. V, 37, ed. MGH, Epistolae I, Berolini 1887, 13-14. 上記の一節は下記の文献で言及されている。Agostino Paravicini Bagliani, *Il potere del papa. Corporeità, autorappresentazione, simboli,* Firenze, Sismel-edizioni del Galluzzo 2009, p.294.

6）Lettera circolare della S. Congregazione ai Nunzi apostolici, del 15 gennaio 1622, edita in *Sacrae Congregationis de Propaganda Fide memoria rerum,* a cura di J. Metzler, vol. III, t. 2, Herder, Rom. Freiburg-Wien 1976, pp. 656-58.

7）Cfr. E. LEITES (a cura di), *Conscience and Casuistry in Early Modern Europe,* Cambridge Univ. Press-Maison des Sciences de l'Homme, Cambridge-Paris 1989.

8）（訳注）L. A. MURATORI (a cura di P. Collo), *Il cristianesimo felice nelle missioni dei padri della Compagnia di Gesù nel Paraguai*, Sellerio, Palermo, 1985, p. 32.

9）D. BARTOLI, *Scritti*, Torino 1977, p. 123. ムラトーリについては，A. MURATORI, *Il cristianesimo felice nelle missioni dei padri della Compagnia di Gesù nel Paraguai,* Palermo 1985, p. 32.

10）ここで言及しているのは，「1583 及び 84 年の中国における布告」であり，これは以下の出版物の付録として刊行されている。*Avvisi del Giappone degli anni 1582, 83 ed 84 con alcuni altri della Cina dell'83 e 84 cavati dalle lettere della Compagnia di Gesù,* Zanetti, Roma 1586. この史料については以下の文献による対照も参照のこと。M. HOWARD RIENSTRA, *Jesuit Letters from China 1583-84,* University of Minnesota, Minneapolis 1986. 民俗学の情報装置としてイメージを扱った研究はあまり知られていないが，目下のところ下記の研究を参照すべきである。B. MAJORANA, *La gloriosa impresa. Storia e immagini di un viaggio secentesco,* Palermo 1990, pp. 21 sgg.

11）A. Possevino, *Coltura degl'ingegni,* appresso G. Greco, Vicenza 1598, p. 3.

12）ラテン語版 (Lucius, Helmstadii 1587) は，下記の英語版の 2 年後に出版されている。*Certain briefe, and speciali insfructions for gentlemen, merchants, students, souldiers, marrinen etc.*; これについては，cfr. M. T. HODGEN, *Early Anthropology in the sixteenth and seventeenth Centuries,* Philadelphia 1964, p. 187. 16 世紀の旅行者たちへの旅の手引きについては，J. STAGL, The Methodising of Travel in the 16th Century. A Tale of Three Cities, in *History and Anthropology,* 4, 1990, pp. 303-38.

13）A. POSSEVINO, *Apparato all'historìa di tutte le nationi et il modo di studiare la* in Venetia presso Gio. Battista Ciotti 1598, c. 239f.

14） (訳注) 日本ではフランス語読みの「プラノ・カルピニ」として知られている。

15） 欠如のレトリックへの省察とシェークスピアの「テンペスタ」への言及は，M. T. HODGEN, *Early Anthropology, cit.,* pp. 196-99.

16） 10 Lettera del 5 luglio 1553 (*Monumenta lgnatiana, Epistolae* V, Romae 1965, p. 165). 11. Lettera a Ignazio di Loyola, da Modena, 16 maggio 1550 (*Monumenta Historica Societatis Jesu* [=*MHSJ*], Epistolae V, pp. 698-702). この点については私の書いた以下の論考を参照のこと。«Otras Indias». Missionari della Controriforma tra contadini e selvaggi, in G. Garfagnini (a cura di), *Scienze, credenze occulte, livelli di cultura,* Firenze 1982, pp. 209 sg.

17） ここではジュリオ・キエーリチを問題にしている。彼については，La lettera di P. Polanco del 19 feb.1576 (*MHSJ,* Polanci complementa, II, Madrid 1917, rist. anast. Roma 1969, p. 473).

18） Cfr *Relatione del viaggio et arrivo in Europa, Roma e Bologna de i serenissimi Principi Giapponesi venuti a dare ubidientia a Sua Santità,* in Bologna per A. Benacci 1585. このエピソードは有名でよく研究されている。近年の研究として，A. BOSCARO, Giapponesi a Venezia nel 1585, in L. Lanciotti (a cura di), *Venezia e l'Oriente,* Firenze 1987, pp. 409-29. これに比べて，当時イエズス会士が日本で展開した出版キャンペーンはあまり知られていない。ローマを訪れた少年たちの名で日本でも報告書が出版された。もちろん実際にはイエズス会士たちがこれを編纂していたのだが，ヨーロッパで日本イメージに対してなされた理想化の手続きと同じ手続きが，日本におけるヨーロッパイメージに対してもなされたのだ。このテクストは以下のように題されている。*De missione legatorum laponensium ad Romanam Curiam, rebusque in Europa, ac toto itinere animadversis dialogus, ex ephemeride ipsorum legatorum collectus, et in sermonem sininum versus,* ab Eduardo de Sonde Sacerdote Societati lesu. In Macaensi Portu Sinici regni in domo Societatis lesu... anno 1590.

19） ヴァリニャーノの宣教活動についての基本文献は，J. F. SCHÜTTE, *Valignanos Missionsgrundsätze für Japan*, Roma 1958.

20） このテクストは，Josef Franz Schütte によって発見され，刊行されている。(A. VALIGNANO, *Il cerimoniale per i missionari del Giappone,* Roma 1946).

21） J. F. SCHÜTTE, *Valignanos Missionsgrundsatze, cit.,* vol. I, introduzione, p. 81.

22）（訳注）ジョヴァンニ・デッラ・カーサ (Giovanni della Casa 1503-1556) は，ベネヴェント大司教も務めた聖職者だが，本文中にもあるようにガレアッツォ (ガラテウス)・フローリモンテに献じられ，著者の死後に出版された『ガラテーオあるいは品行について』(1558 年) の著者として著名である。現代でも「ガラテーオ (galateo)」という言葉は，礼儀作法を指す一般名詞として用いられている。

23） 原題は，“De officiis inter potentiores et tenuiores amicos.” Cfr. *Prose di Giovanni della Casa e altri trattatisti cinquecenteschi del comportamento,* a. cura di A. Di Benedetto, Torino 1970, pp. 136 sgg.

24） A. VALIGNANO, *Il cerimoniale, cit.,* pp. 120-21.

25） 二節のつながりは以下の研究で主張されている。A. BIONDI, La giustificazione della simulazione nel Cinquecento, in *Eresia e Riforma nell'Italia del Cinquecento. Miscellanea I,* Firenze-Chicago 1974, pp. 8-68.

26） このテクストは以下の文献で報告されている。S. GRUZINSKI, *La colonisation de l'imagmaire. Sociétés indigènes et occidentalisation dans le Mexique espagnol XVI-XVIII* siècle, Paris 1988, p.147.

27） Cfr. J. F. SCHÜTTE, *Valignanos Missionsgrundsatze, cit.,* I, pp. 36-50.

28） A. VALIGNANO, *Il cerimoniale cit.,* p. 19.

29） Ivi, pp. 155-57.

30） Ivi, pp. 282-85.

31） *MHSJ,* Polanci complementa *cit.,* pp. 829-31.

32） 「……私は29年にわたって修道会に身を置いているが，…… わずか3年で昇進し，残りの全ての期間は，他の者を監督していた。」(lettera di dimissioni inviata il 30 agosto 1580, edita da J. F. SCHÜTTE, *Valignanos Missionsgrundsätze, cit.,* vol. I, parte 2, p. 500).

33） Cfr. R. VILLARI, *Elogio della dissimulazione. La lotta politica nel Seicento,* Roma-Bari 1987.

34） 1785年12月24日のクラウディオ・アクアヴィーヴァの書簡 A. VALIGNANO, *Il cerimoniale, cit.,* p. 320. 磔刑像の問題については，cfr. J. BETTRAY, *Die Akkomodationsmethode des P. Matteo Ricci in China,* Roma 1955, pp. 365-82 e J. D. SPENCE, *Il Palazzo della memoria di Matteo Ricci,* trad. it., Milano 1987, pp. 268-69.

35） Lettera del Ricci al confratello Girolamo Benci, da Nankiang, 7 ottobre 1595 (M. RICCI, *Lettere del manoscritto maceratese,* a cura di C. Zeuli, Macerata 1985, pp. 47-52; v. p. 49).

36） Lettera di Matteo Ricci a suo padre Giovanni Battista , da Shaozhou, 10 dicembre 1593, ivi, pp. 43-46.

37） Lettera a Girolamo Benci, p. 64.

38） Lettera citata al Benci.

39） Lettera citata al Costa, p. 65.

40） J. GERNET, *Cina e Cristianesimo,* trad. it., Casale Monferrato 1984. この文献の中でGernetはイエズス会の宣教師たちの提案に対して中国の知識層がどのように議論をし，門戸を閉ざす反応が起こったのかを明らかにしている。

41） Cft, G. DI FIORE, *La legazione Mezzabarba in Cina(1720-1721),* Napoli, 1989, pp. 720-21.

A・プロスペリと近世イタリア宗教史研究（訳注）

1） カルロ・ギンズブルグ著（杉山光信訳）『チーズとうじ虫――16世紀の一粉挽屋の世界像』みすず書房，1984年。

2） カルロ・ギンズブルグ著（上村忠男訳）『夜の合戦――16-17世紀の魔術と農耕信仰』

みすず書房，1986 年。

3） Delio Cantimori, (a cura di Adriano Prosperi), *Eretici italiani del Cinquecento e Prospettiva di storia ereticale italiana del Cinquecento*, Torino: Einaudi, 2009.

4） なおギンズブルグとの共著に，C. Ginzburg e A. Prosperi, *Giochi di pazienza : un seminario sul "Beneficio di Cristo"*, Torino: Einaudi, 1975.

5） A. Prosperi, *El Concilio de Trento. Una introduccion historica*, Valladolid: Junta de Castilla y León, 2008.

6） A. Prosperi, *Die Gabe der Seele : Geschichte eines Kindsmords*, Frankfurt am Main: Suhrkamp, 2007.

7） A. Prosperi (a cura di), *Il padule di Fucecchio: la lunga storia di un ambiente naturale*, Roma: Edizioni di storia e letteratura, 1995.

8） A. Prosperi, *Giustizia bendata. Percorsi storici di un'immagine*, Torino: Einaudi, 2008: A. Prosperi, *Delitto e perdono. La pena di morte nell'orizzonte mentale dell'Europa cristiana. XIV-XVIII secolo*, Torino: Einaudi, 2013.

9） A. Prosperi, *L'eresia del Libro Grande: storia di Giorgio Siculo e della sua setta*, Milano: Feltrinelli, 2000.

10） A. Prosperi, *Tribunali della coscienza: inquisitori, confessori, missionari*, Torino: Einaudi, 1996 (nuova edizione 2009).

11） A. Prosperi, *Tribunali della coscienza cit.,* p. ix.

12） A. Prosperi (diretto da), con la collaborazione di V. Lavenia e J. Tedeschi, *Dizionario storico dell'Inquisizione*, Pisa: Edizioni della Scuola Normale Superiore, 2010, 4 tomi.

13） A. Prosperi, La Chiesa di Roma: il papato e la riforma tridentina nel Cinquecento, in V. Lavenia (a cura di), *Storia del Cristianesimo: III. L'età moderna* (*secoli XVI-XVIII*), Roma: Carocci editore, 2015, pp. 183-212.

読 書 案 内

（訳注） この文献案内は，原書刊行時のものであり，終章で言及されている文献の一部は含まれていない。下記も参照のこと，A. PROSPERI, La Chiesa di Roma: il papato e la riforma tridentina nel Cinquecento, in V. Lavenia (a cura di), *Storia del cristianesimo III: l'età moderna (secoli XVI-XVIII)*, Roma; Carocci, 2015.

1. トレント公会議を巡る論争

トレント公会議を巡る教義上の論争が歴史上知られることになったのは，サルピの著作のおかげである。『トレント公会議の歴史』*Istoria del concilio Tridentino* は M. A. De Dominis の監修のもと 1619 年にロンドンで出版された。［この出版の事情については以下の研究を参照すべきである。F. A. YATES, Paolo Sarpi's "History of the Council of Trent", in *The Journal of the Warburg and Courtauld Institutes*, VII(1944).］この出版以来，サルピの信憑性，彼の偏向，彼がどの史料を知っていたのかなどについての論争が開始された。(Cfr. H. JEDIN, *Das Konzil von Trient. Ein Überblick über das Erforschung seiner Geschichte*, Roma 1948.) 彼のカトリック側への偏向や本当の意味での事実関係の間違いに対しては（以下の文献の各巻末尾に列挙されている。P. S. PALLAVICINO, *Istoria del concilio*, in H. JEDIN, *Geschichte des Konzils von Trient*, Freiburg 1957-1977 [trad. it. *Storia del Concilio di Trento*, 4 voll., Brescia 1973-1981; cfr. II]），歴史家たちが反論しており，今日知られている史料のうちでサルピが叙述に際して用いた史料も特定されている。(cfr. C. VIVIANTI, Una fonte dell'«Istoria del concilio tridentino» di Paolo Sarpi, *Rivista storica italiana*, LXXXIII(1971). パッラヴィチーノが用いた史料については，Cfr. H. JEDIN, *Der Quellenapparat der Konzilsgeschichte Pallavicinos*, Roma 1940. サルピの作品全体については，その認識は G. Cozzi のおかげで改められた。Cfr. P. SARPI, *Opere*, a cura di G. e L. Cozzi, Milano-Napoli 1969. この二つの公会議史については，今日下記のよりよい版が利用可能である。ID., *Istoria del concilio Tridentino*, a cura di C. Vivianti, 2 voll. Torino 1974, e P. S. PALLAVICINO, *Istoria del concilio di Trento*, a cura di F. A. Zaccaria, 6 voll., Faenza 1792-97. 公会議の歴史に関する史料については，ゲレス協会の監修のもと日記，議事録，手紙そして論考のシリーズの一環として 1901 年から刊行されている校訂版が不可欠である。*Concilium Tridentinum. Diariorum, Actorum, Epistolarum, Tractatuum nova collectio*, Freiburg 1901 sgg. 決議は以下で参照することができる。*Conciliorum Oecumenicorum Decreta*, a cura di G. Albergio, G. A. Dossetti, P. P. Joannou, C. Leonardi e P. Prodi, Bologna 1973. ローマのクーリアと公会議の関係に関しては，重要な史料は J. ススタによって編纂された教皇特使がローマとの間で交わした書簡である。J. SUSTA, *Die römische Kurie und das Konzil von Trient unter Pius IV.*, 4

voll., Wien 1904-1914; 公会議が開かれた当時の政治・外交の文脈については後で見るが，ジョヴァンニ・モローネが教皇特使として辿った歴史と公会議の歴史は密接に結びついている。これについては，Cfr. G. CONSTANT, *La légation du cardinal Morone près de l'Empereur et le Concile de Trente*, Paris 1922. 各国の司教団とヨーロッパ各国の公会議への寄与の歴史については，多くの文献が存在する。スペインについては，C. CUTIERREZ, *Espanõles en Trento*, Valladolid 1951; A. MARIN OCETE, *El Arzobispo Dom Pedro Guerrero y la politica conciliar espanõla en el siglo XVI*, Madrid 1970; フランスについては，A. TALLON, *La France et le Concile de Trente (1518-1563)*, Rome 1997; ポルトガルについては，J. DE. CASTRO, *Portugal no Concilio de Trento*, 6 voll., Lisboa 1944-46.

2 公会議内部の戦い

公会議の危機からトレント公会議に至る教会史についての広く，正確な枠組みは，以下で見出せる。H. JEDIN, *Storia del Concilio di Trento* cit., I (2a ed e nuova trad.) クレメンス7世の教皇在位期における危機の期間については，G. MÜLLER, *Die Römische Kurie und die Reformation 1523-1534. Kirche und Politik während des Pontificates Clemens' VII*, Gütersloh 1969. この時期の教会制度については，まだ以下の文献を参照する必要がある。L. THOMASSIN, *Ancienne et nouvelle discipline de l'Eglise*, 7 voll., Bar-Le-Duc 1864-67. ローマのクーリアの歴史については Cfr. E. GOELLER, *Die Päpstliche Pönitentiarie von ihren Ursprung bis zu ihre Umgestaltung unter Pius V.*, 2 voll., Roma 1907-11; W. VON HOFMANN, *Forschungen zur Geschichte der kurialen Behörden vom Schisma bis zur Reformation*, 2 voll., Roma 1914. 教皇権と教会国家については，M. CARAVALE e A. CARACCIOLO, *Lo Stato pontificio da Martino V a Pio IX*, Torino 1978; P. PRODI, *Il sovrano pontefice. Un corpo e due anime: la monarchia papale nella prima età moderna*, Bologna 1982. 公会議開催中にその内部で行われた政治的な対立については，cfr. H. JEDIN, *Krisis und Wendepunkt des Trienter Konzils 1562-1563*, Würzburg 1941 ; H. LUTZ, *Christianitas afflicta. Europa, das Reich und die päpstliche Politik im Niedergang der Hegemonie Kaiser Karls V., 1552-56*, Göttingen 1964; *Il concilio di Trento come crocevia della politica europea*, a cura di H. Jedin e P. Prodi, Bologna 1979. 公会議の時期のトレントについては，多くの文献がある。中でも参照するべきなのは，A. CASETTI, *Guida storico-archivistica del Trentino*, Trento 1961; G. CRISTOFORETTI, *La visita pastorale del Cardinale Bernardino Clesio alla diocesi di Trento 1537-1538*, Bologna 1989, C. NUBOLA, *Conoscere per governare. La diocesi di Trento nella visita pastorale di Ludovico Madruzzo (1579-1581)*, Bologna 1993; C. MOZZARELLI (a cura di), *Trento, principi e corpi. Nuove ricerche di storia regionale*, Trento 1991; L. DAL PRÀ (a cura di), *I Madruzzo e l'Europa 1539-1638. I principi vescovi tra Papato e Impero*, Milano-Firenze 1993; B. STEINHAUP, *Giovanni Ludovico Madruzzo (1532-1600). Katholische Reformation zwischen Kaiser und Papst*, Münster 1993. トレントとその周辺における異端の傾向については，Cfr. V. ZANOLINI, Appunti e documenti per una storia dell'eresia luterana nella diocesi di Trento,

in *Annuario VIII del Ginnasio pareggiato pr. vesc. di Trento per l'anno scolastico 1908-1909*; ID., *Eretici in Val Sugana durante il Concilio di Trento. Appunto e documenti*, Trento 1927; G. POLITI, *Gli statuti impossibili. La rivoluzione tirolese del 1525 e il «programma» di Michael Gasmair*, Torino 1995. トレントが境域である現実に関する鋭い解釈は，M. BELLABARBA, *La giustizia ai confini. Il principato vescovile di Trento agli inizi dell'età moderna*, Bologna 1996. 宗教改革期の歴史に関する入門書としては，J. DELUMEAU e TH. WANEGFFELEN, *Naissance et affirmation de la Réforme*, Paris 1997.

3. トレント公会議の事績

トレント公会議の事績全体に関する評価については，Cfr. H. JEDIN, Il significato del concilio di Trento nella storia della Chiesa, *Gregorianum*, XXVI (1946). この論文はいくつかの修正を加えたうえで以下で再版されている ID., *Katholische Reformation oder Gegenreformation? Ein Versuch zur Klärung der Begriffe nebst ein Jubiläumsbetrachtung über das Trienter Konzil*, Luzern 1946 [trad. it. *Riforma cattolica o Controriforma?*, Brescia 1957]. 個々の決議に関しては，Cfr. ID., *Kirche des Glaubens, Kirche der Geschichte. Ausgewählte Aufsätze und Vortrage*, 2 voll., Freiburg-Basel-Wien 1966; さらに A. MICHEL, *Les décrets du concile de Trente*, Paris 1938; S. KUTTNER, *Decreta septem Priorum sessionum concilii Tridentini*, Washington 1946; *Das Weltkonzil von Trient*, a cura di G. Schreiber, 2 voll., Freiburg 1951; G. ALBERIGO, *I vescovi italiani al concilio di Trento 1545-1547*, Firenze 1959. 義認の問題については，H. RÜCKERT, *Die Rechtfertigungslehre auf dem Tridentinische Konzil*, Bonn 1925; E. STAKEMEIER, *Glaube und Rechtfertigung*, Freiburg 1937; A. E. MCGRATH, *Iustitia Dei. A History of the Christian Doctrine of Justification*, Cambridge 1998. 俗人への杯の授与に関しては，G. CONSTANT, *Concession à l'Allegmagne de la communion sous les deux espèces*, 2 voll., Paris 1923. ミサに関しては，cfr. E. ISERLOH, *Der Kampf um die Messe in den ersten Jahren der Auseinandersetzung mit Luther*, Münster 1952; E. JAMOULLE, Le sacrifice eucharistique au Concile de Trente, *Nouvelle Revue Theologique*, LXVII (1945); F. X. ARNOLD, Vorgeschichte und Einfluss des Messopferdekrets aud die Behandlung des Eucharistischen Geheimnissen in der Neuzeit, in *Die Messe in der Glaubensverkündigung*, Festschrift J. A. Jungmann, Freiburg 1950; F. BUZZI, *Il Concilio di Trento (1545-1563). Breve introduzione ad alcuni temi teologici principali*, Milano 1995.

「君主たちの改革」計画については，cfr. L. PROSDOCIMI, Il progetto di «riforma dei principi» al concilio di Trento(1563), *Aevum*, XIII (1939); 聖なるイメージについての問題は，H. JEDIN, Enstehung und Tragweite des Trienter Dekrets über die Bilderverehrung, in *Tübinger Theologische Quartalschrift*, CXVI (1935); 神学校の制度については，J. O' DONOHOE, *Tridentine Seminary Legislation. Its sources and its formation*, Louvain 1957; 教皇の至上権と司教の権威の関係については，H. JEDIN, Delegatus Sedis Apostolicae und bischöfliche Gewalt auf dem Konzil von Trient, in *Festschrift Josef Card. Frings*, Berlin-

Köln 1960; G. ALBERIGO, *Lo sviluppo della dottrina sui poteri nella chiesa universale*, Roma 1964; *I tempi del Concilio: supplemento a Economia Trentina*, 1995, n. 1; M. MAROCCHI, C. SCARPATI, A. ACERBI e G. ALBERIGO, *Concilio di Trento. Istanze di riforma e aspetti dottrinali*, Milano 1997. 歴史的なコンテクストの中での公会議の成果についての明快で行き届いた総論が近年出版された。A. TALLON, *Le Concile de Trente*, Paris 2000.

4. 公会議の成果の実践

総論としては，L. WILLAERT, *Après le concile de Trent: la restaurazion catholique (1563-1648)*, Tournai 1960 [trad. it. *La restaurazione cattolica dopo il Concilio di Trento (1563-1648)*, Torino 1966.] 幾人かの司教の行動については，cfr. P. PRODI, *Il cardinale Gabriele Paleotti (1522-1597)*, Roma 1959-67; H. G. MOLITOR, *Kirchliche Reformen im Fürstbistum Paderborn unter Dietrich von Fürstenberg (1548-1618)*, München-Paderborn 1974; ブレーシャにおけるトレント公会議後の状況については以下を参照。C. CARINS, *Domenico Bollani, Bishop of Brescia*, Nieuwkoop 1976. そして D. MONTANARI, *Disciplinamento in terra veneta*, Bologna 1987; M. BECKER-HUBERTI, *Die Tridentinische Reform im Bistum Münster unter Fürstbischof Bernhard von Galen 1650 bis 1678*, Münster 1978; J. CARVALHO e J. P. PAIVA, Les visites pastorales dans la diocèse de Coimbre aux XVIIe et XVIIIe siècles. Recherches en cours, in *La recherche en histoire du Portugal*, Paris 1989, pp. 49-55; W. HUDON, *Marcello Cervini and Ecclesiastical Government in Tridentine Italy*, DeKalb (Ill.) 1992. 聖カルロ・ボッロメーオについては，cfr. W. DE BOER, *The Conquest of the Soul. Confession, Discipline, and Public Order in Counter-Reformation Milan*, Leiden-Boston-Köln 2001. 公会議聖省については，cfr. *La sacra Congregazione del Concilio. Quarto centenario della fondazione (1564-1964). Studi e ricerche*, Città del Vaticano 1964. 詳しい文献案内は，P. PRODI, Riforma cattolica e controriforma, in *Nuove questioni di storia moderna*, I, Milano 1965; *Handbuch der Kirchengeschichte*, a cura di H. Jedin, V, Freiburg 1963 sgg. [trad. it. *Storia della Chiesa*, Milano 1983 sgg.]; さらに J. DELUMEAU, *Le catholicisme entre Luther et Voltaire*, Paris 1971 [trad. it. *Il cattolicesimo dal XVI al XVIII secolo*, Milano 1976 con aggiornati bibliografici.] さらに以下も参照。G. ALBERIGO, Studi e problemi relativi all'applicazione del concilio di Trento in Italia (1945-1958), in *Rivista storia italiana*, LXX (1958); *Il concilio di Trento e la Riforma tridentina. Atti del convegno storico internazionale*, Trento 1963, Roma-Freiburg 1965; J. BOSSY, The Counter-Reformation and the People of Catholic Europe, *Past and Present*, may 1970 [trad. it. in ID., *Dalla comunità all'individuo. Per una storia sociale dei sacramenti nell'Europa moderna*, Torino 1998]; M. ROSA, Per la storia della vita religiosa e della chiesa in Italia tra il '500 e il '600. Studi recenti e questioni di metodo, *Quaderni storici*, 1970, n. 15; L. DONVITO e B. PELLEGRINO, *L'organizzazione ecclesiastica degli Abruzzi e Molise e della Basilicata nell'età postridentina*, Firenze 1973; *Per la storia sociale e religiosa del*

Mezzogiorno d'Italia, a cura di G. Galasso e C. Russo, 2 voll., Napoli 1980-82. 聖職者による巡察記録の諸版については，cfr. *Le visite pastorali*, a cura di U. Mazzone e A. Turchini, Bologna 1985. 最も重要な G. ジベルティがヴェローナで行った巡察の記録は，A. Fasani の監修のもと公刊されている。*Riforma pre-tridentina della diocesi di Verona. Visite pastorali del vescovo G. M. Giberti 1525-42*, Venezia 1989. いくつかの巡察記録は以下で刊行されている。*Thesaurus Ecclesiarum Italiae*, a cura di E. Massa e G. De Rosa, Roma 1966sgg. また例えば以下も参照されたい。La visita apostolica di Angelo Peruzzi nella Diocesi di Luni-Sarzana (1584), a cura di E. Freggia, Roma 1986; ポーランドの教皇大使ジョヴァンニ・アンドレア・カリアリによる 1579 年のジェマイティヤ巡察記録は L. Jovaisa の監修により，出版されている。L. JOVAISA(a cura di), *Zemaiciu vyskupijos vizitacija (1579). Visitatio Dioecesis Samogitiae (A. D. 1579)*, Aidai 1998. 各地におけるトレントの決議の実践に関する研究は，ここで紹介するにはあまりに多い。地方教会会議については，Cfr. P. CAIAZZA, *Tra Stato e Papato. Concili provinciali post-tridentini (1564-1648)*, Roma 1992. 下記の論集は非常に有意義である。E. COCHRANE, New Light on Post-tridentine Italy: A Note on Recent Counter-Reformation Scholarship, *The Catholic Historical Review,* LVI (1970), pp. 291-319. フランスにおける公会議の成果受け入れへの抵抗については，下記を参照。TH. WANEGFFELEN, *Une difficile fidelité. Catholiques malgré le Concile en France XVIe-XVIIe siècles*, Paris 1999.

5. 対抗宗教改革と異端審問

近年の総論は，E. BONORA, *La Controriforma*, Roma-Bari 2001. D. CANTIMORI, Galileo e la crisi della Controriforma, in ID., *Storici e storia*, Torino 1971 ; A. ROTONDÒ, La censura ecclesiastica e la cultura, in *Storia d'Italia*, a cura di R. Romano e C. Vivianti, V. *I documenti,* Torino 1973; J. A. TEDESCHI, *The Prosecution of Heresy, Collected Studies on the Inquisition in Early Modern Italy*, New York 1991 [trad. it. *Il giudice e l'eretico, Studi sull'Inquisizione Romana*, Milano 1997]; J. Bossy, The Social History of Confession in the Age of the Reformation, *Transactions of the Royal Historical Society*, s. V, XXV (1975) [trad. it. *Dalla comunità all'individuo. Per una storia sociale dei sacramenti nell'Europa moderna*, Torino 1998.]; C. GINZBURG, *Il formaggio e i vermi. Il cosmo di un mugnaio del '500*, Torino 1976（日本語訳　カルロ・ギンズブルグ著（杉山光信訳）『チーズとうじ虫：16 世紀の一粉挽屋の世界像』みすず書房，1984 年）; T. TENTLER, *Sin and Confession on the Eve of the Reformation*, Princeton 1977; P. F. GRENDLER, *The Roman Inquisition and the Venetian Press*, Princeton 1977 [trad. it. *L'Inquisizione romana e l'editoria a Venezia (1540-1605)*, Roma 1983]; *La Inquisición española. Nueva visiòn, nuevos horizontes*, a cura di J. P. Villanueva, Madrid 1980; M. FIRPO, *Il processo inquisitoriale del cardianle Giovanni Morone,* I. *Il «Compendium»*, Roma 1981, edizione critica; M. FIRPO e D. MARCATTO, *Il Processo inquisitoriale del Cardinale Giovanni Morone*, II-VI, Roma 1984-1995, edizione critica; ID., *I processi inquisitoriali di Pietro Carnesecchi, 1557-1567*, Città

del Vaticano 1998-2001, edizione critica; J. CONTRERAS, *El Santo Oficio de la Inquisición en Galicia 1560-1700, poder, socieda y cultura*, Madrid 1982; A. D. WRIGHT, *The Counter-Reformation. Catholic Europe and the Non-Christian World*, London 1982; P. REDONDI, *Galileo eretico*, Torino 1983. 近年では異端審問（特にローマの異端審問）に関する研究が，顕著に増加している。いくつか言及しておくならば，G. ROMEO, *Inquisitori esorcisti e streghe nell'Italia della Controriforma*, Firenze 1990; H. D. KITTSTEINER, *Die Entstehung des modernen Gewissen*, Frankfurt am Main-Leipzig 1995; A PROSPERI, *Tribunali della coscienza, Inquisitori, confessori, missionari*, Torino 1996 (nuova edizione 2009); *L'apertura degli archivi del Sant'Uffizio romano*, Roma 1998; P. PRODI, *Una storia della giustizia*, Bologna 2000; F. TAMBURINI e L. SCHMUGGE, *Häresie und Luthertum. Quellen aus dem Archiv der Pönitentiarie*, Paderborn 2000; P. GODMAN, *Die Geheime Inquisition*, München 2001; *L'Inquisizione e gli storici: un cantiere aperto*, Atti dei Convegni Lincei, Roma 2000.